CB129957

Contribuições das Ciências Humanas e Sociais Para a (Re)Construção da Dignidade da Pessoa Humana

Contribuições das Ciências Humanas e Sociais Para a (Re)Construção da Dignidade da Pessoa Humana

Em Homenagem ao Padre Julio Lancellotti

Organizadores:

Eliana dos Santos Alves Nogueira

Gabriela Marcassa Thomaz de Aquino

João Batista Martins Cesar

LACIER

LACIER

Lacier Livraria e Editora
www.livrarialacier.com.br
© Todos os direitos reservados
Rua Doutor Quirino, 808 – Centro
CEP 13015-081 – Campinas, SP – Brasil

Março, 2022

Diretor: *Lacier José de Rezende*
Diretor assistente: *Eduardo Soares Aureliano*
Projeto de capa: *Fabio Giglio*
Projeto gráfico e editoração eletrônica: *Peter Fritz Strotbek – The Best Page*

Ficha Catalográfica

Dados Internacionais de Catalogação na Publicação (CIP)
(Câmara Brasileira do Livro, SP, Brasil)

Contribuições das ciências humanas e sociais para a (re)construção da dignidade da pessoa humana : em homenagem ao padre Julio Lancellotti / organizadores Eliana dos Santos Alves Nogueira, Gabriela Marcassa Thomaz de Aquino, João Batista Martins Cesar. — 1. ed. — Campinas, SP : Lacier Editora, 2022.

Vários autores.
ISBN 978-65-88805-38-1

1. Ciências sociais 2. Dignidade humana 3. Direitos humanos I. Nogueira, Eliana dos Santos Alves. II. Aquino, Gabriela Marcassa Thomaz de. III. Cesar, João Batista Martins.

22-103299 CDU–342.721

Índices para catálogo sistemático:

1. Dignidade da pessoa humana : Direito 342.721

Eliete Marques da Silva – Bibliotecária – CRB-8/9380

Sumário

Prefácio
Homenagem ao Pe. Júlio Lancellotti

Tem gente que fica procurando na palavra de Deus como é que vai fazer para condenar o outro. E esse pedaço aqui, pulou. Tá aqui, palavra de Deus. Dá ao povo para que coma, todos os dias nas refeições, com a nossa equipe da Pastoral de Rua, são dezenas, centenas de pessoas em busca de alimentos, às vezes, até assusta, a rapidez, a velocidade que eles comem e, às vezes, come tão rápido para ver se consegue comer outra vez, porque não sabem quando vão comer outra vez. "Dá ao povo para que comam, comerão e ainda sobrará", Amém.

Homília do Pe. Júlio Lancellotti,
no *17º Domingo do Tempo Comum*, 25.07.2021

O livro "**Contribuições das Ciências Humanas e Sociais Para a (Re)Construção da Dignidade da Pessoa Humana**" é uma coletânea de textos organizado por Eliana dos Santos Alves Nogueira, Gabriela Marcassa Thomaz de Aquino e João Batista Martins César, que articula uma discussão crucial de nosso tempo e de nossa sociedade: a defesa da dignidade humana. O livro considera os problemas atuais e subjacentes às desigualdades sociais, de classe, étnico-racial, de gênero e regional tão amplamente reatualizados pela pandemia do novo Coronavírus, Covid-19, e pelo aprofundamento das medidas neoliberais no país, acompanhados do ataque à democracia e ampliação da militarização do Estado. Problemas que já existiam, mas que ganharam novos componentes capazes de produzir um significativo salto nas taxas de desemprego, de pessoas em situação de rua, da violência contra mulher, do trabalho infantil ou de crianças e adolescentes perambulando pelos faróis e esquinas das cidades à espera de um trocado, a fome é um espectro que anuncia a miséria e ganha novas dimensões no contexto pandêmico, entre outras expressões da questão social. Situações que, infelizmente, vem sendo naturalizadas pelos comportamentos individualistas e egoístas nutridos, especialmente, pela política neoliberal, do "salve-se quem puder", justificado pela meritocracia e autoritarismo.

Observa-se que a pandemia da Covid-19, nesses mais de dezoito meses, desde o seu aparecimento, recolocou o papel do Estado na sociedade para a viabilização das políticas de saúde, transferência de renda, medidas de isolamento social, entre outros. No Brasil, a vivência da pandemia da Covid-19 tem sido marcada pelo aprofundamento do projeto neoliberal e, portanto, de contrarreformas que eliminam direitos da classe trabalhadora, sendo que, inclusive, se encontra em processo de votação uma Proposta de Emenda à Constituição (PEC) que elimina os direitos dos trabalhadores e trabalhadoras dos serviços públicos, o que muito precarizará ainda mais os serviços públicos, restringindo o acesso e a qualidade dos trabalhos prestados. Ademais, frente à pandemia da Covid-19, o governo federal de Jair Bolsonaro (Sem Partido) articulou narrativas e ações contrárias à gravidade da emergência sanitária, estimulou as pessoas aos contatos físicos e aglomerações sociais, sendo que o próprio governo realizou e realiza aglomerações a partir de caminhadas, motociatas, entre outros. Se posicionou contra as medidas de isolamento social, uso de máscaras e de imunizantes.

O negacionismo, em relação à pandemia da Covid-19, promovido por Jair Bolsonaro (Sem Partido) aliado à sua interferência no Ministério da Saúde (MS) criou uma polarização política entre as medidas de prevenção às contaminações da Covid-19 indicadas pela Organização Mundial da Saúde (OMS) e os interesses empresariais na manutenção das atividades econômicas e de desrespeito à tais medidas. Assim, em meio à pandemia da Covid-19, em curto espaço de tempo, em 2020, um ministro da saúde foi demitido e o outro pediu para sair, sem ter concluído um mês no cargo. Com a vacância no MS, foi conduzido ao posto de ministro da saúde um general do exército, sem nenhuma experiência na área, figura estratégica que deu aval aos discursos e determinações do governo de Jair Bolsonaro (Sem partido). A prioridade dada pelo governo federal à pandemia da Covid-19 seguiu uma linha discursiva que alimenta a polarização política e a desinformação. Paradoxalmente, ao mesmo tempo que minimizou a letalidade da pandemia da Covid-19, atuou como garoto propaganda do medicamento hidroxicloroquina (VALFRÉ, SOARES, 2020) e efetivou uma verdadeira campanha para um tal tratamento precoce se colocando contra as medidas de isolamento social, uso de máscaras e vacinação, vale repetir. Em agosto de 2020, o MS poderia ter adquirido imunizantes da empresa Pfizer, para início da vacinação contra Covid-19 em dezembro de 2020, porém, apesar de mais de uma centena de e-mails da empresa, o MS não deu qualquer resposta, como vem sendo demonstrado pela Comissão Parlamentar de Inquérito (CPI), que apura irregularidades no enfrentamento à pandemia da Covid-19 e o desvio de recursos (CASTRO, 2021); como resultado, o ano de 2021, iniciou com o aumento dos casos de contaminação e mortes por Covid-19. Mortes evitáveis, porém negligenciadas pelo projeto de governo de Jair Bolsonaro (Sem Partido). Muitos estados, a exemplo do que ocorreu com o estado do Amazonas (LAVOR, 2021), ultrapassaram a sua capacidade de atendimento hospitalar, de leitos em Unidades de Terapias Intensivas (UTI), também faltaram medicamentos para intubação. Faltou oxigênio! No dia 08 de abril de 2021, morreram 4.249 pessoas de Covid-19 em um único dia (BRASIL, 2021, SE n. 58); no dia 19 de junho de 2021, o Brasil atingiu a triste cifra de meio milhão de mortos por Covid-19, considerando apenas os números oficiais, mas a mortalidade pode ser ainda maior, devido à ocorrência das mortes sem qualquer registro ou exames, mortes súbitas, em casa ou de outras causas, para além da Covid-19, mas por outros problemas de saúde que vem sendo negligenciados devido ao necessário direcionamento das ações de saúde para a pandemia da Covid-19.

Fato é que a pandemia da Covid-19 repõe à luz do dia as desigualdades sociais que, no contexto brasileiro, é estrutural, com níveis extremados da distância entre o grupo mais rico, 1%, e a população mais pobre. Enquanto grande parte da população sofria e sofre com as mortes de familiares e amigos por Covid-19, com a falta de trabalho, baixa renda e ampliação do desemprego, o *ranking* dos bilionários no mundo passou a contar com novos brasileiros, que atingiram fortunas estimadas em sete dígitos, num total de 67 bilionários em 2020, contra 45 no ano anterior, sendo que o patrimônio de 127,1 bilhões passou, em 2020, para 223,3 bilhões, bilionários vinculados à área da financeirização da economia e dos serviços digitais (FORBES, 2021). No oposto, a classe trabalhadora perdeu mais de três milhões de postos de trabalho e atingiu aproximados 15 milhões de desocupados e mais seis milhões de desalentados (IBGE, 2021). Frisa-se que, desde 2017, a partir da contrarreforma trabalhista, vem crescendo as atividades informais, autônomas, diárias e sem quaisquer garantias e/ou perspectivas de futuro, configurando a sociedade da insegurança, que afeta profundamente as mulheres negras periféricas, tão impactadas pela ausência de infraestrutura das comunidades onde residem, pela inexistência de serviços sociais básicos de saúde, educação e cultura e pela presença do Estado-Penal-Racial.

Neste contexto, houve crescimento da população em situação de rua, que, em 2019, era em torno de 100 mil pessoas desabrigadas nos centros urbanos com mais de cem mil habitantes, já em 2020, as estimativas indicaram um aumento de 100%, elevando ao total de 220 mil pessoas em situação de rua, conforme estimativas do IPEA, portanto, também mais suscetíveis às infecções da Covid-19 (SILVA, NATALINO, PINHEIRO, 2020) e de vítimas de inúmeras violências.

A dramaticidade da pandemia da Covid-19 no Brasil, não pode ser vista de forma segmentada e isolada do processo sócio-histórico da formação do país, que fez uso do trabalho compulsório do povo preto por quase 400 anos e quando da sua proibição, também criou sérias restrições para a sua imersão no mercado de trabalho e sua integração na sociedade (MOURA, 1977), o que tem fundamentado o genocídio do povo preto até os dias atuais (NASCIMENTO, 2016).

Em maio de 2021, o Estado brasileiro, por meio do seu aparelho repressor, invadiu e exterminou 28 homens na comunidade do Jacarezinho, no Rio de Janeiro, sem qualquer direito de defesa ou de processo judicial. O Estado com suas doses maciças de racismo, preconceito e violência, o vice-presidente da República, Mourão disse: "é tudo bandido", sendo aplaudido nas redes sociais por muitas pessoas, que aceitam qualquer justificativa para o extermínio daquelas e daqueles vistos como indesejáveis. A limpeza étnica segue, povos originários são diariamente atacados, assassinados com requinte de crueldade, como o assassinato da menina Daiana Griá Sales, de 14 anos de idade, indígena Kaingáng, moradora do Setor Bananeiras da Terra Indígena do Guarita, que foi cruelmente assassinada, no início de agosto de 2021, que nos choca profundamente. A menina Daiana teve os seus órgãos arrancados e dispostos ao lado do seu corpo. Isso diz muito da nossa sociedade, arrancar os órgãos de uma menina indígena é de uma violência que arranca as possibilidades de reprodução da sua espécie, é o seu extermínio e da sua geração!

Povos originários, comunidades remanescentes de quilombos, povo preto e periférico, população LGBTQIA+, pessoas soro positivas, pessoas encarceradas, em situação de rua... O neoliberalismo, na estrutura do Estado brasileiro, é marcado pela violência, racismo e preconceito, que estão entranhados nas instituições públicas, justificando o seu funcionamento (SOUZA, 2021). Portanto, o neoliberalismo não se trata apenas de um modelo econômico, mas também de um modelo que reatualiza e agudiza os processos de marginalização social e genocídio de jovens negros periféricos, povos originários e demais pessoas vistas como fora do padrão da acumulação capitalista e da estrutura política tradicional da elite branca.

A escolha das ações econômicas a partir de uma engenharia social, neoliberal, elimina direitos, ao mesmo tempo, em que amplia a repressão às pessoas marginalizadas e dissemina um discurso de ódio contra os pobres e contra aquelas pessoas que desempenham algum tipo de ação ou discurso em defesa da dignidade humana, rotulados como "esquerdopatas" ou "comunistas" e que devem ser exterminados. Todavia, existem vozes corajosas e dissonantes a esse estado de coisas e uma dessas vozes é do padre Júlio Lancelotti, homenageado neste livro.

Antes de redigir pequenos comentários a respeito desse GRANDE homem, que também é padre, Júlio Lancellotti, cumpre registrar que é muito bom e importante quando a universidade reconhece o movimento da realidade e as personalidades que dialeticamente protagonizam os conflitos necessários, "não se humaniza a vida, sem a luta e o conflito", diria Pe. Lancellotti. Nesse sentido, Júlio Lancellotti abala as estruturas da sociedade brasileira, apenas por se colocar ao lado das pessoas desabrigadas, famintas, oprimidas e sofredoras.

Portanto, não se trata apenas de uma homenagem vaga e abstrata. A homenagem se deve à experiência de vida, trabalho e ação missionária e de fé religiosa, enquanto padre, junto às pessoas marginalizadas, na luta pelos seus direitos e dignidade.

Pe. Júlio Lancelotti é padre na Mooca, em São Paulo, tem mais de 30 anos de ordenação e há muitos anos está nessa mesma Igreja, talvez ele não seja aceito em outras paróquias, talvez fiéis não queriam um religioso que também é um ativista dos direitos humanos, talvez a própria igreja não queira ativistas de direitos humanos.

A sua trajetória informa que as suas ações ganham protagonismo junto aos seguimentos sociais oprimidos, desvalidos e segregados. Atuou na Pastoral da Criança e na construção do Estatuto da Criança e do Adolescente (ECA), desenvolveu importante trabalho na Fundação Casa, trabalhou com adolescentes em conflito com a lei, com pessoas privadas de liberdade, com pessoas soropositivas (HIV/AIDS) e pessoas em situação de rua, atualmente, é um dos principais protagonistas da defesa da população em situação de rua, junto à Pastoral do Povo da Rua. Se manifesta contra toda forma de opressão, denuncia o racismo, a homofobia, a transfobia, o machismo, o massacre contra os povos originários. Diz que é necessário humanizar a vida. É processado. O presidente da República, Jair Bolsonaro (Sem Partido) move processo contra o padre Júlio Lancellotti.

Conservadores e reacionários distorcem o pensamento e ação do Pe. Júlio, a sua práxis é deturpada. Desvalidos são chamados de vagabundos. "Dai o que comer aos que têm fome" é trocada por cassetete e pela violência. "Não matar" é facilmente substituída pelo direito ao porte de armas e pena de morte sem julgamento. Padres e religiosos pregam a favor dos mandatários, políticos e todos aqueles que atacam os sem teto, sem-terra, indígenas, o povo preto, povo periférico, população LGBTQI+. Políticas sociais e direitos humanos são condenadas. Permite-se até um prato de comida a quem tem fome, mas não a sua autonomia. Pessoas em situação de rua são frequentemente atacadas, a Guarda civil e a polícia valendo do seu poder, da sua raiva e das ordens dos seus superiores perpetram toda sorte de violência; retiram os seus pertences, já poucos; no lugar do papelão, dos pedaços de colchão ou outras indumentárias usadas para a proteção precária são colocadas pedras. Nos lugares onde dormem as pessoas em situação de rua são colocadas pedras, vele repetir, porque isso é muito forte e muito representativo da desumanidade que vivemos. Perambulam. Assumem a manifestação da imagem a ser abolida, humanos em frangalhos, sem casa, sem trabalho, sem roupas adequadas, sem cartão de crédito, condenados ao desprezo e à violência. Políticos, religiosos ou não, empresários(as), cidadãs e cidadãos se apressam em desassociar as características fundamentais da estrutura capitalista em nome do cenário limpo, ordeiro e sem as demonstrações das mazelas sociais. Molestam os indivíduos em situação de miséria, eles são arrancados dos espaços públicos, mas causas da miséria, especialmente, a concentração de renda nas mãos de pequenos grupos, a ausência de políticas sociais e a ampliação do desemprego, permanecem intocadas e são aprofundadas.

Se em fins do século XIX e início do século XX, a reforma urbana, com foco para a região central da capital do país, à época, a cidade do Rio de Janeiro, promoveu ampla expulsão dos(as) moradores(as) dos cortiços, em geral, negros e negras, derrubando os cortiços e expulsando as pessoas que ali residiam para os morros, sem qualquer infraestrutura, enquanto empresários do setor imobiliário davam início a um projeto de cidade que se intensifica nos dias atuais, a partir da gentrificação. Naquele momento, a expulsão ocorreu em nome da higiene social, agora, novamente, derrubam, não mais os cortiços, porque esses já não existem mais, mas derrubam qualquer proteção montada pelos que não têm teto ou qualquer forma de manifestação em seu favor. Argumentam que dar protagonismo aos oprimidos, que escutar, tocar, estar próximo e garantir o tratamento humanizado, é marxismo, é comunismo, é condenável. Apontam para o individualismo, a meritocracia, o neoliberalismo. Eventualmente, para o armamento das "pessoas de bem", ao que têm um CEP em bairro "decente", saldo em conta bancária, um cartão de crédito com um limite alargado, esses têm o direito de possuir arma e atirar, quando se sentirem ameaçadas. São "as pessoas de bem" que podem matar, espancar e segregar os pobres maltrapilhos, descalços e desabrigados. A imagem da pobreza ameaça, não as suas causas.

A violência contra as pessoas oprimidas não é coisa de desavisado, mas faz parte de um projeto, de uma forma de governo, da necropolítica. Homílias e discursos religiosos sugerem, direta ou indiretamente, apoio aos governos que simbolizam armas em punho, que no lugar de políticas de cotas, antirracistas, pregam o discurso de ódio e fortalecem a ascensão do neofascismo e o direito das ditas "pessoas de bem", em geral, homens brancos, em matar os que nada possuem ou que lutam por algum direito.

Pe. Júlio Lancellotti chacoalha as estruturas da igreja católica, como também a fé cega e assentada no fundamentalismo religioso. O seu Evangelho é escrito e lido diariamente a partir de um exercício junto a quem tem fome e a quem sofre toda forma de injustiça social.

Na internet é possível encontrar as suas imagens junto às pessoas em situação de rua, inclusive sendo violentado, durante ações contra as pessoas em situação de rua realizadas pela Guarda Civil Metropolitana de São Paulo. Mas ele segue; em uma imagem aparece sozinho com uma marreta quebrando pedras colocadas pelo poder público em locais onde dormiam pessoas em situação de rua. Pe. Júlio com a sua marreta evidencia um tipo de holocausto que é recorrente no Brasil, que é o desprezo para com a vida das pessoas marginalizadas socialmente. Pe. Júlio flameja a sua marreta contra aquelas pedras postas na parte inferior de viadutos na Zona Leste da cidade de São Paulo, para expulsar as pessoas em situação de rua, num ato de coragem. Pe. Júlio chama a atenção para a desumanidade que é impedir que pessoas desabrigadas possam descansar e dormir em locais públicos. A foto do Pe. Júlio com a sua marreta ganhou destaque na internet e o poder público retirou as pedras. Mas muitas outras pedras permanecem como alicerces do racismo, do machismo e de tantas outras violências e opressões.

Pe. Júlio Lancellotti se destaca por dar guarita e olhar para as pessoas oprimidas e marginalizadas na perspectiva da solidariedade, do fortalecimento da sua autonomia, da sua humanidade, abre um leque de possibilidades, mas, exatamente por isso, ele também vem sendo rechaçado, incriminado, acusado, processado e violentado.

As ações do Pe. Júlio Lancellotti estão para muito além do assistencialismo, da oferta de uma marmita ou de um agasalho ou de uma oração, mas compreendem a escuta, a valorização da pessoa e o fortalecimento da sua autonomia e de seus direitos enquanto cidadão e cidadã. São ações que perpassam a assistência, a fé, mas também a ação prática para a valorização da pessoa humana e dignidade humana. Pe. Júlio Lancellotti não é um mero expectador ou observador, mas um lutador! Seus posicionamentos e ensinamentos cristãos reconhecem a histórica ação e estrutura do poder político e econômico contra as populações marginalizadas. Suas ideias ganham projeção e não se limitam a momentos circunstanciais, mas assinalam o movimento da humanização, da defesa da dignidade humana, do amor ao próximo, de forma real e efetiva.

Causa alvoroço, incomoda. Se estivesse ao lado do poder econômico e político, defendendo as ações de expulsão, segregação e criminalização das pessoas em situação de rua, ou simplesmente se silenciando, não causaria qualquer conflito, mas um padre se colocar à frente de quem está sendo espancado, empurrado com mangueiras de água fria, acertado com balas de borracha e *spray* de pimenta, isso já não é permitido. Denunciar essa violência e a desigualdade social, também não é permitido.

Pe. Júlio Lancellotti trabalha em prol da humanização das pessoas que sofrem e são oprimidas. Ele mostra quem são as pessoas em situação de rua, seres humanos que sentem fome, frio, que choram, têm sentimentos, têm história. Olha nos olhos, conversa, abre caminhos para o protagonismo de quem está à margem, de certa forma invisível, porque o seu sofrimento está naturalizado no cenário urbano e nessa sociabilidade, todavia, o Pe. Júlio Lancellotti com a sua marreta quebra as pedras que criam a invisibilidade social e inviabiliza a vida de tantas pessoas.

Se as Igrejas podem ser reconhecidas pelas paróquias e casas dos párocos, com sua estrutura de poder e, portanto, distante da vida dos mais simples, Pe. Júlio se destaca pela vivência junto aos pobres, às pessoas privadas de liberdade, às crianças e adolescentes abandonadas, em conflito com a lei, às pessoas em situação e rua, encarceradas, doentes, povos originários e oprimidos. Ele se debruça sobre os planos e projetos em prol da humanização. Despojado de regalias, sem nenhum senso de ironia, canta o cântico dos oprimidos, em versos de denúncia, mas também de amor e humanização. Em tom grave, com uma voz candente flameja a marreta que promove as chispas do amor, do amor à humanidade.

Profa. Dra. Edvânia Ângela de Souza
Docente do Departamento de Serviço Social
da Faculdade de Ciências Humanas e Sociais
da Universidade Estadual Paulista (UNESP)

Referências

BRASIL. Boletim Epidemiológico ESPECIAL. Secretaria de Vigilância em Saúde. Ministério da Saúde. *Semana Epidemiológica 58* (4.4.2021 a 10.4.2021) de 2021. Disponível em: <https://www.gov.br/saude/pt-br/media/pdf/2021/abril/16/boletim_epidemiologico_covid_58-1.pdf>. Acesso em: 17 maio 2021.

CASTRO, Augusto. *CPI da Covid é criada pelo Senado*, 13.04.2021. Disponível em: <https://www12.senado.leg.br/noticias/materias/2021/04/13/senado-cria-cpi-da-covid>. Acesso em: 17 maio 2021.

FORBES. Quem são os brasileiros no *ranking* dos bilionários do mundo 2021. Disponível em: Quem são os brasileiros no ranking dos bilionários do mundo 2021 — *Forbes Brasil.* Disponível em: <https://forbes.com.br/forbes-money/2021/04/quem-sao-os-brasileiros-no-ranking-dos-bilionarios-do-mundo-2021/#fotto13>. Acesso em: 05, mai., 2021.

IBGE. *Instituto Brasileiro de Geografia e Estatística Desemprego mantém recorde de 14,7%.* IBGE, 2021. Disponível em: <https://www.ibge.gov.br/explica/desemprego.php>. Acesso em: 30 jun. 2021.

LAVOR, Adriano. Covid-19: Amazônia sem respirar. Radis. FIOCRUZ. Escola Nacional de Saúde Pública (ENSP). *Radis*, n. 221, fev. 2021. Disponível em: <https://radis.ensp.fiocruz.br/phocadownload/revista/Radis221_web.pdf>. Acesso em: 17 maio 2021.

MARINO, Aluízio; BRITO, Gisele; MENDONÇA, Pedro; Rolnik, Raquel. Prioridade na vacinação negligencia a geografia da Covid-19 em São Paulo. Labcidade. 26 maio 2021. Disponível em: <http://www.labcidade.fau.usp.br/prioridade na vacinacao negligencia a geografia da covid 19 em sao-paulo/>. Acesso em: 17 maio 2021.

MOURA, Clóvis. *O negro, de bom escravo a mau cidadão?* Rio de Janeiro: Conquista, 1977.

NASCIMENTO, Abdias. *O genocídio do negro brasileiro:* Processo de um racismo mascarado. Rio de Janeiro, RJ: Paz e Terra, 1978.

NOIS, CTC/PUC-RIO. 11ª Nota Técnica (NT), o Núcleo de Operações e Inteligência em Saúde (NOIS), liderado pelo Departamento de Engenharia Industrial do Centro Técnico Científico da PUC-Rio (CTC/PUC-Rio). Disponível em: <https://www.ctc.puc-rio.br/diferencas-sociais-confirmam-que-pretos-e-pardos-morrem-mais-de-covid-19-do-que-brancos-segundo-nt11-do-nois/>. Acesso em: 24 jun. 2021.

SILVA, Tatiana Dias; NATALINO, Marco; PINHEIRO, Marina Brito. População em situação de rua em tempos de pandemia: um levantamento de medidas municipais emergenciais. IPEA. *Nota Técnica, n. 74.* Diest – Diretoria de Estudos e Políticas do Estado, das Instituições e da Democracia. Disoc – Diretoria de Estudos e Políticas Sociais, junho de 2020. Disponível em: <http://repositorio.ipea.gov.br/handle/11058/10078>. Acesso em: 18 mar. 2021.

SOUZA, Edvânia Ângela de. Violência, saúde e classes sociais. *Katálysis.* Santa Catarina, PR. Vol. 24, p. 263-266. Disponível em: <https://periodicos.ufsc.br/index.php/katalysis/issue/view/3260/228>. Acesso: 13 jun. 2021.

VALFRÉ, Vinícius; SOARES, Jussara. Outdoor que tinha Bolsonaro como garoto-propaganda da cloroquina é retirado. Vigilância sanitária havia recomendado retirada da peça, instalada em Vitória, como mostrou o 'Estadão', por ferir a legislação de publicidade de medicamentos. *O Estado de S. Paulo*, 10 ago. 2020. Disponível em: <https://politica.estadao.com.br/noticias/geral,outdoor-com-bolsonaro-como-garoto-propaganda-da-cloroquina-e-retirado,70003394107>. Acesso em: 30 out. 2020.

Nota de Apresentação

Eliana dos Santos Alves Nogueira(1)

A igualdade entre todos os seres humanos ainda é um sonho distante.

Embora a igualdade seja postulado básico de todos os tratados internacionais e base de normas jurídicas elementares, é possível localizar, diariamente, situações que envolvem graves violações dos direitos que deveriam ser garantidos como condição para uma vida digna. Entende-se por vida digna aquela onde sejam garantidos os direitos sociais mínimos, como educação, saúde, alimentação, trabalho, moradia, transporte, lazer, segurança, proteção a maternidade e a infância e assistência em caso de desamparo, além de assistência social aos que dela necessitam e previdência social.

Comumente nos deparamos com situações nas quais o direito a ter direitos esbarra na ineficácia da lei ou mesmo na sua absoluta dissonância com a realidade.

As ciências humanas e sociais possuem papel fundamental na construção de caminhos teóricos que possam pavimentar a adoção de políticas públicas destinadas a correção das desigualdades formais sistêmicas que impedem a plena realização dos direitos da população em situação de vulnerabilidade socioeconômica.

A presente obra, fruto da contribuição de seres humanos que se preocupam com outros seres humanos, visa contribuir para a construção de caminhos que reconstruam a dignidade da pessoa humana.

O percurso teórico da obra inicia-se pelo importante papel dos movimentos coletivos, analisando a greve politica no Estado democrático de direito, passando pela identificação e analise detalhada da situação da população em situação de rua e da possibilidade da renda básica de cidadania como politica publica que visa corrigir a profunda desigualdade que decorre da ausência de medidas que garantam a adequada distribuição de renda. Prossegue analisando o direito a segurança alimentar do povo brasileiro e a necessidade de atenção para o direito fundamental a alimentação, sem a qual é impossível a garantia da própria vida.

(1) Doutora em Direito do Trabalho pela *Sapienza Universitá di Roma*/Itália. Mestre em Direito pela FCHS/Unesp de Franca/SP. Professora Assistente junto ao Departamento de Direito Privado, de Processo Civil e do Trabalho da Faculdade de Ciências Humanas e Sociais — Unesp/Franca/SP; Membro do Comitê de Erradicação do Trabalho Infantil do TRT da 15ª Região e Gestora Regional do TRT15 no Programa de Combate ao Trabalho Infantil e Estímulo a Aprendizagem do Tribunal Superior do Trabalho.

Os impactos da Covid-19 nas questões de gênero, raça e também sob a perspectiva da juventude se fazem presentes em três estudos, com detalhada análise das principais questões envolvidas na violação dos direitos sob tais perspectivas.

A grave violação do direito de crianças e adolescentes é analisada em três estudos, que abordam a educação, a profissionalização e as dificuldades em erradicar o trabalho infantil. O trabalho doméstico é apresentado sob o viés da perspectiva de gênero, com foco na perversa divisão sexual do trabalho e, ao final, analisa-se a não realização do princípio da proteção integral de crianças e adolescentes nas situações de violência dirigida as crianças.

Por fim, mas não menos importante, analisa-se como a mais alta corte brasileira, o Supremo Tribunal Federal, tem atribuído conteúdo ao princípio da dignidade da pessoa humana, postulado básico para garantia dos direitos fundamentais constitucionalmente garantidos a todas as pessoas.

Esta obra coletiva tem o objetivo de apresentar importantes reflexões, a partir das ciências humanas e sociais e, com isso, contribuir para a reconstrução real e verdadeira do princípio da dignidade humana.

Dedicá-la ao Padre Júlio Lancellotti, um humanista nato e um ser que dedica sua vida, incondicionalmente ao próximo, é uma forma de reconhecer sua importância no cenário nacional e internacional. Sua inconformidade perante as desigualdades sociais deve ser recepcionada pelos estudantes, professores e todos aqueles que se dedicam às ciências humanas e sociais como uma inspiração constante. Não podemos perder a capacidade de nos indignar frente as graves violações dos direitos humanos daqueles que, descartados pela sociedade, permanecem visibilizados.

Não podemos continuar inertes perante a endêmica violação de direitos fundamentais da população sofrida e excluída.

Somos todos chamados a sermos resistência, quebrarmos as barreiras ideológicas, prepararmos novas concepções no âmbito das ciências humanas e sociais, estabelecendo novas conexões epistemológicas, sob viés humanista, que garantam os direitos essenciais para vida em plenitude daqueles que vivem absolutamente distantes do Estado de Direito.

Esse é o único caminho possível para construção de uma sociedade mais fraterna, justa e solidária, como preconiza nossa Constituição Federal.

Homenagem ao Padre Júlio Lancellotti

Senador Fabiano Contarato(1)

A história do Padre Júlio Lancellotti mostra que, às vezes, mais raramente do que gostaríamos, o mundo recebe pessoas à frente do seu tempo. São indivíduos que, ao invés de escolher o caminho mais fácil e confortável, aproveitam de seus privilégios e pedestais — ou, neste caso, púlpitos — para lutar por aqueles que mais precisam e não podem nem sequer lutar por si próprios.

A defesa dos desamparados é, sem dúvida, a principal marca dessa vida de luta. E, entre os desamparados, impossível não reconhecer o cuidado e a atenção especial que o Padre Lancellotti dedicou à comunidade LGBTQIA+ (Lésbicas, Gays, Bissexuais, Travestis e Transgêneros, Queers, Intersexos e Assexuados). Na defesa desta comunidade, o padre colocou-se na vanguarda da Igreja Católica, postulando (e praticando) que esta tivesse uma postura de acolhimento e carinho. Uma postura de contrição, inclusive, em relação aos muitos desvios e atos de intolerância que foram praticados contra seus membros nos últimos séculos.

Sabemos que a discriminação e preconceito levam, todos os anos, à expulsão de milhares de crianças e adolescentes LGBTQIA+ de suas comunidades, inclusive de fé, e de seus lares. Perdem, assim, de uma só vez, família e abrigo físico e espiritual. Excluídas do sistema de educação formal, são obrigadas a trabalhar em situações de imenso risco pessoal por alguns trocados, que nem sequer afastam a fome. A LGBTfobia que as expulsou de casa também se manifesta nas ruas, especialmente para pessoas trans, exigindo um trabalho de acolhimento ainda mais cuidadoso e intenso.

O trabalho do Padre Lancellotti na coordenaçao da Pastoral Povo de Rua junto a estas populaçoes de rua é uma inspiração para todos nós. A Pastoral desenvolve um sforço importante para transformar a situação de exclusão em que o povo da rua e dos lixões vive. Transformar a vida de pessoas que, por sua orientação sexual ou identidade de gênero, vivem em situação de exclusão dupla se tornou uma missão central da Pastoral Povo de Rua e deve se tornar uma missão de toda a sociedade brasileira.

O Padre Lancellotti tem se colocado firmemente na luta contra o preconceito e a discriminação, que vitimam a comunidade LGBTQIA+ no Brasil. Ele reconhece que o púlpito

(1) Falta quaificação completa!

lhe confere uma ressonância específica (e profunda) que a militância ainda não alcançou. Corajosamente, declarou o que, futuramente, esperamos ser óbvio: "Ninguém pode achar que homofobia vem de Deus. Ninguém pode achar que a LGBTfobia vem de Deus". Lembrou, para os que ainda não encontraram a verdade de Cristo em seus corações, que há a lei dos homens. E hoje, felizmente, a lei brasileira criminaliza a LGBTfobia, garantindo um mínimo de proteção à comunidade LGBTQIA+.

É difícil compreender como ainda há quem tente fundamentar seu ódio nas palavras de Deus. Não conseguirão. Se depender de vozes como a do Padre Júlio Lancellotti, esses tons estridentes serão cada vez mais marginalizados. Prevalecerão as palavras de amor, como ensinado por Jesus Cristo, que se tornarão institucionalizadas e, assim, guiarão o trabalho de toda a Igreja Católica.

Aliás, as palavras mais simples de Jesus são aquelas de maior força. Amar ao próximo como a si a mesmo é um mandamento tão básico e objetivo, mas não cansamos de nos surpreender com a capacidade de alguns para deturpá-lo e para encontrar exceções e descaminhos que nunca foram pretendidos pelo Filho de Deus. O Padre Lancellotti tem proclamado, com uma voz clara e resoluta, que esse comando deve guiar a vida de todos nós. Ele, assim, tem transformado a vida daqueles que mais precisam, dos mais vulneráveis. Essa história, que segue sendo escrita, merece todas as homenagens pela marca que deixa no Brasil e, especialmente, como inspiração nos nossos corações.

Biografia do Homenageado

Repetições e Resistências na Vida do Padre Júlio Lancellotti

Célia Diniz(1)
Willians Fausto(2)

Presbítero multifacetado e esculpido nas bordas da sociedade, o padre Júlio Renato Lancellotti é figura pública difícil de ser apresentada em uma pequena biografia. Um dia de trabalho voluntário ao seu lado expõe mais dimensões de sua personalidade que as que cabem em qualquer texto. Por isso, uma recomendação, a única que encontrará aqui. Se puder, troque esta leitura inicial por uma manhã ou tarde como voluntário ao lado do padre. Vá direto aos artigos que compõem este livro e, quando puder, viva uma experiência transformadora auxiliando, mesmo que apenas por algumas horas, uma das ações sociais do padre. Na impossibilidade de fazê-lo, siga em frente, ciente da incompletude de palavras e frases diante de uma vida tão complexa como a do padre Júlio.

Para lidar com essa falta originária, utiliza-se aqui, como meio de abrandá-la, as repetições como característica nuclear deste pedagogo católico. Para um homem que faz do evangelho uma práxis — não apenas literatura — e que se move a contrapelo do poder estabelecido, a convivência, a partilha e a coragem também poderiam ajudar a suprir essa lacuna. Mas há nas repetições cotidianas vividas por padre Júlio um fio que pode auxiliar a concatenar certos acontecimentos de sua vida. Repetições que vão do período como auxiliar de enfermagem na Santa Casa de Misericórdia de Bragança Paulista, à docência em Pedagogia, passando pelo trabalho no Serviço Social de Menores, pela participação nos grupos de fundação da Pastoral da Criança, pela colaboração na formulação do Estatuto da Criança e do Adolescente, pela fundação das Casas Vida I e II, que acolhem crianças portadores do vírus HIV, ou pelo trabalho na Pastoral do Homem de Rua. Trata-se da repetição exercida não como sacrifício, mas como resistência, graça ou possibilidade de renovação.

Um bom nó inicial para compreender essa eucaristia repetitiva às avessas é o trabalho feito pelo padre Júlio no Centro Comunitário São Martinho de Lima. Há cerca de três décadas,

(1) Falta qualificação!

(2) Falta qualificação!

padre Júlio, que é paulistano e completou 73 anos em 2021, ajudou a formar esse local de convivência, no bairro do Belenzinho, em São Paulo, para onde ele segue praticamente todas as manhãs. Aproximadamente 700 pessoas em situação de rua buscam ali café da manhã, almoço, jantar e um espaço para higiene pessoal. É o padre Júlio, ao lado de uma equipe de voluntários e de profissionais da prefeitura de São Paulo, quem lhes estende a mão para entregar o pão e outros utensílios conseguidos por meio de doações, como cestas básicas, absorventes íntimos, cuecas, calcinhas e chinelos. O gesto aparentemente repetitivo de partilhar alimento ou de doar uma vestimenta nunca é mecânico. Cada entrega segue com um olhar, uma benção, um pequeno diálogo ou um comentário que oferecem, além do nutrir, a convivência de que quase todos foram privados na rua. Como o padre Júlio diz em seu livro **Amor à maneira de Deus**, não se trata de trabalho assistencial, muito menos retórica. Não lhe interessa falar pela população em situação de rua. Ele está lá, diariamente, para dialogar com as pessoas em situação de vulnerabilidade. Conviver, conviver e conviver com os pequenos, pobres e fracos. Convivência que não se restringe ao ambiente do Centro.

Para chegar até lá, padre Júlio e voluntários costumam percorrer 400 metros da Paróquia São Miguel Arcanjo, na vizinha Mooca até o espaço de convivência, várias vezes ao dia, em passos firmes e sem pressa, num ritmo antitético ao das ruas e avenidas de São Paulo que conectam os dois lugares. As imagens do padre alto, magro, calvo, vestindo máscara, óculos e avental, empurrando um carrinho de supermercado e dialogando com a população na rua, tão vistas em jornais, sites, revistas e redes sociais durante a pandemia de coronavírus, provavelmente são cliques dessas idas e vindas. Não há entregador de moto apressado que não pare para esperar o padre cruzar a Rua Sapucaia e levar pão para o irmão de rua que se abriga na Praça Barão do Tietê. Também não são poucos os caminhoneiros e ajudantes que, enquanto descarregam máquinas que valem centenas de milhares de reais, recorrem ao padre para saber se ainda há em seu carrinho pão, bolo, fruta ou palavra de incentivo que os ajude a suportar o peso de uma cidade global e, sobretudo, desigual.

A Paróquia São Miguel Arcanjo, onde padre Júlio exerce o sacerdócio desde 1986, ano seguinte de sua ordenação, é também espaço dessa teologia da repetição e da resistência. Nas missas quase diárias, menos frequentes durante a pandemia, padre Júlio catequiza sobre a busca pelo caminho de Deus. Não espere ouvir em suas homilias que esse encontro deve ser feito por meio da renúncia da vida presente, em busca do paraíso idílico. O caminho se constrói no combate cotidiano a injustiças e violências. No convívio com pequenos e oprimidos. O reino de Deus, repete o padre em suas pregações, é o modo como vivemos hoje, com o objetivo de perpetuá-lo na eternidade. Quatro exemplos da construção cotidiana desse caminho ajudam a escaparmos das palavras e compreendermos o padre por meio de ações.

Em 2015, a modelo transexual Viviany Beleboni encenou sua crucificação durante a Parada do Orgulho LGBT. Passou a ser ofendida e ameaçada por dezenas de pessoas por ter supostamente profanado Jesus e a cruz, símbolos do cristianismo. Na contracorrente dos gritos da multidão, padre Júlio defendeu-a publicamente, como sempre faz com vítimas de discriminação em suas missas. Disse que o que profanava Jesus eram os corpos de mulheres sendo estuprados, violentados e assassinados diariamente. Decidiu, então, ir ao encontro de

Viviany e, com o pastor evangélico da Igreja Batista José Barbosa Júnior, como sinal de humildade, pediu desculpas e lavou os pés da modelo. No ano seguinte, também teve ampla repercussão o fato de, na véspera da Páscoa, no curso da Via Sacra do Povo de Rua, padre Júlio ter se ajoelhado aos pés de uma mulher trans chamada Sheila, pedindo-lhe perdão pela intolerância, pelo desrespeito e beijando seus pés.

O presépio feito anualmente na paróquia do padre Júlio é outro bom exemplo desse encontro com Deus pela ação. Lá na São Miguel Arcanjo, o menino Jesus é negro, está abrigado sobre papelões e caixas de ovos, protegido por uma espécie de maloca, feita com lonas e sobras de madeira. Em nada difere da vida daqueles que constroem o presépio: a população de rua que vive no entorno da Paróquia e do Centro São Martinho. Na homilia da noite de Natal de 2021, padre Júlio falou sobre esse Jesus negro das ruas, questionando como pode Deus estar entre nós diante de 600 mil brasileiros mortos em decorrência da pandemia, com a população de rua aumentando diariamente e o desemprego disparando: *"Deus está entre nós desempregado, faminto, comendo osso e dormindo na rua. Ele está sim conosco. É um de nós. E é isso que nós celebramos no Natal. Não é um Deus forte e poderoso. É um Deus humanizado e amoroso. Talvez seja por isso que enfeitem tanto o Natal, para esconder a força subversiva que ele tem. Essa força que busca romper com a lógica neoliberal que tanto nos oprime e asfixia"*

Ainda mais ressonantes como exemplos são as ações que padre Júlio realiza para combater a aporofobia. Dificilmente quem frequenta suas missas não sabe atribuir sentido para essa palavra, desconhecida de muita gente. Trata-se de conceito dito e explicado com frequência por ali. Em síntese, é o termo utilizado para descrever a aversão aos pobres, manifesta muitas vezes em instalações urbanas que têm o objetivo de impedir a permanência de moradores em situação de rua em locais públicos. Visite as redes sociais do padre (<https://www.instagram.com/padrejulio.lancellotti/> e <https://twitter.com/pejulio>) e veja como por meio da repetição ele sistematicamente combate a prática, seja com a divulgação de imagens de espaços aporofóbicos — que vão de passeios públicos a escadarias de catedrais metropolitanas —, seja com ações diretas. A mais conhecida, que levou o padre ao noticiário nacional e internacional, ocorreu em 2 de fevereiro de 2021. Cinco dias antes, a prefeitura de São Paulo decidiu instalar blocos de pedra sob os esteios do viaduto Dom Luciano Mendes de Almeida e ao lado das vigas do viaduto Antônio de Paiva Monteiro, ambos na Zona Leste. Padre Júlio Lancellotti, que também é coordenador da Pastoral do Povo de Rua da Arquidiocese de São Paulo, decidiu quebrar os paralelepípedos a marretadas. Removidos dias depois pelo mesmo poder público que os colocou, os blocos foram nomeados pelo padre para a mídia mundial como as pedras da injustiça, como instalações hostis que transformavam o local em algo assemelhado ao campo de concentração de Auschwitz.

Assim como a Declaração Universal dos Direitos Humanos (DUDH), que foi fruto dos horrores provocados pelos fascismos e pelo holocausto lembrados na fala aos jornais, padre Júlio também é de 1948. Ela é de 10 de dezembro; ele, do dia 27 do mesmo mês. Essa associação entre o padre e a DUDH, por mais sentido que pareça fazer, não é do tipo de descrição que costuma agradá-lo. Ele não tem o hábito de se vincular a rótulos, nem mesmo ao de defensor de direitos humanos. Como falar em defesa de direitos humanos para quem não desfruta de direito algum? Como dialogar sobre o assunto com quem tem até mesmo o direito à vida posto em risco diariamente? Padre Júlio costuma se apresentar apenas como o pároco da Paróquia de São Miguel Arcanjo. É filho de Milton Fagundes Lancellotti e de Wilma Ferrari Lancellotti, irmão de Milton e José Luiz, todos falecidos. É, sobretudo, irmão dos irmãos de rua e padre. E o caminho clerical feito por ele é outra avenida de repetições.

Antes de sua ordenação presbiteral por Dom Luciano Pedro Mendes de Almeida, bispo-auxiliar de São Paulo à época e que dá nome ao viaduto onde foram instaladas as pedras destruídas a marretadas, Júlio Lancellotti entrou e saiu em várias instituições de formação religiosa. Sua formação começou no Educandário Espírito Santo, hoje Colégio, localizado no bairro do Tatuapé. Sua primeira passagem pelo seminário ocorreu em Araraquara, mas foi de curta duração. Incomodado, foi concluir os estudos secundários em uma escola agostiniana. Tentou novamente a carreira religiosa pouco mais tarde, tornando-se frade, mas aos 19 anos desistiu novamente. Foi auxiliar de enfermagem e, em seguida, formou-se em Pedagogia, tendo trabalhado no antigo Serviço Social de Menores, posteriormente nomeado Fundação Estadual para o Bem-Estar do Menor (Febem). Só em 1981, após se aproximar de Dom Luciano, durante a fundação da Pastoral do Menor da Arquidiocese de São Paulo, ele voltou a estudar Teologia. Em várias entrevistas, o padre revelou uma provocação que lhe fizera Dom Luciano. Ele teria dito a Júlio que o papa João Paulo II, em uma conversa ocorrida durante uma visita ao Brasil em 1980, havia lhe perguntado quando iria ordenar padre o amigo Lancellotti. A resposta veio em 20 de abril de 1985, quando Júlio foi nomeado sacerdote, fato que ocorreu na Paróquia São José de Belém, a mesma igreja onde foi batizado em janeiro de 1949.

Verdadeiro ou não, o diálogo com Sua Santidade voltaria a se repetir anos mais tarde, desta vez sem a intermediação de Dom Luciano e com outro pontífice. Na tarde de 10 de outubro de 2020, um sábado, o papa Francisco telefonou para o padre Júlio Lancellotti. Disse que havia recebido fotos do trabalho realizado com a população em situação de rua de São Paulo. Pediu-lhe que não esmorecesse, pois rezaria por ele e por todos os irmãos de rua.

Para além das boas novas, os processos, ataques e ameaças também integram a história de resistência do padre Júlio. Ele foi processado em 2017 pelo então candidato à presidência da República Jair Messias Bolsonaro. Na véspera do dia da mulher daquele ano, o padre publicou em suas redes sociais um vídeo em que criticava o machismo e a homofobia, afirmando ser inacreditável a quantidade de pessoas que seguiam o candidato, mesmo diante de posicionamentos homofóbicos e violentos. Bolsonaro recorreu ao Tribunal de Justiça do Estado do Rio de Janeiro, pedindo indenização por danos morais em razão de um suposto excesso do direito à liberdade de expressão e de pensamento. Não foi o que entendeu o juiz Marcelo Nobre de Almeida, ao absolver padre Júlio e condenar Bolsonaro ao pagamento das custas e honorários do processo. Além desse, houve ainda o caso de extorsão contra o padre Júlio, revelado em outubro de 2007. Na época, foi aberto um inquérito contra o padre para apurar suposto caso de abuso sexual. Concluiu-se que, na verdade, o que havia era um casal praticando o crime de extorsão contra o padre, o que lhes ensejou uma condenação de sete anos e três meses de prisão.

Há ainda os inúmeros ataques e ameaças de morte desferidos contra o padre Júlio, como antes e durante as eleições municipais de São Paulo em 2020, quando ele e ONGs que atuam com a população em situação de rua passaram a ser atacados pelo candidato Arthur do Val e por outras pessoas. O movimento desencadeou uma campanha de solidariedade, com manifestações, por exemplo, da Comissão de Defesa dos Direitos Humanos Dom Paulo Evaristo Arns e a realização de uma vigília por movimentos populares, em setembro daquele ano. Houve ainda, em março de 2019, também em função de ameaças, a decisão da Comissão Interamericana de Direitos Humanos da Organização dos Estados Americanos, por meio da Resolução 11/2019, de exigir do Estado brasileiro a outorga de medidas cautelares em benefício de padre Júlio. Foi oferecido ao pároco uma escolta, prontamente recusada. Padre Júlio argumentou que não aceitaria proteção pessoal enquanto a população em situação de rua seguisse sendo agredida. *"Então eu fico com a escolta e ele [morador de rua] com o cassetete? Eu fico com a escolta e ele com a violência? Eu fico com a escolta e ele com a tortura? Não tem cabimento"*, afirmou à época, em entrevista para o Diário de Pernambuco.

Vale ainda, à guisa de encerramento desta pequena biografia, citar as repetidas ações do padre Júlio na defesa de crianças e adolescentes. Ele fundou em 1991, em São Paulo, a Casa Vida, iniciativa pioneira que atende e acolhe crianças e adolescentes portadores de HIV em busca de tratamento médico. O nome da instituição, que hoje conta com duas casas, foi escolha decorrente de projetos de lei que, no início da década de 1990, propunham o direito ao aborto para as mães soropositivas, já que na época não se sabia se os filhos seriam infectados pelo vírus. Àqueles que diziam que o padre pretendia criar uma casa de morte, pois era essa a sina prevista a todos com HIV, padre Júlio, outros religiosos e voluntários responderam com o nome Casa Vida. A primeira, no bairro Água Rasa, acolheu 20 meninos de 6 meses a 6 anos. Uma segunda casa foi formada mais tarde, no bairro da Moóca, para os maiores de 6 anos.

Tempos antes, padre Júlio já havia realizado campanha contra maus tratos ocorridos na antiga Febem, por meio de um manifesto contra a chamada política do "cacete pedagógico", que recorria a métodos violentos e militares contra adolescentes. A ação levou a uma substituição no posto de comando da Febem, em março de 1986.

Houve ainda a colaboração na formulação do Estatuto da Criança e do Adolescente, instituído em 1990, e os trabalhos nas fundações da Pastoral do Menor da Arquidiocese de São Paulo e da Pastoral da Criança. Essas ações lhe renderam prêmios como o Nacional de Direitos Humanos, em 2004, do Movimento Nacional de Direitos Humano; o Franz de Castro Holzwarth, em 2000, da Comissão de Direitos Humanos da Ordem dos Advogados do Brasil; o Prêmio OPAS, da Organização Pan-Americana da Saúde, para a Casa Vida em 2003; o Prêmio dos Direitos Humanos promovido pela Secretaria Especial dos Direitos Humanos da Presidência da República, em 2007, na categoria "Enfrentamento à Pobreza", entre tantos outros.

Por fim, cabe destacar que não são poucos os livros que permitem contato com biografias, ações e entrevistas do padre Júlio, como as obras feitas por Eliseu Labigalini (Coragem, amor e compaixão: padre Júlio Lancellotti) e por Paulo Escobar (O Jesus das ruas na trajetória do padre Júlio Lancellotti). Há ainda os livros do próprio padre Júlio, Amor à maneira de Deus e Tinha uma pedra no meio do caminho — Invisíveis em situação de rua. Nas redes sociais e na internet, existem dezenas de entrevistas e reportagens com e sobre ele. Todos são de fundamental importância para conhecê-lo, para aproximar-se da convivência, ação, resistência e amor que prega o padre Júlio. Entretanto — e aqui vai uma última repetição —, se tiver a oportunidade, busque-o como voluntário em suas ações sociais ou ouça-o em uma de suas homilias. Seja você ateu, católico, muçulmano, evangélico ou candomblecista, há de ser-lhe transformadora a convivência com o padre Júlio e com os irmãos de rua.

Greve Política e o Estado Democrático de Direito em Três Atos

Luiz Philippe Vieira de Mello Filho[1]
Renata Queiroz Dutra[2]

Introdução

O direito de greve, enquanto direito coletivo fundamental dos trabalhadores e trabalhadoras, é uma das grandes conquistas democráticas da Constituição de 1988. O momento da redemocratização do país coincidiu com um momento de profunda mobilização da sociedade civil organizada, nela incluído o movimento sindical, que construiu o processo de transição e participou ativamente da Constituinte de 1987-1988, permitindo que a luta por direitos sociais e por direitos políticos se encontrassem na arena pública[3].

O advento da promulgação da Constituição, todavia, não encerra os processos históricos que lhe deram sentido. Pelo contrário, o agitado mar da história faz com que a efetividade do horizonte desenhado pelo Texto Constitucional seja disputado ferrenhamente, sobretudo diante do avanço de perspectivas políticas e econômicas distantes daquelas vislumbradas pela construção popular de 1988.

Porque a vivência democrática não se confunde com o texto de uma Constituição democrática, a sociedade, as instituições e, sobretudo, os sujeitos coletivos trabalhistas são desafiados, ao longo do tempo, à defesa dos significados e da efetividade dos direitos já conquistados. As ranhuras ao convívio democrático não apenas fazem esmaecer os sentidos das contenções políticas ao autoritarismo estatal e as garantias de liberdades e direitos de cidadania em sentido mais profundo. Corroem também os direitos sociais e o o desenho das estruturas protetivas dos vulneráveis em face também do poder econômico. Nesse enredo, o direito de greve, como instrumento democrático de ação em face dos conflitos coletivo trabalhistas e, ao mesmo tempo, como garantidor dos direitos sociais, costuma ser duplamente interpelado.

---

(1) Ministro do Tribunal Superior do Trabalho. Vice-Presidente do Tribunal Superior do Trabalho no exercício de 2020-2022.

(2) Professora Adjunta de Direito do Trabalho da Universidade de Brasília. Doutora e Mestra pela UnB. Pesquisadora.

(3) PAIXÃO, Cristiano. Mundo do trabalho entre passado e futuro: das greves de 1978/1980 à Assembleia Nacional Constituinte de 1987/1988. In: VIANA, Márcio Túlio; ROCHA, Cláudio J. da. *Como aplicar a CLT à luz da Constituição:* alternativas para os que militam no foro trabalhista. São Paulo: LTr, 2014. p. 36-43.

Atentos às turbulências democráticas que assolaram e assolam a curta vigência da Constituição de 1988, as quais resultam de disputas sociais que debilitam as perspectivas de democracia política e econômica — as quais efetivamente são indissociáveis, na perspectiva crítica de Wendy Brown(4) — propomos analisar nesse artigo, a partir de revisão bibliográfica, uma das dimensões controversas do direito de greve: a chamada greve política.

O faremos mediante análise em três atos que reputamos relevantes para a compreensão do tema em sua dimensão normativa e, também, no plano das disputas em torno da sua efetividade.

Primeiro, nos propomos a refletir sobre a amplitude do conceito de greve na Constituição de 1988, nos valendo das contribuições doutrinárias sobre o tema e, também, de pesquisas científicas que investigaram os debates da Constituinte de 1987/1988 para aferir a vontade constituinte em relação ao direito de greve.

Em um segundo ato, revisitaremos pesquisas relativas à greve dos petroleiros de 1995 e seu julgamento pelo Tribunal Superior do Trabalho, que declarou o movimento paredista abusivo, como um primeiro grande momento de disputa sobre a afirmação constitucional do direito de greve.

E, em um terceiro ato, visitaremos as discussões, também no âmbito do Tribunal Superior do Trabalho, sobre a greve dos petroleiros de 2018, novamente declarada abusiva, porque política.

Por fim, apresentaremos nossas conclusões.

1. A amplitude do conceito de greve na Constituição de 1988

Pensar as disputas em torno da amplitude do direito de greve, longe de pressupor positivistas e dogmáticas análises da Lei de Greve, pressupõe examinar, *a priori*, o Texto Constitucional de 1988, vértice da ordem jurídica posta, em seus sentidos mais profundos, quais sejam aqueles manifestados pela vontade popular expressa na Constituinte de 1987/1988.

Dispõe o art. 9º da Constituição de 1988:

> Art. 9º É assegurado o direito de greve, **competindo aos trabalhadores decidir sobre a oportunidade de exercê-lo e sobre os interesses que devam por meio dele defender.**
>
> § 1º A lei definirá os serviços ou atividades essenciais e disporá sobre o atendimento das necessidades inadiáveis da comunidade.
>
> § 2º Os abusos cometidos sujeitam os responsáveis às penas da lei.

As breves disposições constitucionais sobre a greve, quando lidas como instituição de uma nova ordem jurídica, em contraposição à ordem jurídica anteriormente vigente, de caráter reconhecidamente autoritário, nos autorizam, de imediato, algumas conclusões preliminares: a) a greve é um direito fundamental; b) a decisão sobre a deflagração da greve, bem

(4) BROWN, Wendy. *Nas ruínas do neoliberalismo:* a ascensão política antidemocrática no ocidente. São Paulo: Editora Filosófica Politeia, 2019.

como a decisão sobre os interesses que devam ser defendidos por meio da greve pertencem aos trabalhadores; c) não há proibição muito menos restrições ou peculiaridades ao exercício e à tutela jurídica da greve em atividades essenciais que não a preservação das necessidades inadiáveis da comunidade; d) a responsabilização jurídica pela prática grevista só poderá ocorrer quando os titulares desse direito fundamental cometerem abusos, que serão definidos em lei, a partir das diretrizes postas no texto constitucional, ao qual toda e qualquer lei se submete.

Em havendo margem de dúvidas sobre a leitura do Texto Constitucional e os seus sentidos, bem como sobre as possibilidades normativas por ele abertas (ou não) para a legislação infraconstitucional, cabe o resgate dos debates que orientaram a Constituinte.

Ricardo Lourenço Filho, em tese de doutorado defendida perante o Programa de Pós-Graduação em Direito da Universidade de Brasília, recuperou detalhadamente os debates travados durante a Constituinte de 1988 sobre a greve, primeiro na Subcomissão dos direitos dos trabalhadores e servidores públicos, com ampla participação da sociedade nas audiências públicas realizadas e na apresentação de proposições (foi a subcomissão que mais sugestões recebeu); depois na Comissão da Ordem social; seguida da Comissão da soberania e dos direitos e garantias do Homem e da Mulher; da Comissão de sistematização; e, por fim, no Plenário da Constituinte(5).

Apesar das modificações e enxugamentos promovidos ao longo do percurso de elaboração textual do art. 9º da Carta de 1988, como observa Lourenço Filho, há que se considerar que as profundas discussões e percepções políticas manifestadas nessa trajetória são constitutivas de um determinado sentido para o direito de greve, sobretudo no que toca àquele sentido com o qual se pretendia romper em 1988(6). Nessa linha, não se pode perder de vista que os antecedentes históricos que conduzem à redemocratização e, portanto, que conduzem à Constituição de 1988 não são outros que não os potentes movimentos grevistas do final da década de 1970, que ocorreram à revelia das limitações da legislação restritiva então vigente e das ingerências autoritárias que o regime civil-militar exerceu sobre as organizações de trabalhadores e seus direitos coletivos(7).

Foi a partir desses antecedentes que prevaleceu na **Subcomissão dos direitos dos trabalhadores e servidores públicos** uma discussão sobre a matéria: a de que a garantia do direito de greve na Constituição deveria vir acompanhada da determinação expressa de que não se admitissem restrições a esse direito pela legislação, nem que se admitisse "a intervenção

(5) LOURENÇO FILHO, Ricardo. *Entre continuidade de ruptura:* uma narrativa sobre as disputas de sentido da Constituição de 1988 a partir do direito de greve. 2014. 293 f. Tese de Doutorado em Direito – Universidade de Brasília, Brasília, 2014.

(6) *Idem.*

(7) PAIXÃO, Cristiano. Mundo do trabalho entre passado e futuro: das greves de 1978/1980 à Assembleia Nacional Constituinte de 1987/1988. In: VIANA, Márcio Túlio; ROCHA, Cláudio J. da. *Como aplicar a CLT à luz da Constituição:* alternativas para os que militam no foro trabalhista. São Paulo: LTr, 2014. p. 36-43.

precipitada da Justiça do trabalho", com expressa referência à imposição de sanções e multas inibitórias do exercício do direito(8).

A proposta de redação do Texto Constitucional discutida na Subcomissão, aliás, consistia na previsão, dentre os direitos trabalhistas, do direito de "greve, que não poderá sofrer restrições na legislação, sendo vedada às autoridades públicas, inclusive judiciárias, qualquer tipo de intervenção que possa limitar esse direito. É proibido o *lock out*"(9). Ainda segundo Lourenço Filho, essa compreensão, externada pelas entidades sindicais, convergia com a da maioria dos constituintes que integravam a referida subcomissão e ia de encontro à proposição formulada pelos Ministros do Trabalho e da Administração à época, que propunham a previsão de que o direito de greve deveria ser remetido à regulamentação infraconstitucional, de modo afinado com o período pré-constitucional(10).

O texto encaminhado pela Subcomissão foi enfrentado na **Comissão de Ordem Social**, cujo relator apresentou sucessivos substitutivos, culminando com a previsão do direito nos seguintes termos: direito de "greve, competindo aos trabalhadores decidir sobre a oportunidade e o âmbito de interesses que deverão por meio dela defender, bem como, sobre as providências e garantias asseguradoras da continuidade dos serviços essenciais à comunidade"(11).

Lourenço Filho registra a proposta apresentada nessa Comissão, no sentido de, também nessa fase, incluir no texto a expressão "independente de lei", a fim de salvaguardar que o legislador infraconstitucional não pudesse restringir a amplitude do direito que a Constituição ora reconhecia. Vale dizer que essa proposta, embora tenha sido rejeitada, teve como fundamento para sua rejeição o de "ser evidente que a legislação ordinária não poderia contrariar o texto constitucional"(12), e não como salvaguarda para que o legislador pudesse criar limites além daqueles admitidos pelo Constituinte.

Assim, conclui o autor, a partir de comparação entre os textos finais da Subcomissão dos direitos dos trabalhadores e servidores públicos e da Comissão de Ordem Social:

> Comparando os dois textos, i.e., o da Subcomissão dos Direitos dos Trabalhadores e Servidores Públicos e o da Comissão da Ordem Social, vê-se que o primeiro deixava em evidência as práticas que os constituintes desejavam que fossem superadas, marcando, de forma mais explícita, a ruptura com a

---

(8) BRASIL. *Assembleia Nacional Constituinte. Ata da 7ª Reunião da Subcomissão dos Direitos dos Trabalhadores e Servidores Públicos*, p. 58/59, *apud* LOURENÇO FILHO, Ricardo. *Entre continuidade de ruptura*: uma narrativa sobre as disputas de sentido da Constituição de 1988 a partir do direito de greve. 2014. 293 f. Tese de Doutorado em Direito – Universidade de Brasília, Brasília, 2014. p. 38.

(9) BRASIL. *Assembleia Nacional Constituinte. Comissão da Ordem Social. Subcomissão dos Direitos dos Trabalhadores e Servidores Públicos*, vol. 188, p. 14 *apud* LOURENÇO FILHO, R. *op. cit*, p. 51.

(10) LOURENÇO FILHO, Ricardo. *Entre continuidade de ruptura*: uma narrativa sobre as disputas de sentido da Constituição de 1988 a partir do direito de greve. 2014. 293 f. Tese de Doutorado em Direito – Universidade de Brasília, Brasília, 2014.

(11) BRASIL. *Assembleia Nacional Constituinte. Comissão da Ordem Social, vol. 185*, Brasília, Centro Gráfico do Senado Federal, 1987, p. 5. *apud* LOURENÇO FILHO, R. *op. cit*, p. 55.

(12) LOURENÇO FILHO, R. *op. cit*, p. 57.

ordem jurídico-institucional anterior (por isso a proibição a restrições por lei e a vedação às autoridades públicas, inclusive as judiciárias, de qualquer tipo de intervenção que pudesse limitar o direito de greve). O segundo texto, aprovado na Comissão, sem se referir de maneira expressa ao que deveria ser proibido, assegurava um caráter procedimental ao direito de greve: os trabalhadores decidiriam quando e porque deflagrar a paralisação, sendo responsáveis pelas providências a serem adotadas de modo a garantir a continuidade das atividades essenciais. Ainda que de forma indireta, o dispositivo proposto reconhecia a maturidade dos trabalhadores para o exercício do direito, afastando a tutela estatal e tornando questionável, em tese, a intervenção da Justiça do Trabalho no conflito[13].

Já na **Comissão de soberania e dos direitos e garantias do homem e da mulher**, o direito de greve voltou a ser abordado, eis que, em última análise, era previsto como instrumento de participação política do trabalhador, integrando um campo maior, pertinente ao direito de livre manifestação coletiva dos cidadãos. Também nessa Comissão se revelou a tensão entre propostas que remetessem o direito à regulamentação legal (preocupadas com as situações de abuso) e a advertência de que tal remissão poderia caminhar no sentido de uma restrição à vontade constituinte quanto à amplitude do direito[14].

Já na **Comissão de Sistematização**, observa Lourenço Filho que o direito de greve foi tratado no art. 10 pelo relator numa redação diferente das propostas das comissões temáticas:

> O dispositivo sobre a greve foi enxuto e a discutida expressão "na forma da lei" voltou a aparecer no texto, muito embora não tenha constado de nenhum dos anteprojetos encaminhados pelas Comissões Temáticas.[15]

Em face dessa proposta de redação foram apresentados destaques por diversos constituintes que insistiram no risco de que se desse margem à restrição do direito de greve por parte da lei infraconstitucional, com criação de novas limitações além daquelas existentes na legislação civil e penal. Lourenço Filho, entretanto, registra que tais destaques foram rejeitados[16], mas registra também a tônica dessa rejeição por meio da declaração de votos de dois constituintes, José Fogaça e Fernando Henrique Cardoso, que o fizeram assentando que a indicação de que a legislação infraconstitucional deveria estar autorizada a prever os abusos era garantia de limitação das restrições, e não de limitação do direito de greve:

> Os constituintes José Fogaça e Fernando Henrique Cardoso formularam declaração de voto, com o seguinte teor: "em defesa do direito dos trabalhadores, e como fator de fortalecimento da extraordinária conquista obtida no *caput* do art. 10 do Substitutivo 2 do Projeto de Constituição, voto contrariamente à supressão do § 2º. O § 2º *delimita* a punição. Neste país, *de greve*, por si só, não será mais punida. Os abusos poderão ser praticados por brigadas facistas [*sic*] antigreve;

(13) LOURENÇO FILHO, R. *op. cit*, p. 57-58.

(14) LOURENÇO FILHO, R. *op. cit*, p. 58-70.

(15) LOURENÇO FILHO, R. *op. cit*, p. 74.

(16) LOURENÇO FILHO, R. *op. cit*, p. 81.

inclusive pelas autoridades. A punição dos abusos, mesmo dos grevistas, dá solidez e seriedade ao direito de greve. **Fica assegurado que tudo que não for abuso não pode ser objeto de punição**. Desconhecer tal fato significa enfraquecer o extraordinário avanço, significa vulneralizá-lo. [*sic*] Por fim, é necessário manter o § 2º porque ele limita à lei comum a punição aos abusos. E impede que uma Lei de Segurança, autoritária e facista, [*sic*] venha se sobrepor".(17).

A partir do texto apresentado, foi iniciado o prazo para oferecimento de emendas, e, nessa oportunidade, um grupo de parlamentares/constituintes identificados como pertinentes ao eixo político do "centro" ofereceram projeto de constituição. Nesse projeto, o direito de greve estava disciplinado nos seguintes termos:

é assegurado o direito de greve, *nos termos da lei*, que ressalvará aquelas decididas sem prévia negociação. A lei *limitará* o direito de greve quando se tratar de serviços ou atividades essenciais e inadiáveis à comunidade. Compete aos trabalhadores decidir sobre a oportunidade e os *interesses trabalhistas* da categoria que devam, por meio dela, defender(18).

A proposta incluía a transformação do § 2º do projeto da Comissão de Sistematização em um parágrafo único estabelecendo que "os abusos cometidos e os danos causados sujeitam os responsáveis às penas da lei"(19).

Como bem pontua Lourenço Filho, o conteúdo da proposta transcrita revela claro interesse de vincular a paralisação a interesses exclusivamente *trabalhistas*, excluindo, portanto, greves por motivações de outra natureza, como as greves políticas; bem como uma perspectiva de que a greve significaria uma ofensa ao direito de propriedade e que ela não deveria ser admitida nos serviços públicos.

A recuperação histórica dos trabalhos da Constituinte promovida pela pesquisa doutoral na qual nos amparamos revela que essa proposta, nos termos acima descritos, foi aprovada. Porém, o texto recebeu destaques que foram submetidos à deliberação da Plenária Constituinte, que pôde, portanto, voltar a discutir o direito de greve.

Na votação dos destaques, por meio de acordo entre as lideranças partidária, que, segundo manifestações dos deputados constituintes, foi entabulado durante a própria sessão da Constituinte sem apresentação prévia de texto, houve uma fusão do texto nessa que é a atual redação do art. 9º da Constituição de 1988.

Uma das emendas propostas veiculava o entendimento de que era preciso consignar limites ao direito de greve, tendo havido sustentação, por parte constituinte Aloysio Chaves (PFL), de que sua finalidade era permitir o reconhecimento de certos limites ao direito de greve, como a vedação de sua deflagração por interesses de natureza política, econômica ou de solidariedade:

> [...] Da maneira como está redigido o caput do art. 9º, os trabalhadores poderão deflagrar uma greve antes de iniciar-se a negociação coletiva, no curso de uma

(17) BRASIL. *Assembleia Nacional Constituinte. Ata da 32ª Reunião Extraordinária da Comissão de Sistematização* – II, p. 539 *apud* (LOURENÇO FILHO, R. *op. cit*, p. 81.

(18) LOURENÇO FILHO, R. *op. cit*, p. 90, grifos no original.

(19) LOURENÇO FILHO, R. *op. cit*, p. 90.

convenção coletiva ou depois que o conflito coletivo tenha sido julgado pela Justiça do Trabalho. E a greve poderá ter **por objeto tanto interesses pertinentes às respectivas relações de trabalho como outros de natureza política, econômica ou de solidariedade.**[20]

A importante observação contida no esforço de recuperação histórica promovido pela pesquisa de Ricardo Lourenço Filho consiste em perceber que as emendas, entre elas aquela defendida pelo constituinte Aloysio Chaves (PFL), supratranscrita, **foram rejeitadas**, tendo obtido apenas 112 votos favoráveis, em contraste com os 287 contrários (houve 8 abstenções)[21] Nesse sentido, a importante conclusão do autor:

> É possível inferir que, como as lideranças não chegaram a um novo acordo, optaram pela manutenção do acordo anterior, firmado ainda no primeiro turno. Essa hipótese permite avançar outra: passada a etapa da Comissão de Sistematização e com a formação do Centrão, a aprovação de temas sensíveis ficou dependente da possibilidade de celebração de acordos entre as lideranças partidárias. Cabe, então, o seguinte questionamento: até que ponto as discussões ocorridas anteriormente e os discursos proferidos durante as audiências públicas foram (ou não) deixados de lado?[22]

Assim, a exegese do art. 9º da Constituição, que orienta a discussão sobre a regulação jurídica da greve no Brasil desde 1988, precisa contemplar esses movimentos de franca ruptura em relação ao modelo restritivo da greve verificado no momento pré-constitucional, bem como a intencionalidade constituinte no sentido de, embora reconhecendo necessidade de preservar a comunidade em relação às práticas abusivas, resguardar a liberdade de exercício do direito de greve em relação às possibilidades de normatização infraconstitucional, ou mesmo de atuações institucionais (incluído o Poder Judiciário), que, a partir de convicções políticas singulares ou de outras pré-compreensões historicamente datadas, pudessem retirar dos trabalhadores a conquista de liberdade quanto aos interesses que defender e a forma de exercício do direito de greve.

Essa compreensão não apenas se funda numa interpretação do Texto Constitucional comprometida com a vontade constituinte, como também em uma interpretação sistemática da Constituição de 1988, que valorizou a amplitude da cidadania, inclusive para os trabalhadores, as formas diretas de exercício da participação política, o papel da sociedade civil na resolução de conflitos e as liberdades associativa, sindical e de manifestação. Ademais, há que sempre se considerar a precedência topológica dos direitos dos indivíduos e das organizações coletivas em relação à estrutura do Estado, a incitar a percepção de que não há espaço para condução autoritária ou tutelada do exercício das liberdades constitucionais, que não se confundem e não podem ser confundidas com a limitação *a posteriori* de eventuais excessos ou abusos.

(20) LOURENÇO FILHO, R. *op. cit*, p. 91.

(21) LOURENÇO FILHO, R. *op. cit*, p. 94.

(22) LOURENÇO FILHO, R. *op. cit*, p. 95.

Assim, há que se considerar o alinhamento constitucional em relação aos instrumentos internacionais de proteção, que asseguram a liberdade sindical e, também, a greve, enquanto manifestações do caráter democrático das relações de trabalho, entendendo que restrições indevidas ao instituto representam restrições à própria ordem democrática. A precedência da discussão sobre os limites da greve, em detrimento do direito em si, por si só, revela-se refratária ao espírito constitucional de 1988.

Imbuídos desse olhar, passemos à leitura da Lei de Greve (Lei n. 7.793/89), numa interpretação de dois relevantes dispositivos, alinhada ao Texto Constitucional:

> Art. 1º É assegurado o direito de greve, **competindo aos trabalhadores decidir sobre a oportunidade de exercê-lo e sobre os interesses que devam por meio dele defender.**
>
> Parágrafo único. O direito de greve será exercido na forma estabelecida nesta Lei.
>
> [...]
>
> Art. 14. Constitui abuso do direito de greve a inobservância das normas contidas na presente Lei, bem como a manutenção da paralisação após a celebração de acordo, convenção ou decisão da Justiça do Trabalho.
>
> Parágrafo único. Na vigência de acordo, convenção ou sentença normativa não constitui abuso do exercício do direito de greve a paralisação que:
>
> I – tenha por objetivo exigir o cumprimento de cláusula ou condição;
>
> II – seja motivada pela superveniência de fatos novo ou acontecimento imprevisto que modifique substancialmente a relação de trabalho.

Não sem antes repisar que o art. 1ª, o art. 14 e todos os demais artigos da Lei de Greve devem ser lidos à luz do art. 9º da Constituição de 1988, é como decorrência dessa leitura e, também, da própria compreensão sistemática das normas jurídicas, que o art. 14º deve ser interpretado a partir do art. 1º, não sendo admissível perspectiva interpretativa que faça o caminho inverso, estabelecendo a amplitude do direito assegurado no art. 1º a partir da lente restritiva do art. 14º.

É dizer: a greve, amplamente reconhecida, com liberdade para os trabalhadores livremente elegerem os interesses que desejam por meio dela defender, a partir de suas deliberações democráticas, é a regra. Como direito fundamental que é, tem presunção de legitimidade e acompanha-lhe a presunção também de boa-fé dos seus titulares. Não há que se falar em exercício lícito ou ilícito do direito: o exercício de direitos é sempre qualificado pela licitude e a presunção é de que seus titulares possam exercê-lo sem embaraços e independentemente de autorizações prévias.

Em caráter excetivo, todavia, se devidamente demonstrada (e para essa demonstração nos auxilia o art. 14º), por aqueles que forem ofendidos pelo abuso no exercício do direito, incidem as responsabilizações previstas em lei, a partir de análise posterior, em contraditório, dos órgãos jurisdicionais.

O raciocínio jurídico que visa exigir do titular de um direito que, previamente, demonstre em juízo, para o empregador, para o Estado e para a opinião pública que cumpriu requisitos formais para o seu exercício, a fim de que, só então, ele possa sair da esfera da ilicitude e se qualificar como exercente de um direito fundamental não se amolda à racionalidade contida na Constituição de 1988 que, rompendo com ordem jurídica antidemocrática anterior, inscreveu a greve como direito fundamental e entregou aos seus titulares liberdade quanto à conveniência, oportunidade e objetivos para o seu exercício.

Se não for compreendida e assentada essa inversão, não se poderá entender a que servem os requisitos inscritos na Lei de Greve, tampouco se poderá assimilar como e por quem eles deverão ser comprovados processualmente.

Assim, entendo vazia de sentido constitucional a discussão sobre o caráter "político" de uma greve como um desqualificante do exercício de um direito constitucional. Isso porque, além de não termos consenso em relação ao conceito que se adota e à extensão da categoria "política" nesse debate — cujo sentido pejorativo atribuído à expressão, de modo a associá-la automaticamente à abusividade, se mostra, no mínimo, inapropriado a uma ordem constitucional regida pela ideia de pluralismo político — não é esse, em hipótese alguma, o crivo estabelecido pelo Constituinte como restrição possível e excetiva ao direito de greve no art. 9º.

O que dizem os §§ 1º e 2º do art. 9º da Constituição da República é que não deve haver, no caso das greves em atividades essenciais, prejuízos à comunidade; e que não serão admitidas, nas greves de modo geral, condutas abusivas.

Nesse sentido, não é a adjetivação "política" que conduz à abusividade, mas a quebra, por parte dos titulares do direito de greve, em relação às condutas de lealdade e boa-fé no exercício desse direito fundamental.

A Lei n. 7.793/89 oferece alguns parâmetros — ou melhor, presunções relativas — de quando a conduta dos titulares do direito pode avançar indevidamente para o abuso, mas, como presunções que são, devem ser lidas a partir das circunstâncias do caso concreto, sempre norteando-se o intérprete pela diretriz constitucional de que a legitimidade do exercício do direito fundamental é a regra.

Portanto, mesmo quando peleia em favor de um interesse trabalhista em sentido estrito, o movimento paredista pode incorrer em abuso, se, após alcançado o objetivo da greve, com a formulação de acordo com o empregador ou com o sindicato patronal, deflagra movimento paredista contrariando deslealmente sua própria manifestação de vontade.

Sabedora de que instituía uma mera presunção, o Lei de Greve, no próprio parágrafo único do art. 14, excepciona que não constitui abuso do exercício do direito de greve a paralisação na vigência de acordo ou convenção a greve que: "tenha por objetivo exigir o cumprimento de cláusula ou condição" ou "seja motivada pela superveniência de fatos novo ou acontecimento imprevisto que modifique substancialmente a relação de trabalho", o que certamente abre margem para outras situações de natureza similar que afastem da conduta o cariz da má-fé.

A ruptura com a boa fé e com a legítima expectativa da parte adversa, ou, ainda, o atingimento ilegítimo dos interesses inadiáveis da comunidade (interpretados restritivamente como restrições de direitos fundamentais que são) consistem nos elementos aptos a se pensar a abusividade de um movimento paredista, e não uma suposta e enigmática atribuição da pecha política a esses movimentos.

A construção jurídica que assimila a política como elemento que contamina a democracia e as liberdades constitucionais traduz-se num raciocínio típico dos regimes autoritários, que se assentam na negação da existência de interesses conflitantes na sociedade para impor, totalitariamente, interesses de um único grupo. Como nos questiona Lourenço Filho, "por que é importante classificar uma greve como política ou não política"?(23) Pode-se observar um *uso político* da *greve política*, para desqualificá-la?

Nesse sentido, importante retomar o conceito de greve política a partir do escólio de Pierre D-Ollier, para quem a greve com finalidade estritamente política é descrita como "aquela que não possui nenhuma base profissional, visando protestar contra atos do governo e de órgãos do poder público ou privado". O autor cita como exemplos de greves estritamente políticas na França as greves contra as guerras da Indochina e da Argélia ou contra a execução do casal Rosenberg.(24)

Flávia Máximo também registra, a partir de pesquisa sobre a jurisprudência acerca do direito de greve na Itália, o enquadramento, como greve política, um movimento contra o envio de um contingente militar italiano a Kosovo, que se encontrava em guerra civil à época, sendo que, inclusive nessa oportunidade, a sentença da Corte de Cassação da Itália assentou: "a greve por motivos exclusivamente políticos é um direito subjetivo pleno e como tal não pode causar qualquer prejuízo ao trabalhador que a exerce, nem mesmo a nível disciplinar".(25)

Portanto, ainda que, transcendendo a vontade e os limites do próprio texto constitucional, se adote algum nível restritivo quanto aos interesses defensáveis por meio da greve, há que se distinguir a greve estritamente política, que poderia ser considerada desviada em relação aos objetivos últimos do direito de greve amplamente assentado na Constituição, das greves que tenham alguma conotação política, imiscuída aos interesses da categoria.

Quando se conduz a aferição da abusividade da greve à qualificação ou adjetivação que o Poder Judiciário pode apor aos motivos do movimento paredista, **ainda que atrelado aos interesses trabalhistas da categoria**, abre-se margem para que empatias ou antipatias políticas em relação às pautas grevistas possam conduzir ao reconhecimento ou afastamento da legitimidade do exercício de um direito fundamental.

E, como tão essencial e indissociavelmente políticos são os conflitos trabalhistas, não é incomum que as postulações e atos de força exercidos em seu bojo despertem antipatias

---

(23) LOURENÇO FILHO, R. *op. cit*, p. 232.

(24) OLLIER, Pierre-D. *Le droit Du travail*. Paris: Librairie Armand Colin, 1972 *apud* BABOIN, José Carlos de Carvalho. *O tratamento jurisprudencial da greve política no Brasil*. Dissertação de mestrado defendida perante o Programa de Pós-Graduação em Direito da USP. 2013.

(25) PEREIRA, Flávia Souza Máximo Pereira. *Para além da greve*: diálogo ítalo para a construção de um direito de luta. Belo Horizonte: Casa do Direito, 2020. p. 248-249.

e simpatias também políticas. Mas não é disso que se trata quando se pensa na efetividade máxima do direito fundamental contido no art. 9º da Constituição Federal: a pertinência ou impertinência abstrata da pauta grevista, notadamente quando elementos adjetiváveis como políticos coexistem com questões trabalhistas, não se confunde com a abusividade do movimento, que deve ser aferida a partir dos critérios excepcionais, comprovados pelos ofendidos, de ruptura com as necessidades inadiáveis da comunidade e com padrões de lealdade e boa-fé[26], sempre interpretados de forma restritiva, como cláusulas restritivas de direitos fundamentais que são.

Nessa esteira estão as compreensões de Mauricio Godinho Delgado, que consigna entendimento no sentido de que se a greve política ou de solidariedade possui conexão com temas trabalhistas relevantes aos grevistas, ela se encontra contemplada pela proteção instituída no art. 9º da Constituição de 1988.[27]

Augusto César Leite de Carvalho, rememorando que a greve é fato social que não "pede licença" ao direito e que a empresa representa um microcosmo da sociedade capitalista, efetivamente há identidade entre os interesses patronais e políticas públicas que sustentam o sistema econômico, razão por que a greve política dialogaria com essa identidade, além de estar albergada pela amplitude da garantia do art. 9º da CF/88.[28]

Entretanto, se um conceito possível de abuso de direito é aquele que o define como "espécie de ato ilícito, que pressupõe a violação de direito alheio mediante conduta intencional que exorbita o regular exercício de direito subjetivo"[29], no caso da greve, essa ideia deve ser pensada considerando tratar-se de instituto que também envolve o exercício de pressão e barganha a partir de implicação de prejuízos pela não realização voluntária do trabalho livre.

Nas palavras de Washington Trindade, a greve seria o direito de causar prejuízo [30]ou um super direito, razão por que suas dinâmicas amplamente admitidas constitucionalmente, como já visto, implicam inerentemente algum tipo de prejuízo, assim como alguma significação política, em sentido lato. Não são esses dois elementos, *per se*, aptos à desqualificação da prerrogativa fundamental dos coletivos de trabalhadores.

Assim, ancorado na leitura constitucional, o direito fundamental de greve não comporta limitações absolutas quanto às suas motivações e, assim o sendo, evidentemente que motivações atípicas, porém legitimadas constitucionalmente, implicam para os intérpretes e aplicadores do direito alguma inflexão em relação aos desdobramentos de requisitos legais que regem a matéria, já que eles são pensados a partir de movimentos paredistas típicos, com pretensões tipicamente trabalhistas. Se a lei regulamenta detalhadamente o tipo de movimento paredista mais corriqueiro, com isso ela não modifica os limites da Constituição

(26) CARVALHO, Augusto César Leite. *Direito do trabalho:* curso e discurso. São Paulo: LTr, 2019. p. 540.

(27) DELGADO, Mauricio Godinho. *Curso de Direito do Trabalho*. São Paulo: LTr, 2019. p. 1.707.

(28) CARVALHO, Augusto César Leite. *Direito do trabalho:* curso e discurso. São Paulo: LTr, 2019. p. 538.

(29) NADER, Paulo. *Curso de Direito Civil*. Parte Geral — vol. 1. Rio de Janeiro: Forense, 2004. p. 553.

(30) *Apud* DELGADO, Mauricio Godinho. *Curso de Direito do Trabalho*. São Paulo: LTr, 2019. p. 1.697.

quanto ao direito, mas exige dos intérpretes esforço e sensibilidade específicas na assimilação das possibilidades comunicacionais da greve abertas pela própria Constituição.

Flávia Máximo alerta que as "especificações atribuídas pela lei não podem ser postas em plano de maior relevância que o próprio exercício do direito de greve", de modo que, para a autora, o argumento de que as greves de solidariedade e políticas seriam ilícitas diante da impossibilidade de negociação coletiva cede diante do reconhecimento de que, para o caso desses tipos específicos de greve exigências legais como a negociação prévia são inócuas. E rememora Romita, para quem a licitude da greve não implica necessariamente negociação coletiva, nem sequer a presença da outra parte.(31)

Nesse mesmo sentido, a lição de Márcio Túlio Viana, ao tratar das chamadas greves atípicas. Para o autor, a compreensão jurídica compatível com a amplitude do direito de greve salvaguardado pela Constituição de 1988 é reputar legítima a greve atípica sempre que os prejuízos por ela ensejados são da mesma natureza ou de natureza semelhante àqueles que seriam ocasionados por uma greve típica.(32)

O raciocínio estabelecido por Viana pode ser considerado também em relação às greves de motivação política, que, sendo admissíveis nos termos da hermenêutica constitucional, devem ter seus requisitos aferidos em face de uma compreensão que considere paralelos razoáveis em relação às greves de motivações exclusivamente corporativas, uma vez que a aplicação estrita dos requisitos das graves de motivação exclusivamente trabalhista implicaria, afinal, a própria refutação do direito ao exercício de greves com motivações também políticas.

Nesse sentido, na esteira das contribuições teóricas de Lourenço Filho(33), entendendo a greve como a abertura de um canal de comunicação, podemos observar que, em caso de greves com motivações políticas que repercutem nos contratos de trabalho, é possível que se suscitem pontos não anteriormente debatidos com o empregador, pela circunstância mesma de que determinadas questões, sobretudo aquelas afetas à gestão empresarial e seus impactos no cotidiano de trabalho, não são hodiernamente submetidas à esfera negocial clássica.

A pressão pela abertura desse canal de comunicação e diálogo, por meio da greve, longe de revelar um ato de abuso ou deslealde, qualifica-se como a tentativa de reverter um déficit democrático nas relações de trabalho nacionais, que difere das experiências de outros países, em que a gestão empresarial é tida como temática pertinente e necessária aos processos negociais coletivos, enquanto manifestação que são do diálogo social qualificado.

Ainda na lição de Flávia Máximo, uma acepção ampliada da noção de cidadania, tal como a estampada na Constituição de 1988, seria apta a assegurar que toda pessoa participe da vida política, não sendo admissível invisibilizar a dimensão política do direito de greve

---

(31) PEREIRA, Flávia Souza Máximo Pereira. *Para além da greve*: diálogo ítalo para a construção de um direito de luta. Belo Horizonte: Casa do Direito, 2020. p. 174-175.

(32) VIANA, Márcio Tulio. *Direito de Resistência*. São Paulo: LTr, 1998. p. 318.

(33) LOURENÇO FILHO, Ricardo. *Entre continuidade de ruptura:* uma narrativa sobre as disputas de sentido da Constituição de 1988 a partir do direito de greve. 2014. 293 f. Tese de Doutorado em Direito – Universidade de Brasília, Brasília, 2014.

sem reproduzir desigualdades e excluir os trabalhadores da tomada de decisões políticas, "perpetuando marginalizações de certos segmentos sociais".(34)

Caminhando também para a perspectiva do Direito Internacional, vale registrar que o Protocolo Adicional à Convenção Americana sobre Direitos Humanos em Matéria de Direitos Econômicos, Sociais e Culturais (Protocolo de São Salvador), em vigor no Brasil desde 1999, também determina aos Estados Partes o reconhecimento do direito de greve e limita as possibilidades de restrição desse direito via regulamentação infraconstitucional interna:

> Art. 8º
>
> Direitos Sindicais
>
> 1. Os Estados Partes garantirão:
>
> a) o direito dos trabalhadores de organizar sindicatos e de filiar-se ao de sua escolha, para proteger e promover seus interesses. Como projeção deste direito, os Estados Partes permitirão aos sindicatos formar federações e confederações nacionais e associar-se às já existentes, bem como formar organizações sindicais internacionais e associar-se à de sua escolha. Os Estados Partes também permitirão que os sindicatos, federações e confederações funcionem livremente;
>
> b) o **direito de greve.**
>
> 2. **O exercício dos direitos enunciados acima só pode estar sujeito às limitações e restrições previstas pela lei, que sejam próprias de uma sociedade democrática e necessárias para salvaguardar a ordem pública e proteger a saúde ou a moral públicas, e os direitos ou liberdades dos demais**. Os membros das forças armadas e da polícia, bem como de outros serviços públicos essenciais, estarão sujeitos às limitações e restrições impostas pela lei.
>
> 3. Ninguém poderá ser obrigado a pertencer a sindicato.

No âmbito da OIT a proteção decorre da Convenção n. 87 e, de acordo com a construção histórica da comissão de Peritos, a admissibilidade de restrições ao direito de greve não confunde com a possibilidade de o Estado ampliá-las de modo a inviabilizar o exercício do direito. Nesse sentido, o registro histórico de Süssekind, da construção da comissão de peritos no sentido de que as restrições impostas em relação aos objetivos da greve "deveriam ser suficientemente razoáveis para não redundar, na prática, numa proibição total ou numa limitação excessiva do direito de greve"(35).

Em última análise, é isso que se dessume da própria leitura feita pela OIT em relação à greve "puramente" (ou estritamente) política, em distinção à greve com objetivos políticos em sentido lato, amplamente admitida pelo órgão nesse e em diversos outros precedentes, quando diz o Comitê de Liberdade Sindical da OIT:

> Informe núm. 355, noviembre 2009, caso núm. 2602 (República de Corea), párrafo 668.
>
> En lo que respecta al ejercicio del derecho de huelga, el Comité desea recordar al Gobierno que, de manera general, **los intereses profesionales y económicos que los trabajadores**

(34) PEREIRA, Flávia Souza Máximo Pereira. *Para além da greve*: diálogo ítalo para a construção de um direito de luta. Belo Horizonte: Casa do Direito, 2020. p. 174-177.

(35) SÜSSEKIND, Arnaldo. *Direito internacional do trabalho*. São Paulo: LTr, 2000. p. 340.

defienden mediante el ejercicio del derecho de huelga abarcan no solo la obtención de mejores condiciones de trabajo o las reivindicaciones colectivas de orden profesional, sino que engloban también la búsqueda de soluciones a las cuestiones de política económica y social y a los problemas que se plantean en la empresa y que interesan directamente a los trabajadores. Las organizaciones encargadas de defender los intereses económicos y profesionales de los trabajadores deberían en principio poder recurrir a la huelga para apoyar sus posiciones en la búsqueda de soluciones a los problemas derivados de las grandes cuestiones de política, económica y social que tienen consecuencias inmediatas para sus miembros y para los trabajadores en general, especialmente en materia de empleo, de protección social y de nivel de vida. **Por último, si bien las huelgos de naturaleza puramente política no caen dentro del ámbito de los principios de libertad sindical, los sindicatos deberían poder organizar huelgas de protesta, en particular para ejercer una crítica contra la política económica y social del Gobierno; el derecho de huelga no debería limitarse a los conflictos de trabajo susceptibles de finalizar en un convenio colectivo determinado** [véase Recopilación, *op. cit.*, párrafos 526, 527, 529 y 531].[36]

A partir da revisitação histórica, doutrinária, constitucional e internacional, as restrições impostas ao direito de greve exercido com objetivos políticos e não estritamente trabalhistas demonstram um percurso em franca superação nas instâncias político-jurídicas que se abrem para os processos de democratização das relações coletivas de trabalha. Resta saber então de que modo se comportam as instituições judiciais brasileiras, em especial a justiça do trabalho, nesse percurso.

2. A greve dos petroleiros de 1995 e o julgamento do Tribunal Superior do Trabalho

A partir do assentamento de premissas a respeito da greve política no ordenamento jurídico brasileiro, importa rememorar um movimento paredista e o Dissídio Coletivo de Greve que em razão dele foi instaurado, que desafiaram essa Corte, logo após a promulgação da Constituição de 1988, a fim de pensar os sentidos constitucionais inaugurados pela nova ordem constitucional.

Os desfechos e os desdobramentos que acompanham esse julgamento podem conduzir a reflexões sobre a necessidade de amadurecimento das discussões jurisdicionais sobre o direito de greve e, como será exposto, se desdobram numa outra greve dos petroleiros, em 2018, e no seu respectivo julgamento pelo TST.

A greve de 1995 da Petrobrás, em uma síntese breve, foi deflagrada após dois acordos políticos estabelecidos entre o Governo Federal (à época, na figura do Presidente Itamar Franco e do Ministro das Minas e Energia, Delcídio Gomez) e a FUB — Federação Única dos Petroleiros terem sido descumpridos. Foram colocadas em pauta pelos petroleiros reivindicações econômicas da categoria e a defesa do monopólio estatal sobre o petróleo[37].

---

(36) OIT. *Recopilación de decisiones del Comité de Libertad Sindical*. Informe núm. 355, noviembre 2009, caso núm. 2602 (República de Corea), párrafo 668. Disponível em: <https://www.ilo.org/dyn/normlex/es/f?p=NORMLEXPUB:70002:0::NO::P70002_HIER_ELEMENT_ID,P70002_HIER_LEVEL:3945422,2>.

(37) MATTOS, Marcelo Badaró. *Trabalhadores e sindicatos no Brasil*. São Paulo: Expressão Popular: 2009. p. 133.

Os petroleiros deflagraram greve, que durou, no total, 32 dias, e, em resposta, a Petrobras suscitou dissídio de greve aduzindo que a greve era política, abusiva e que não haviam sido cumpridos os requisitos legais.

Na oportunidade, o Tribunal Superior do Trabalho, julgando o dissídio suscitado pela Petrobrás (TST-DC-177.734/95.1), decidiu pela abusividade do movimento paredista, porque entendeu que o Presidente da República e seus Ministros não podiam firmar acordo coletivo de trabalho em nome da Petrobras e que, portanto, não havia instrumento normativo coletivo sendo descumprido que justificasse a deflagração de greve, resultando ausentes os requisitos legais para a greve.[(38)]

A greve foi considerada política, porque contestatória da política econômica do governo federal e, conforme o entendimento do Tribunal à época, isso era suficiente para que fosse enquadrada como abusiva, tendo sido determinado o retorno dos trabalhadores ao serviço, sob pena de multa. Ante o descumprimento de sucessivas ordens judiciais nesse sentido, a multa imputada aos petroleiros chegou a 2,1 milhões e foi iniciada a execução[(39)]. Houve sucessivas dispensas de grevistas e, ainda, o Governo Federal, já sob a Presidência de Fernando Henrique Cardoso, recrutou as Forças Armadas para encampar a atividade econô mica, num episódio repleto de tensionamentos.[(40)]

Desse julgamento, na ponderação lúcida de Sayonara Grillo, desdobram-se dois conflitos: um conflito entre capital e trabalho por conta da política econômica incidente sobre os petroleiros; e outro, entre trabalhadores e tribunais, após um deslocamento do significado da greve de um ato de resistência operária e pressão dirigida ao empregador para um ato de "descumprimento antidemocrático de decisão judicial".[(41)]

A questão foi levada ao Comitê de Liberdade Sindical da OIT que, na oportunidade, considerou que houve violação ao direito de greve e solicitou ao Governo que adotasse providências no sentido de alterar a legislação para que a submissão de conflitos coletivos a autoridades judiciais dependesse de comum acordo entre as partes. A OIT também recomendou a readmissão dos grevistas. Suas conclusões sobre o caso foram sintetizadas nas seguintes recomendações:

> a) o Comitê pede ao Governo que tome medidas com vistas à modificação da legislação com o objetivo de que a submissão dos conflitos coletivos de interesses às autoridades judiciais seja possível apenas de acordo entre as partes, ou no caso de serviços essenciais no sentido estrito do termo (aqueles cuja interrupção poderia colocar em risco a vida, a segurança ou a saude da pessoa em toda ou em parte da população);

(38) LOURENÇO FILHO, R. *op. cit.*

(39) LOURENÇO FILHO, R. *op. cit.*

(40) LOURENÇO FILHO, R. *op. cit.*

(41) SILVA, Sayonara Grillo Coutinho Leonardo da. *Relações coletivas de Trabalho*. São Paulo: LTr, 2009. p. 282.

b) o Comitê convoca o governo a que garanta que as convenções coletivas entre empresas e sindicatos sejam respeitados. Solicita também que concite aos interlocutores sociais a resolverem os conflitos coletivos por meio da negociação coletiva; e

c) O Comitê solicita ao Governo que tome medidas para facilitar a reintegração em seus postos de trabalho dos 59 dirigentes sindicais e sindicalistas despedidos pela empresa Petrobrás.[42]

Iniciada a execução das multas a pedido do Ministério Público do Trabalho, inclusive com realização de penhora de bens das entidades sindicais e determinação judicial para que a Petrobras depositasse em juízo valores devidos aos sindicatos, o Poder Legislativo agiu para anistiar os sindicatos, uma vez que o efetivo pagamento das multas inviabilizaria as atividades daquelas entidades. Depois de uma iniciativa legislativa ter sido vetada pelo Presidente Fernando Henrique Cardoso (PSDB) após aprovação no Congresso Nacional (PL n. 600/1995), o próprio Fernando Henrique sancionou a Lei n. 9.689/98 por meio da qual se concedeu às entidades sindicais envolvidas na greve anistia em relação às multas impostas pelo Tribunal Superior do Trabalho.[43]

Por isso, em 20 de novembro de 1998, foi julgado extinto o processo de execução decorrente do Dissídio Coletivo de Greve pelo Presidente do TST (TST-DC-177.734/95.1).

Por último, apesar de iniciativa legislativa anterior no mesmo sentido ter sido vetada pela Presidência da República (PL n. 113/1999), os petroleiros punidos pela participação na greve foram anistiados por meio da Lei n. 10.790/2003, após sucessão presidencial, quando chefiava o poder executivo federal Luís Inácio Lula da Silva (PT).

É necessário que fique claro: nenhum dos efeitos da decisão do Tribunal Superior do Trabalho, que, alinhado à concepção de abusividade da greve de 1995 por suas motivações políticas, dentre outras compreensões atreladas às restrições contidas na Lei de Greve, persistiu. Seja por força das determinações da Organização Internacional do Trabalho específicas sobre o caso, seja por força da atuação conjunta dos Poderes Executivo e Legislativo, os efeitos da decisão do Tribunal Superior do Trabalho, que limitou o exercício do direito de greve naquela oportunidade, foram extirpados da ordem jurídica.

Ricardo Lourenço Filho, analisando esse episódio à luz dos debates que orientaram a construção do art. 9º da CF/88 na Assembleia Constituinte, observa que as tensões entre o desejo de ruptura e os anseios de continuidade verificados no âmbito da Constituinte de 1987/1988 reverberaram nesse julgamento, no qual prevaleceu, a partir do protagonismo do Poder Judiciário, uma perspectiva de continuidade em relação ao tratamento conferido à greve pelo Estado Brasileiro antes de 1988.[44]

(42) LOURENÇO FILHO, R. *op. cit*, p. 169.

(43) LOURENÇO FILHO, R. *op. cit*, p. 173.

(44) LOURENÇO FILHO, R. *op. cit*.

3. A greve dos petroleiros de 2018 e o julgamento do Tribunal Superior do Trabalho

Em 2018, uma nova greve dos petroleiros foi deflagrada e submetida ao julgamento do TST[(45)], interpelando o Tribunal sobre a persistência ou a revisão dos seus entendimentos sobre o direito de greve a partir da Constituição e da experiência traumática de 1995.

No caso, diante de ampla discussão pública encetada por autoridades brasileiras sobre a privatização de empresas públicas, dentre elas a Petróleo Brasileiro S/A, a FUP e demais entidades sindicais representativas da categoria dos Petroleiros convocaram greve para os dias 30.5.2018, 31.5.2018 e 1º.6.2018, com a seguinte pauta: 1) redução dos preços dos combustíveis e do gás de cozinha; 2) **manutenção dos empregos** e retomada da produção interna de combustível; 3) fim das importações de gasolina e outros derivados do petróleo; 4) **contra privatizações e desmonte do Sistema Petrobras**; 5) **demissão de Pedro Parente da Presidência da Petrobrás**.

Quando da deflagração do movimento paredista, existia acordo coletivo de trabalho em vigor até 31.8.2019, entretanto, evidentemente este instrumento não tratava das questões políticas, com reflexos nas condições de trabalho dos petroleiros, que foram supervenientes à sua assinatura e às quais o movimento paredista objetivava se opor.

A Petrobrás e a União Federal, então, diante da publicação da convocatória da Greve, ajuizaram Ação Declaratória de Nulidade de Greve e Inibitória, com antecipação dos efeitos da tutela de urgência *inaudita altera parte,* autuada como Dissídio Coletivo de Greve. Sustentaram a abusividade da greve, diante de suas motivações políticas, e postularam que fosse inibida, mediante multa, sua deflagração. No mérito, defenderam a declaração de abusividade da greve e a confirmação dos efeitos da tutela provisória de urgência.

No caso, houve medida liminar de urgência, proferida pela então relatora, Ministra Maria de Assis Calsing, que "diante do caráter aparentemente abusivo da greve e dos graves danos que dela podem advir", determinou, previamente, que os suscitados se abstivessem de paralisar suas atividades no âmbito da Petrobras e de suas subsidiárias, sob pena de multa diária de R$ 500.000,00. Noticiado nos autos o descumprimento dessa decisão, a então relatora majorou a multa diária para o valor de 2 milhões de reais, para cada entidade suscitada.

Além de interposição de agravos e agravos regimentais, as entidades sindicais suscitadas apresentaram contestações.

Após sucessivas substituições de relatoria, ocorridas na forma da lei, os autos foram ao julgamento da Seção Especializada em Dissídios Coletivos, sob a relatoria do Ministro Mauricio Godinho Delgado.

O relator votou pela improcedência o pedido de aplicação da multa por descumprimento de liminar e pela extinção do processo, sem resolução de mérito, em relação aos pedidos de tutela de urgência a ela pertinentes (proibição da paralisação e/ou determinação

(45) Trata-se do Dissídio Coletivo de Greve n. TST-DCG-1000376-17.2018.5.00.0000.

de contingente mínimo em serviço, sob pena de multa), reputando prejudicada a análise dos agravos regimentais interpostos pelas entidades sindicais. Por fim, votou pela improcedência do pedido de declaração de abusividade da greve.

No entendimento do Ministro Mauricio Godinho Delgado, relator, a despeito de a jurisprudência da Seção de Dissídios Coletivos do TST ter-se firmado no sentido da abusividade da greve política, assim enquadrando os movimentos paredistas implicados no questionamento de processos de privatização de empresas públicas, a greve em exame não possuiria caráter estritamente político, eis que esteve atrelada às repercussões das pautas políticas nas condições de trabalho e na preservação dos empregos dos representados pelos sindicatos-réus, concluindo tratar-se de greve de motivação política com repercussões trabalhistas.

Fundamentou Delgado que a legitimidade de motivações dessa ordem tem amparo na exegese constitucional, nas disposições de Tratados Internacionais de Direitos Humanos, em reiteradas decisões da Comissão de Peritos e do Comitê de Liberdade Sindical da OIT, bem como tem respaldo na fundamentação de decisões recentes do STF em matéria de greve. Além dessa fundamentação meritória, o relator entendeu incabível ao Poder Judiciário a inibição prévia de movimento paredista, salientando que não teria restado suficientemente comprovado nos autos o descumprimento do percentual mínimo de funcionamento da atividade essencial usualmente determinado pela Corte em situações similares, bem como que teria resultado demonstrada a satisfação dos requisitos para a deflagração da greve em atividade essencial.

Após o voto do relator, abriu divergência o Ministro Ives Gandra Martins Filho, votando pela abusividade da greve e pela incidência de multa diária por descumprimento de decisão judicial, que pondera dever ser firmada no valor de R$ 250.000,00 para cada entidade sindical. Entendeu o precursor da divergência que, em se tratando de greve em atividade essencial, legítima é a atuação prévia e inibitória do Poder Judiciário, manifestada na decisão liminar proferida pela Ministra Calsing, bem como que o caráter abusivo da greve estaria demonstrado pela motivação política do movimento associada ao fato de haver acordo coletivo de trabalho em vigor quando da sua deflagração, sobretudo porque não houve "prova e nem houve tempo para o descumprimento da norma coletiva em vigor, que justificasse a deflagração da greve".

Ives Gandra Martins Filho divergiu do relator no sentido de que não estaria suficientemente provado o não atendimento do percentual mínimo de funcionamento da atividade essencial, registrando que "convém lembrar que, diversamente do processo penal em que impera o princípio da busca da verdade real, no processo civil vale a máxima de que 'o que não está nos autos não está no mundo', ou seja, o juiz está adstrito as provas carreadas aos autos e, tal como posto, não se revela plausível quantificar o percentual de adesão ao movimento paredista, justamente porque 'não há comprovação contundente', como afirmado expressamente pelo próprio Relator".

A respeito da pouca informação sobre o impacto da greve na troca de turnos e sobre a afetação da produção, o Ministro Gandra Filho registrou que "muito embora a informação da Empresa tenha sido impugnada por alguns Sindicatos, parece que a dedução de que a quantidade foi ínfima considerada a dimensão da Empresa e de que tal situação não teve impacto na produção, em verdade, se baseia mais na percepção genérica do magistrado do que efetivamente em dados reais e concretos, mormente por não ter sido mencionado se a produção nas referidas unidades seria robusta, ou não, a fim de acarretar prejuízo à sociedade".

Diante dessa fundamentação, opinou o condutor da divergência pela "aplicação de multa para, reconhecida a abusividade da greve de cunho eminentemente político e o descumprimento da liminar, condenar cada Federação e Sindicatos obreiros (Suscitados), ao pagamento de multa, ora reduzida e fixada em R$ 250.000,00 (duzentos e cinquenta mil reais), que deverá ser revertida integralmente a favor da Exequente (Petrobras)".

Na sessão do dia 17 de agosto de 2020, o voto divergente foi acompanhado pelo Ministro Aloysio Correia da Veiga, que o fez em face da ausência de demonstração de prévia tentativa de negociação, pelo Ministro Emmanoel Pereira. Nessa mesma sessão, votou ainda a Ministra Kátia Arruda, acompanhando o relator. A Ministra subsidiou sua decisão notadamente nos preceitos internacionais que regem a matéria. O julgamento foi suspenso em virtude do pedido de vista regimental do Ministro Luiz Philippe Vieira de Mello Filho.

Na sessão do dia 14/12/2020 consignaram-se os votos dos Exmos. Ministros Luiz Philippe Vieira de Mello Filho, Vistor, que acompanhou o relator, e das Ministras Dora Maria da Costa e Maria Cristina Irigoyen Peduzzi, que acompanharam a divergência. A Ministra Dora Maria da Costa acresceu fundamentos no sentido de repisar a uniformização da jurisprudência da Seção Especializada de Dissídios Coletivos do TST a respeito do caráter político, e, por isso, abusivo, das greves voltadas a questionar pautas governamentais que transcendam interesses classistas.

Prevaleceu, portanto, a orientação do voto do Ministro Ives Gandra Filho, com a conclusão do julgamento sobre a abusividade da greve, a despeito dos preceitos constitucionais regentes da matéria, que, como visto, conduzem à conclusão de que a motivação da greve não se afasta, *per se*, dos ditames constitucionais, tampouco retira dos trabalhadores a legitimidade do exercício do direito fundamental, uma vez que afeta a discussão às condições de trabalho e aos empregos dos representados pelas entidades sindicais.

Por outro lado, a discussão relevante travada nesse episódio refere-se ao cumprimento ou descumprimento da temerária decisão liminar, que, sem ouvir os trabalhadores, considerou a greve abusiva a partir do seu instrumento convocatório e proibiu, **previamente,** a realização do movimento paredista sob pena de multa diária de R$ 500.000,00. Para além do simbólico ato judicial de enfrentamento da questão em **exame prévio** ao próprio movimento e em caráter liminar, *inaudita altera pars*, que recoloca o debate sobre o exercício do direito de greve como se ele pudesse ser censurado abstratamente pelo poder judiciário ou como se ele prescindisse de autorização prévia do Estado-juiz para ser exercido, remanesceu no caso, ainda, a discussão sobre a ocorrência ou não de descumprimento da decisão judicial.

Isso porque resultou incontroverso nos autos que a paralisação dos dias 31.5.2018 e 1º.6.2018 não se concretizou, e, quanto ao dia 30.5.2018, não houve comprovação suficiente para que se concluísse que a adesão tenha gerado prejuízo, eis que, ainda que se tratasse de atividade essencial, cuja possibilidade de greve estaria condicionada ao atendimento das necessidades inadiáveis da comunidade, não havia nos autos o dado incontroverso de que, onde ocorreram, as paralisações tivessem alcançado mais de 30% dos trabalhadores, o que poderia configurar o prejuízo irrazoável à comunidade, a ensejar a caracterização da abusividade da prática, nos termos da jurisprudência da Seção de Dissídios Coletivos do TST.

Do contrário, o dado reconhecido nos autos pela própria Petrobrás foi que no dia 31/5/2018 o movimento já estava encerrado. Como ressaltado no voto do relator, não houve desabastecimento de combustíveis tampouco prejuízo social estimável, fato, aliás, notório.

A abusividade da greve, como já discutido no primeiro item desse artigo, há que ser aferida em concreto e não abstratamente, cabendo a quem alega o fato excepcional (a abusividade), em oposição ao exercício regular de direito, demonstrar que o abuso, mediante prejuízos ou comprovada má-fé, efetivamente se concretizou.

Não sendo a má-fé dedutível a partir da mera presença de elementos políticos, dentre os interesses justrabalhistas reflexos, apresentados na pauta grevista, e não estando o prejuízo assentado no descumprimento dos parâmetros que a própria Corte adota para referenciar o percentual de funcionamento das atividades essenciais em movimentos paredistas, não há que se falar em abusividade do movimento tampouco incidência de multa.

Nesse sentido, ao contrário da orientação contida na decisão que prevaleceu no julgamento da SDC do TST, há que se considerar que, ao discutir a questão processual atinente ao ônus da demonstração do prejuízo ou de sua ausência, a remissão do direito material constitucional subjacente é necessária. Se se trata a greve de um exercício regular de direito fundamental, as pretensões deduzidas em juízo no sentido de reconhecer, onde se exerce um direito fundamental, uma prática abusiva, devem vir acompanhadas processualmente, a cargo daqueles que alegam a abusividade, de provas necessárias e suficientes para demonstrar prejuízo e má-fé.

Se essas provas não se fizeram presentes à suficiência nos autos, como o próprio Ministro Ives Gandra Filho reconhece que não se fazem, a questão se deslinda a partir das regras de distribuição do ônus da prova, cabendo ao suscitante do dissídio coletivo suportar a decisão desfavorável. Interpretação em sentido diverso inverte a lógica constitucional de que a regra é o direito e a abusividade, a exceção, para considerar abusivo, até que se prove o contrário, todo e qualquer movimento paredista. Tais concepções, que inspiram relações autoritárias entre sindicatos e Estado, não encontram guarida na matriz constitucional traduzida em 1988 e revelam, nesse último ato, a insistência na continuidade da regência pré-constitucional da greve, com já observara em 1995 Ricardo Lourenço Filho.

Por último, cabe ainda um registro, nesse ato, acerca da desproporcionalidade do valor imputado pela relatora originária, em sede liminar, à multa diária por descumprimento da decisão judicial: inicialmente fixada em R$ 500.000,00 (quinhentos mil), a multa **diária** foi majorada para **R$ 2.000.000,00 (dois milhões de reais**), a ser paga por **cada entidade sindical**.

Além de destoar da própria jurisprudência da Seção Especializada em Dissídios Coletivos do TST em relação às multas aplicadas a outras situações com características similares, a majoração desconsidera o fato de que, nos dois anos posteriores à Reforma Trabalhista (Lei n. 13.467/2017), que tornou facultativa a contribuição sindical, a queda da arrecadação sindical no país foi da ordem de 95%(46), o que significa modificação substancial das condições financeiras, de fato, das entidades atingidas.

A situação criada, que infelizmente se assemelha àquela materializada no Dissídio Coletivo de Greve de 1995 da Petrobrás (TST-DC-177.734/95.1), cujo desfecho foi a anistia legislativa das multas impostas por essa Corte, ante sua desproporcionalidade, com ranhuras para a autoridade das decisões por ela proferidas – ressalte-se, não pelo descumprimento, mas pela manifesta desproporcionalidade que o ensejou – tem ainda, na conjuntura presente, o agravante de desconsideração da conjuntura financeira decorrente da Reforma Trabalhista de 2017 para as entidades sindicais do país, fazendo a multa ter efeito de confisco para as entidades suscitadas.

Considerações finais

Os três atos tratados e problematizados nesse artigo marcam a história constitucional brasileira em relação aos avanços e recuos concernentes ao direito fundamental de greve.

Em dois dele, surge como protagonista — e pode-se até mesmo dizer, como antagonista dos trabalhadores grevistas — a Justiça do Trabalho, por sua cúpula. O papel das instituições judiciais, sobretudo da Justiça do Trabalho, diante do exercício de um direito fundamental com o nível de complexidade ostentado pelo direito de greve, em uma democracia comprometida com o pluralismo político e a cidadania, se coaduna com a preservação do exercício das garantias e direitos fundamentais, bem como com uma atuação que assegure condições para que as partes possam equacionar conflitos de forma produtiva e equânime, sem neles se imiscuir, muito menos protagonizar ou antagonizar.

Esse mister se desenha nesses termos seja porque a greve é expressão da liberdade sindical reconhecida pela ordem jurídica, seja porque a greve é fato social a respeito do qual as prescrições jurídicas estão, necessariamente, a reboque. Sua juridicização é fruto da construção política e das lutas sociais e não pode, nem mesmo pela via interpretativa, ser desfeita à revelia do processo histórico que a informa.

Ao tentar negar ou interditar os conflitos inerentes às relações de trabalho, assumindo postura de algoz de uma das partes exercentes de liberdade política, as instituições incorrem no equívoco de não compreender, como explica Cristiano Paixão, que "quando se fala em interpretação constitucional, especialmente em matéria de direitos sociais, o que se coloca é

---

(46) Disponível em: <https://www.gazetadopovo.com.br/republica/arrecadacao-sindical-despenca-entre-2017-e-2019/>.

a titularidade desse movimento de leitura e escritura, pois o texto constitucional se projeta para o futuro unicamente numa perspectiva hermenêutica".(47) Nesse sentido, rememora o autor que as instituições são apenas um dos atores imbuídos nesse processo — ao lado de movimentos sociais, sindicatos — não sendo, de maneira alguma, dominantes.(48)

E é a própria história que nos informará, se, no seu fluir agitado e pouco previsível, tanto as tragédias quanto as farsas podem ser desfeitas, na construção cotidiana dos processos de resistência e luta por justiça social.

Referências

BABOIN, José Carlos de Carvalho. *O tratamento jurisprudencial da greve política no Brasil.* Dissertação de mestrado defendida perante o Programa de Pós-Graduação em Direito da USP. 2013.

BROWN, Wendy. *Nas ruínas do neoliberalismo:* a ascensão política antidemocrática no ocidente. São Paulo: Editora Filosófica Politeia, 2019.

CARVALHO, Augusto César Leite. *Direito do trabalho:* curso e discurso. São Paulo: LTr, 2019.

DELGADO, Mauricio Godinho. *Curso de Direito do Trabalho*. São Paulo: LTr, 2019.

LOURENÇO FILHO, Ricardo. *Entre continuidade de ruptura:* uma narrativa sobre as disputas de sentido da Constituição de 1988 a partir do direito de greve. 2014. 293 f. Tese de Doutorado em Direito – Universidade de Brasília, Brasília, 2014.

MATTOS, Marcelo Badaró. *Trabalhadores e sindicatos no Brasil.* São Paulo: Expressão Popular: 2009.

NADER, Paulo. *Curso de Direito Civil.* Parte Geral — vol. 1. Rio de Janeiro: Forense, 2004.

OIT. *Recopilación de decisiones del Comité de Libertad Sindical.* Informe núm. 355, noviembre 2009, caso núm. 2602 (República de Corea), párrafo 668.Disponível em: <https://www.ilo.org/dyn/normlex/es/f?p=NORMLEXPUB:70002:0::NO::P70002_HIER_ELEMENT_ID,P70002_HIER_LEVEL:3945422,2>.

PAIXÃO, Cristiano. Mundo do trabalho entre passado e futuro: das greves de 1978/1980 à Assembleia Nacional Constituinte de 1987/1988. In: VIANA, Márcio Túlio; ROCHA, Cláudio J. da. *Como aplicar a CLT à luz da Constituição:* alternativas para os que militam no foro trabalhista. São Paulo: LTr, 2014. p. 36-43.

PEREIRA, Flávia Souza Máximo Pereira. *Para além da greve:* diálogo ítalo para a construção de um direito de luta. Belo Horizonte: Casa do Direito, 2020.

SILVA, Sayonara Grillo Coutinho Leonardo da. *Relações coletivas de Trabalho*. São Paulo: LTr, 2009.

SÜSSEKIND, Arnaldo. *Direito internacional do trabalho*. São Paulo: LTr, 2000. p. 340.

VIANA, Márcio Tulio. *Direito de Resistência*. São Paulo: LTr, 1998.

---

(47) PAIXÃO, Cristiano. Mundo do trabalho entre passado e futuro: das greves de 1978/1980 à Assembleia Nacional Constituinte de 1987/1988. In: VIANA, Márcio Túlio; ROCHA, Cláudio J. da. *Como aplicar a CLT à luz da Constituição:* alternativas para os que militam no foro trabalhista. São Paulo: LTr, 2014. p. 36-43.

(48) *Idem.*

População em Situação de Rua: O Direito à Educação e as Políticas Públicas

João Batista Martins César(1)
Renata Falson Cavalca(2)

"Quando fizermos nossa marcha, vocês precisam estar nela.
Se isso significa deixar o trabalho, se isso significa
deixar a escola: estejam lá. Cuide de seu irmão.
Você talvez não esteja em greve.
Mas, ou ascendemos juntos ou caímos juntos."
Martin Luther King(3)

"O amor é paciente, é benigno; o amor não arde em ciúmes,
não se ufana, não se ensoberbece, não se conduz
inconvenientemente, não procura os seus interesses,
não se exaspera, não se ressente do mal, não se
alegra com a injustiça, mas regozija-se com a verdade."
1 Coríntios 13:4-6(4)

(1) Mestre em Direito pela Universidade Metodista de Piracicaba (UNIMEP). Graduado em Direito pela Faculdade de Direito de Sorocaba (FADI). Especialista em Direitos Difusos pela Escola Superior do Ministério Público do Estado de São Paulo (ESMPSP). Desembargador Federal do Trabalho do Tribunal Regional do Trabalho da 15ª Região (Campinas-SP). Presidente do Comitê Regional e Gestor Nacional do Programa de Combate ao Trabalho Infantil e de Estímulo à Aprendizagem da Justiça do Trabalho. Professor da Faculdade de Direito de Sorocaba – FADI – disciplina estágio II processo do trabalho. Palestrante e conferencista.

(2) Doutora e Mestre em Direito Constitucional pela Pontifícia Universidade Católica de São Paulo (PUC-SP). Especialista em Direito Público pela Escola Superior do Ministério Público do Estado de São Paulo (ESMP-SP). Assessora Jurídica do Ministério Público do Trabalho/Procuradoria Regional do Trabalho da 15ª Região (Campinas-SP). Ex-Procuradora do Município de São Carlos/SP. Ex-Instrutora Interna do Programa de Capacitação, Aperfeiçoamento e Motivação dos Servidores da PRT da 15ª Região. Ex-Membro da Comissão de Publicações da Procuradoria Regional do Trabalho da 15ª Região. Ex-Coordenadora do Núcleo de Ensino e Pesquisa em Estudos Ambientais Interdisciplinares da PUC-SP. Professora universitária. Membro do Instituto Brasileiro de Direito Constitucional (IBDC), do Núcleo de Ensino e Pesquisa em Direito Educacional (NEDUC) da PUC-SP e do Núcleo de Ensino e Pesquisa em Estudos Ambientais Interdisciplinares da PUC-SP. Autora de várias obras.

(3) Disponível em: <https://www.brasildefato.com.br/2017/04/03/ha-49-anos-martin-luther-king-era-assassinado/>. Acesso em: 22 jan. 2021.

(4) Primeira Epístola de Paulo aos Coríntios. *Bíblia Sagrada*. Tradução de João Ferreira de Almeida. 2. ed. Barueri: Sociedade Bíblica do Brasil, 2009. p. 1.163.

Homenagem ao Padre Júlio Renato Lancellotti

> *"O samaritano procurou um estalajadeiro que pudesse cuidar daquele homem, como nós estamos chamados a convidar outros e a encontrar-nos num «nós» mais forte do que a soma de pequenas individualidades; lembremo-nos de que «o todo é mais do que a parte, sendo também mais do que a simples soma delas."*
>
> Papa Francisco, *Encíclica Fratelli Tutti*[(5)]

Escrevemos para registrar o que é importante para nós. Escrever afinal, como sublinha Clarice Lispector (1980, p. 21),

> É o modo de quem tem a palavra como isca: a palavra pescando o que não é palavra. Quando essa não palavra morde a isca, alguma coisa se escreveu. Uma vez que se pescou na entrelinha, podia-se com alívio jogar a palavra fora. Mas aí cessa a analogia: a palavra, ao morder a isca, incorporou-a.

Ou, parafraseando Montesquieu (1973, p. 09-19), o que queremos é mais do que fazer ler, é fazer pensar.[(6)]

Assim, na arena do pensamento brasileiro, esta obra coletiva almeja lançar um olhar crítico[(7)] sobre a dissociação do direito formalmente vigente e o socialmente eficaz, expressão cunhada por Boaventura de Sousa Santos[(8)], que bem exemplifica o abismo existente entre o ideal de dignidade da pessoa humana[(9)] e as práticas sociais e políticas no cenário brasileiro.

Trata-se de instrumento poderoso[(10)] na luta contra a desigualdade em suas múltiplas dimensões, e cuja compreensão reclama um debruçamento sobre as sugestões aqui contidas e ampla reflexão, com o intuito de tornar públicas inquietações a respeito do mundo do qual fazemos parte.

---

(5) Disponível em: <http://www.vatican.va/content/francesco/pt/encyclicals/documents/papa-francesco_20201003_enciclica-fratelli-tutti.html#_ftnref1>. Acesso em: 20 out. 2020.

(6) "Escrever, para mim, vem sendo tanto um prazer profundamente experimentado quanto um dever irrecusável, uma tarefa política a ser cumprida. [...] Não escrevo somente porque me dá prazer escrever, mas também porque me sinto politicamente comprometido, porque gostaria de convencer outras pessoas, sem a elas mentir, de que o sonho ou os sonhos de que falo, sobre que escrevo e porque luto, valem a pena ser tentados" (FREIRE, 1994. p. 15-16).

(7) Porque, como afirma Nietzsche: "O conhecimento é simplesmente o resultado do jogo, do confronto, da confluência, da luta e do compromisso entre os instintos. É precisamente porque os instintos se chocam, lutam e chegam finalmente ao fim de suas lutas, que há um compromisso e algo ocorre. Este algo é o conhecimento" (NIETZSCHE, 1972, p. 23, tradução nossa).

(8) Conforme defende Boaventura, "o direito deve ser um activo promotor de mudança social tanto no domínio material como no da cultura e das mentalidades" (SANTOS, 1986. p. 12).

(9) Para a análise específica da dignidade humana, cf. MIRANDOLLA, 2001.

(10) "A palavra é o instrumento irresistível da conquista da liberdade" (BARBOSA, 1985, p. 22).

Trata-se ainda, como refere Guinsburg (2001, p. 12), de um efetivo caldeirão das fúrias em que as forças entrópicas da irracionalidade social, política, econômica e tecnológica se entregam ao preparo dos bárbaros banquetes de nosso tempo a celebrar o festim do mercado.

A este espetáculo da gula tecnocrática e monetarista entregue à pantagruélica devoração de índices de produtividade e lucro, na voragem dos sentidos e dos valores do "pós-tudo"(11), este livro lança luz sobre pontos tradicionalmente negligenciados em nossa sociedade: a importância crucial da inclusão de grupos marginalizados ou excluídos(12), com vistas a promover o resgate da cidadania em uma sociedade cada vez mais complexa e desigual, diríamos, escandalosamente discrepante.

É na própria dinâmica social que se aloja o desafio de construir uma sociedade capaz de enraizar a cidadania, para usar os termos de Hannah Arendt(13) (2007, p. 199), "o direito a ter direitos", nas práticas sociais(14), fazendo da equidade e da justiça regra de sociabilidade e princípio de reciprocidade.

Sobre justiça, ensina Dom Hélder Câmara (1992, p. 10): "Se você acredita na fecundidade da paz como meio de construir a justiça, acredita, também, que a justiça é condição indispensável para a paz."

Esta é uma tarefa, porém, que jamais se completa em definitivo porque "a modificação das circunstâncias sociais implica que sempre haverá novos interesses ainda não reconhecidos juridicamente e que pressionam para o serem; interesses reconhecidos apenas parcialmente e velhos interesses que se dissipam", na lição de Roscoe Pound (1942, p. 87 *apud* BOTTOMORE, 1967, p. 204).

A despeito disso, esta obra proporciona o encontro de pensadores da forma mais singela que há: mexendo com os alicerces do mundo, com as mazelas da sociedade, com as incertezas da realidade, com os desconfortos da alma, pontuado pelo espanto que inspira a indagação, o questionamento, o embate, e que termina pelo conforto do amparo.

Pensamos que uma pessoa que consegue fecundar uma obra como esta, conseguiu seu objetivo. Isto porque, segundo os clássicos chineses, influenciar é ter poder.

Já dizia Locke (1999, p. 21) que o que move as pessoas é a insatisfação com a realidade. Só a paixão e o envolvimento podem explicar as coisas mais essenciais.

(11) Sem esquecer, "a composição particularista e secreta de interesses econômicos que, pela envergadura destes, afeta significativamente os interesses sociais globais" (SANTOS, 1986, p. 30).

(12) "De coração aberto lhes direi como vejo as nossas minorias e porque me parece que elas têm tarefas decisivas a desempenhar para a aproximação dos homens e a construção efetiva da paz através da justiça e do amor" (CÂMARA, 1977, p. 10).

(13) Na acepção da autora, "cidadania é o direito a ter direitos. É a quintessência da liberdade, o ápice das possibilidades do agir individual, o aspecto eminentemente político da liberdade" (ARENDT, 2007, p. 205).

(14) Para um aprofundamento sobre o tema, cf. PINSKY, 2012. Na obra, cidadãos narram suas próprias experiências e, a partir delas, nos oferecem exemplos valiosos, que servirão para auxiliar a elaboração de novas políticas públicas, novas ações coletivas e novas práticas empresariais, mais comprometidas com a responsabilidade social.

Em sua trajetória de dedicação há mais de trinta anos a trabalhos sociais mediante acolhimento[15] de adolescentes e jovens em conflito com a lei[16], populações de baixa renda e em situação de rua, imigrantes sem teto e refugiados, além de crianças e adultos com vírus HIV/AIDS, em um trabalho centrado na busca pela garantia dos direitos das populações excluídas ou vulneráveis[17], o Padre Lancellotti[18] opõe sua decidida e lúcida recusa estribada na ética da liberdade e da igualdade. E ele o faz com maestria, na vanguarda da *ética da responsabilidade solidária*, na feliz expressão de Apel (1994, p. 163), desempenhando o papel de verdadeiro agente de transformação social.

Exemplo de fidelidade ao lema de vida que ele traçou para si, como escreve Miguel Reale (1934, p. 11): "Teorizar a vida e viver a teoria na unidade indissolúvel do pensamento e da ação".

Nas palavras de Lancellotti: "Sinto-me humanizado. Eu sinto que estou do lado que Jesus gostaria que eu estivesse" (COCOLO, 2016).

Sua ação recupera[19] ou reativa[20], em novos moldes, minorias sistematicamente vulneráveis ou excluídas da sociedade, há muito abandonadas ou marginalizadas.

Assim como São Francisco sentia-se ainda mais unido aos que eram da sua própria carne[21], o Padre Lancellotti semeia paz por toda a parte e anda junto dos pobres[22],

---

(15) "Amar é acolher, é compreender, é fazer o outro crescer" (ARNS, Z., 2008). "A pediatra Zilda Arns Neumann recebeu vários prêmios internacionais por seu trabalho de mais de duas décadas com a Pastoral da Criança. Desde 1993, ela também coordena a Pastoral da Pessoa Idosa, que atende mais de 100 mil idosos. Com sua atuação social, Zilda firmou-se não só como símbolo de generosidade cristã, mas como um exemplo de como é possível construir projetos eficientes e longevos. Nesta entrevista, ela fala sobre os elementos fundamentais de uma ação que pretende mudar o país" (É PRECISO..., 2008).

(16) Sobre adolescentes em conflito com a lei ou em situação de risco social, cf. CAVALCA, 2021.

(17) Tomando a sério as contradições e complexidades da vida social, os autores propõem como critério a experiência de "Deus em nós", o reinado de Deus que acontece no interior da luta e do amor solidário com os pobres e as vítimas de sistemas e relações humanas opressivas, cf. ASSMANN; SUNG, 2010.

(18) "Atua fortemente junto a menores infratores, detentos em liberdade assistida, populações de baixa renda e em situação de rua, imigrantes sem teto e refugiados, além de crianças e adultos com o vírus da imunodeficiência humana (HIV) ou com a síndrome da imunodeficiência adquirida (AIDS). Participou de toda a fundamentação da Pastoral do Menor da Arquidiocese de São Paulo e dos grupos de fundação da Pastoral da Criança, colaborando também na formulação do Estatuto da Criança e do Adolescente (ECA). Fundou a 'Casa Vida I' e, posteriormente, a 'Casa Vida II', para acolher crianças portadoras do vírus HIV. Como vigário episcopal do Povo da Rua da Arquidiocese de São Paulo, está à frente de vários projetos municipais de atendimento à população carente, como é o programa 'A Gente na Rua', formado por agentes comunitários de saúde, ex-moradores de rua" (COCOLO, 2016).

(19) Porque, como bem destaca Husek, "toda transformação baseada no sofrimento tende a enlevar os sentimentos e tornar mais perfeitos nossos atos e nossas ideias" (HUSEK, 2000, p. 02).

(20) "A este pescador de almas, não importam o clima... os ventos... as incertezas. Importam o ofício.... o ato e a disponibilidade" (a autora).

(21) Na expressão de Clarice Lispector, "como pessoa teve que passar pelo caminho de Cristo" (LISPECTOR, 2010, p. 129).

(22) Na mensagem de Natal do Papa Francisco à Cúria Romana, em dezembro de 2020, expressou o Pontífice: "Não podemos ver o rosto de Deus, mas podemos experimentá-lo ao olhar para nós, quando honramos o rosto do próximo, do outro, que nos ocupa com as suas necessidades. O rosto dos pobres. Os pobres estão no centro do Evangelho" (PAPA FRANCISCO, 2020).

abandonados, doentes, descartados, dos últimos, nos termos do Papa Francisco (2020, p. 22),"com o mesmo cuidado que o viandante da Samaria teve por cada chaga do ferido."

E não há realidade alguma verdadeiramente humana que não encontre eco no seu coração, como bem expressa o Papa Paulo VI (1965, p. 01). Citando Antoine de Saint-Exúpery (2009, p. 85): "Só se enxerga bem com o coração. O essencial é invisível aos olhos."

Todavia, o Papa Francisco (2020, p. 20) nos faz um alerta importante em sua Encíclica *Fratelli Tutti*, quando pondera:

Habitualmente os "salteadores do caminho" têm, como aliados secretos, aqueles que "passam pelo caminho olhando para o outro lado". (...) Olhemos enfim o ferido. Às vezes sentimo-nos como ele, gravemente feridos e atirados para a margem da estrada. Sentimo-nos também abandonados pelas nossas instituições desguarnecidas e carentes, ou voltadas para servir os interesses de poucos, fora e dentro. Com efeito, "na sociedade globalizada, existe um estilo elegante de olhar para o outro lado, que se pratica de maneira recorrente: sob as aparências do politicamente correto ou das modas ideológicas, olhamos para aquele que sofre mas não o tocamos, transmitimo-lo ao vivo e até proferimos um discurso aparentemente tolerante e cheio de eufemismos.

Examinando acuradamente este espectro, Fernando Moraes (2015, p. 34) pontua que "o grande problema é que, quando transformamos esse próximo em um outro distante, em um estranho, substituímos a responsabilidade pelo ressentimento, e assim passamos a suportar a situação, sem nos sentirmos moralmente atingidos ou imorais."

Sobre o tema, também assinala Boaventura (1986, p. 22):

A discriminação social é um fenômeno muito mais complexo do que à primeira vista possa parecer, já que, para além das condicionantes econômicas, sempre mais óbvias, envolve condicionantes sociais e culturais resultantes de processos de socialização e de interiorização de valores dominantes muito difíceis de transformar.

Lauro Ribeiro (2007, p. 25) expressa, e com razão, que:

> Somos cidadãos do mundo, e como tais devemos afastar os fantasmas do preconceito e da discriminação negativa para reverenciar a igualdade e não a uniformidade ("somos o mesmo, mas não os mesmos" já disse o líder das "Novas Vozes Africanas", Shafil Abu-Tahir); a tolerância sem conivência; a solidariedade sem paternalismo e a diversidade sem desigualdade, na busca pela paz e a felicidade.

Alfred Adler (2010, p. 49) traz à reflexão um outro aspecto relevante: "É o indivíduo que não está interessado no seu semelhante quem tem as maiores dificuldades na vida e causa os maiores males aos outros. É entre tais indivíduos que se verificam todos os fracassos humanos."

Apesar destas sombras densas que não se devem ignorar, seu trabalho dá voz a tantos percursos de esperança[23]. Como expressa o Papa Francisco (2020, p. 15), "Deus continua a

(23) *Ex Spe in Spem* – De esperança em Esperança! (tradução nossa).

espalhar sementes de bem na humanidade". Sem dúvida, o Padre Lancellotti é uma destas sementes!

Mas não é para a esfera das idealidades[(24)] que o Padre Lancellotti nos encaminha, e sim para o mundo real, onde também habita a miséria[(25)], a fome[(26)], a desigualdade social, a iníqua distribuição de renda, a exploração indigna e desumana do trabalho infanto-juvenil[(27)], a violência[(28)], a exclusão, a vulnerabilidade social e o sofrimento humano[(29)].

A noção que as suas ações falam nos ajuda a colocar no centro de nossas mazelas a questão dos valores segundo os quais queremos viver — e não meramente como queremos que as coisas pareçam.

Resumidamente, suas ações transfiguram, iluminam, atordoam e paralisam. Muitos gestos de solidariedade no sentido de demonstrar a resoluta decisão em participar da vida dos últimos da Terra. Lembrando Alberto Bresciani (2011, p. 13), "os gestos são a expressão do que se passa na alma."

Para além disso, suas ações maximizam a integração social e realizam o Bem Comum[(30)], operando a transformação ideológica dos interesses particularistas da classe dominante em interesse coletivo universal[(31)].

Isto porque suas ações abraçam grupos sociais pouco organizados e protegidos por direitos sociais emergentes cuja titularidade individual é problemática.

E como se isso não bastasse, ele consolida os argumentos de seu discurso, submetendo-os a práticas sociais[(32)] efetivas, conferindo concretude às razões da justiça social e do direito

(24) "Há criaturas que nasceram para dedicar-se, para gastar-se ao serviço do próximo, dispostas a não medir sacrifícios para ajudar de verdade e enfim a construir um mundo mais justo e mais humano. São criaturas ligadas ao meio em que se acham inseridas, mas que se sentem membros da Família Humana, a ponto de encararem como irmãos e irmãs, homens e mulheres de todas as latitudes e longitudes, de todos os climas, de todos os tamanhos, de todas as cores, de todos os graus de riqueza e de miséria, de todas as diferentes manifestações de cultura..." (CÂMARA, 1977, p. 09).

(25) "A única guerra legítima é aquela que se declara contra a miséria e a ignorância" (CÂMARA, 1977, p. 79).

(26) "A fome dos outros condena a civilização dos que não têm fome" (CÃMARA, 1977, p. 94).

(27) Sobre o combate ao trabalho infantil, cf. CÉSAR, 2016, p. 37-50.

(28) Violência gera violência e onde a violência está presente mais violência pode aparecer em uma escala sem limites. "A miséria degrada o homem na sua dignidade e o degradado parte para a violência, única e desesperada arma de defesa" (ARNS, E., s.d.).

(29) "Mais do que um teto, o ser humano precisa é que sua alma seja respeitada" (JÚNIOR SOARES, 2016, p. 15-16).

(30) "O Bem Comum a ser assegurado pelo Direito é um bem de todos e de cada uma das partes — um bem comum de pessoas humanas para realização de faculdades que tocam aspirações mais concretas e vitais, pois derivam do próprio modo de existência do homem como participante da comunidade. [...] Um conceito extremamente feliz de bem comum, verdadeiramente universal que indica um valor reconhecível como tal por todos os homens, sejam quais forem as preferências pessoais, foi assim formulado pelo Papa João XXIII (*in, Encíclica II, n.58, Pacem in Terris*): 'Conjunto de todas as condições de vida social que consintam e favoreçam o desenvolvimento integral da personalidade humana'" (DALLARI, 1995, p. 19).

(31) Atores engajados que, em dado momento, ousam desafiar o *status quo* – são particularmente determinantes.

(32) "Práticas sociais são maneiras de ação e preparo a favor ou contra a situação de acesso aos bens que se pretende obter" (FLORES, 2009, p. 74).

à dignidade da pessoa humana. Objetiva, assim, deixar um legado construtivo e de solidariedade para o futuro porque, como afirma Oscar Wilde (2020), "cada um dá o que tem no coração; cada um recebe com o coração que tem".

Em decorrência, suas práticas de resistência[(33)] à mercantilização da vida[(34)] trazem para o centro da agenda política temas como o da in/exclusão[(35)] social.

Destacando que a questão da exclusão social[(36)] se insere num contexto maior: o dos direitos humanos.

É fato que a globalização, a reestruturação produtiva, o neoliberalismo e as políticas econômicas delas decorrentes provocaram uma grande concentração de renda nas mãos de uma minoria privilegiada[(37)] e a consequente exclusão milhões de pessoas, as quais não conseguem auferir renda para garantir um patamar mínimo civilizatório para si e suas famílias.

Não se pode perder de vista que é a junção dos elementos Estado de Direito, Constituição e direitos fundamentais que leva ao autêntico Estado Democrático e Social de Direito, no qual haja a materialização dos direitos das pessoas, respeitando-se a dignidade humana, que não fica subjugada ao poder econômico. Esse deve ser o ideal de todas as nações civilizadas, para que se possa garantir um mundo melhor para todos e não somente para os privilegiados detentores do grande capital mundial[(38)].

Justamente por isso, é importante que o Estado garanta um patamar mínimo civilizatório de direitos, os quais serão o alicerce, a estrutura, dessa sociedade, impedindo que se dê margem para convulsões sociais. Assim, são esses direitos fundamentais reconhecidos nas constituições de cada Estado, os quais devem ser garantidos e efetivados por estes, implementando-se a democracia substancial e construindo-se uma sociedade livre, justa e solidária.

O Estado que não garante esse mínimo existencial corre o risco de ver romper a harmonia social e a fratura de sua ordem constitucional. O respeito à dignidade da pessoa humana é condição básica para a convivência em sociedade, já que a carestia sempre foi causa de conflitos e guerras. A história mostra que o equilíbrio social é comprometido quando o poder econômico impera e não são garantidos os direitos fundamentais dos cidadãos.

---

(33) "Atravessamos nossas vidas como navios que teimam em singrar mares revoltos" (BOTTON, 2007, p. 157).

(34) "Pensem que a vida humana é um milagre e nada vale mais que a vida. E que nosso dever biológico é acima de todas as coisas, impulsionar e multiplicar a vida e entendermos que a espécie somos nós. [...] A espécie deveria ter um governo para a humanidade que supere o individualismo e crie cabeças políticas" (MUJICA CRITICA..., 2013).

(35) "Inclusão e exclusão estão articuladas dentro de uma mesma matriz epistemológica, política, cultural e ideológica. Todo o espaço determinado por uma determinada ordem é delimitado e governado pela norma. Norma esta que classifica, compara, avalia, inclui e exclui" (LOPES, 2007, p. 11).

(36) A exclusão social pode ser entendida como um dos atributos da desigualdade social. E a desigualdade social "pressupõe a apropriação ou usurpação de bem, recursos e recompensas, implicando concorrência e luta" (SILVA, 2015, p. 29-36).

(37) OS 25 MAIORES..., 2020.

(38) "Quando governos e privilegiados chegarão a entender que paz verdadeira só se conseguirá quando houver coragem de criar condições reais de justiça?" (CÂMARA, 1977, p. 67).

Como observa Joaquín Herrera Flores (2009), a discussão dos Direitos Humanos(39) é ainda um grande desafio para o século XXI, mesmo diante dos avanços até aqui observados (AYUSO, 2003, p. 177)(40).

Seu trabalho, à semelhança do que propõe Herrera Flores, conclama a sociedade civil, os poderes públicos e o setor privado, para que se ponham em marcha. Defende a essencialidade de um espírito de mudança e de resistência, por meio dos seguintes pontos, resumidamente: a) Irromper intempestivamente no real; b) Tratar as causas como causas; c) Adotar o ponto de vista do fazer humano; d) Fazer a história criando um imaginário social instituinte; e) Contra a coisificação do mundo: ao mundo *se chega*; f) Não *estamos* no entorno. *Somos* o entorno: chaves inflexivo/ambientais; g) Fazer coincidir a teoria com a vida, assumindo os riscos que implica o compromisso com nossa própria verdade: a luta contra o patriarcalismo; h) Libertar a vida, libertando o desejo (ANDRADE, 2015, p. 09), e diríamos, o desejo de ser feliz(41).

Vale a pena recordar que a palavra *felicidade* inspirou Thomaz Jefferson, na Declaração de Independência dos Estados Unidos da América, de 1776, a situar a *busca da felicidade*(42) como um direito do indivíduo, anterior a todos os direitos sociais básicos(43): "Cremos axiomáticas as seguintes verdades: que todos os homens foram criados iguais; que lhes conferiu o Criador certos direitos inalienáveis, entre os quais o de vida, o de liberdade e o de procurarem a própria felicidade [...]".

Se, como sugere o economista londrino Paul Dolan (2015), em sua obra "Felicidade Construída", a satisfação humana não se escreve no singular e a felicidade é a consequência

(39) Para a análise crítica dos direitos humanos e de seus desafios no século XXI, cf. DALLARI, 2004.

(40) "Os direitos humanos não possuem somente uma significação técnico-jurídica, possuem uma dimensão ético ou moral, político, ideológico e inclusivamente mítico e simbólico", que contempla o ser humano de forma ampla e imensurável (AYUSO, 2003, p. 177).

(41) "Todas as teorias éticas atribuem alguma importância à felicidade humana. Diferem, no entanto, em primeiro lugar, na concepção do que é a felicidade, em segundo nas perspectivas sobre a maneira de conciliar a felicidade pessoal de uma gente com a felicidade geral ou de a trocar por ela, e em terceiro sobre o problema de saber se é necessário admitir algum outro fim para a ação humana" (BLACKBURN, 1997, p. 145). De forma mais aprofundada, cf. AGOSTINHO, 2015.

(42) "Para reconhecer a importância da felicidade como meta universal e como ferramenta de transformação social, e, ainda, estimular políticas públicas que promovam este objetivo, dentre as propostas da ONU estão: reconhecer a busca da felicidade como objetivo humano fundamental; promover novos modelos econômicos e a criação de projetos globais para empoderamento dos jovens e crianças em vulnerabilidade social; buscar padrões de produção e consumo sustentáveis como formas de fomentar o desenvolvimento; incentivar uma abordagem mais inclusiva e equilibrada para o crescimento da economia, promovendo a erradicação da pobreza e felicidade e bem-estar para todos; reconhecer que o produto interno bruto não reflete adequadamente a felicidade e o bem-estar das pessoas de um país; incluir a felicidade aos objetivos de desenvolvimento sustentável (ODS) e implementar ações e políticas públicas para atingi-los" (ONU RECONHECE..., 2011).

(43) Assim como Roosevelt vinculou a igualdade à busca da felicidade, Charles E. Merriam vinculou a igualdade de condições de vida ao direito humano básico à vida. "O direito básico é o direito à vida – o direito ao desenvolvimento mais pleno e mais apurado das potencialidades da personalidade humana. [...] Essa é a raiz dos direitos, da qual surgem todos os outros. Os direitos civis, políticos, sociais e econômicos são implementos concebidos para efetivar o direito fundador de todos eles – a personalidade humana, com sua tenaz demanda pela expressão e pela expansão da vida, por reconhecimento da dignidade inata ao homem, pela realização das possibilidades do homem e de sua posição singular na ordem natural, social e moral" (MERRIAM, 1946, p. 11-17).

final de tudo o que fazemos (ALLEGRETTI, 2015, p. 14-19), então seu trabalho reflete a "fraternidade" e a "amizade social", tão bem descritas pelo Papa Francisco (2020, p. 01), em sua Encíclica *Fratelli Tutti*. Nestes tempos de pandemia, mais do que nunca, o Padre Lancellotti atua com afinco e coragem em prol da população desprotegida socialmente, ficando a reflexão de que, de fato, a felicidade não é singular, pois, ou todos têm direito à saúde e à vacina ou ninguém terá a felicidade plena.

Ele expressa ainda a compaixão(44), tão necessária para impulsionar nosso agir em direção ao Outro(45).

O Apóstolo Paulo (2009, p. 1184) faz referência à compaixão, em sua Epístola aos Gálatas 5:22-23, quando anuncia: "Mas o fruto do Espírito é: amor, alegria, paz, longanimidade, benignidade, bondade, fidelidade, mansidão e domínio próprio. Contra estas coisas não há lei."

Seu trabalho de humanização movimenta um sonho, uma causa, um ideal, um propósito de vida, que permite aos seus destinatários o despertar para novas oportunidades, aflorando talentos, habilidades, dons e potenciais, dando-lhes confiança e coragem para seguir em frente. Em suma, um trabalho que implica grandes desafios: resgatar a autoestima e a dignidade de cada pessoa, sobretudo nestes tempos de *modernidade líquida* (BAUMAN, 2001).

De tudo isto resultou a presente coletânea. Livros como este são instrumentos que propõem novas formas de participação, de empoderamento e de protagonismo. Conduzir à possibilidade de redução de violências e agressões de todos os tipos e, sobretudo, de efetividade de direitos dos excluídos ou vulneráveis(46).

O título do livro reflete, assim, essa busca pela construção coletiva, com sociedade e academia, por meio de profissionais de diferentes ramos, a fim de trazer múltiplas visões sobre temas centrais para a efetivação de direitos da *população em situação de rua*.

E como não poderia deixar de ser, uma homenagem ao Padre Lancellotti mostrou-se imprescindível, quer por sua luta incessante em prol da dignidade da pessoa humana, quer por sua contribuição inestimável para um mundo mais ético, quer por ter dedicado sua existência à construção de uma *sociedade livre, justa e solidária*, um dos fundamentos da República Federativa do Brasil, nos termos do art. 3º, inciso I, da Constituição Federal de 1988, com a capacidade incansável de converter a utopia(47) no início de uma nova realidade.

(44) "É preciso refletir sobre a compaixão dentro de uma perspectiva social, que transita pela cidadania, pela convivência social e pelo cotidiano das pessoas, e, fundamentalmente, perceber como ela nos absorve" (MORAES, 2019).

(45) Aqui, o pensamento de Levinas é muito proveitoso para os nossos dias, pois transmite o alerta de uma emergência ética de se repensar os caminhos da filosofia a partir de um novo prisma, de se partir do Eu já em direção ao Outro, cf. LEVINAS, 1988a, p. 26; 1988b, p. 92-93.

(46) "No Brasil, é necessário lutar pelos direitos de todos e pelo fim da exclusão social" (ARNS, E., s.d.).

(47) "Somente os que forem capazes de encarnar a utopia serão aptos para o combate decisivo, o que pretende recuperar o quanto de humanidade já tivermos perdido" (SÁBATO, 2006, p. 115, tradução nossa).

Seu persistente trabalho revela seu amor pela vida, pelo mundo real, aquele em que o povo se encontra. Confia na força da fé animada pela do amor gratuito e empenhado em favor de um mundo melhor. Nas palavras de Boécio (2016, Livro II. 16, p. 61), em "A Consolação da Filosofia":

> Pois é também o Amor que sustenta os povos
> Unidos por um pacto inviolável.
> (...) Bem-aventurado será o gênero humano
> Se seu coração obedecer ao Amor,
> O mesmo a quem o próprio Céu estrelado obedece.

Acreditando que a vida ultrapassa todos os entendimentos e que somos aquilo que amamos, este ser humano reitera a força de um novo fazer de justiça social, e nos propõe uma solução de esperança para o mundo contemporâneo, pois, como preleciona o Papa Francisco (2020, p. 33): "É possível aceitar o desafio de sonhar e pensar em outra humanidade. É possível desejar um planeta que assegure terra, teto e trabalho para todos."

Nesse contexto deliberado e perseguido incessantemente, o Padre Lancellotti parece, a cada passo, exigir dos atores públicos, políticos e sociais, tanto quanto uma reflexão, uma ação, uma intervenção nesse estado de coisas para promover as mudanças que estão na lógica do militante político[(48)], mas que pertencem, essencialmente, ao anseio do humanista. Em suma, sua atuação incessante procura quebrar a letargia coletiva em não garantir o patamar mínimo civilizatório para todos os cidadãos (DELGADO, 2016, p. 1465-1467).

Educação Libertadora: Direito à Educação, Políticas Públicas e Colaboração da Sociedade

> "A educação é vital; é condição *sine qua non* para o progresso e o desenvolvimento da Nação, devendo antes ser acarinhada pelo poder público, pela sociedade e por parte de cada cidadão" (DÓRIA, v. 4, 1960, p. 765-766).

De início, a expressão "Educação Libertadora" nos remete ao método de Paulo Freire, referência da Pedagogia Libertadora (WELFORT, 1967, p. 11)[(49)], que tem por princípio a certeza de que a educação é um ato político, de construção do conhecimento e de criação de outra sociedade — mais ética[(50)], mais justa, mais humana, mais solidária.

Cumpre esclarecer, porém, que não se tem a pretensão de abordar no presente estudo a metodologia pedagógica deste educador e todas as questões que a envolvem, nem tecer considerações sobre as concepções de Educação idealizadas por ele, que sempre defendeu que a Educação é libertadora.

---

(48) Conforme explica o autor, "*politikos* é o homem de ação, oposto a *rethorikos*, o homem de palavras" (GOLDENBERG, 2006, p. 09).

(49) Afirma Francisco C. Weffort, na introdução do livro "Educação como prática libertadora", que "a prática pedagógica de Paulo Freire, baseia-se, principalmente na liberdade dos alfabetizandos" (WEFFORT, 1967 apud FREIRE, 1967, p. 11).

(50) "A ética como finalidade do homem, necessária à vida em comunidade e sua relação com a Constituição, reguladora da convivência social e política" (GARCIA, 2007, p. 45-66).

Para fins desta análise, importa salientar apenas que, segundo Freire, por meio da Educação, o homem poderia mudar seu destino no mundo, deixar de "coisificar-se", para, então, humanizar-se. Neste sentido, afirma o autor (1967, p. 57-58):

> (...) O de que se precisava urgentemente era dar soluções rápidas e seguras aos seus problemas angustiantes. Soluções, repita-se, com o povo e nunca sobre ou simplesmente para ele. Era ir ao encontro desse povo emerso nos centros urbanos e emergindo já nos rurais e ajudá-lo a inserir-se no processo, criticamente. E esta passagem, absolutamente indispensável à humanização do homem brasileiro, não poderia ser feita nem pelo engôdo, nem pelo medo, nem pela força. Mas, por uma educação que, por ser educação, haveria de ser corajosa, propondo ao povo a reflexão sobre si mesmo, sobre seu tempo, sobre suas responsabilidades, sobre seu papel no novo clima cultural da época de transição. Uma educação, que lhe propiciasse a reflexão sobre seu próprio poder de refletir e que tivesse sua instrumentalidade, por isso mesmo, no desenvolvimento desse poder, na explicitação de suas potencialidades, de que decorreria sua capacidade de opção. Educação que levasse em consideração os vários graus de poder de captação do homem brasileiro da mais alta importância no sentido de sua humanização. Daí a preocupação que sempre tivemos de analisar estes vários graus de compreensão da realidade em seu condicionamento histórico-cultural.

Para Freire, o diálogo se faz fundamental em relação à responsabilidade social e política do homem, e no desenvolvimento do Brasil não houve esse diálogo.

"Um povo vazio de experiências democráticas", pondera o autor (1967, p. 81), que caracteriza a democracia[51] como:

> A democracia que, antes de ser forma política, é forma de vida, se caracteriza sobretudo por forte dose de transitividade de consciência no comportamento do homem. Transitividade que não nasce e nem se desenvolve a não ser dentro de certas condições em que o homem seja lançado ao debate, ao exame de seus problemas e dos problemas comuns. Em que o homem participe.

Freire (1967, p. 81) chama de superação da inexperiência democrática para uma nova experiência, a da participação. Pois, para este educador (1967, p. 94-95), a democracia e a educação democrática têm como pressuposto acreditar na capacidade do homem, por meio do diálogo, das discussões dos seus problemas, da comunidade em que está inserido, dos problemas do seu país e do mundo e das relações do trabalho:

> O nosso grande desafio, por isso mesmo, nas novas condições da vida brasileira, não era só o alarmante índice de analfabetismo e a sua superação. Não seria a exclusiva superação do analfabetismo que levaria a rebelião popular à inserção. A alfabetização puramente mecânica. O problema para nós prosseguia e transcendia a superação do analfabetismo e se situava na necessidade de superarmos

(51) "A democracia, fundamento de toda e qualquer justiça social verdadeira" (ROMANO, 2001, p. 389).

> também a nossa inexperiência democrática. Ou tentarmos simultaneamente as duas coisas. Não seria, porém, com essa educação desvinculada da vida, centrada na palavra, em que é altamente rica, mas na palavra "milagrosamente" esvaziada da realidade que deveria representar, pobre de atividades com que o educando ganhe a experiência do fazer, que desenvolveríamos no brasileiro a criticidade de sua consciência, indispensável à nossa democratização.

Fala a respeito de um trabalho na área da Educação que priorize o diálogo e que ação e reflexão caminham juntas, são inseparáveis, ou seja, Freire (1987, p. 39) dá importância à práxis, visto que, para ele, não há como realizar um bom trabalho sem ação e reflexão.

E chega o autor (1987, p. 45) à conclusão inevitável de que para existir o diálogo é necessário que haja o amor: "Não há diálogo, porém, se não há um profundo amor ao mundo e aos homens. Não é possível a pronúncia do mundo, que é um ato de criação e recriação, se não há amor que a infunda".

Tendo por base estas considerações introdutórias, o tema(52) serve como fio condutor para apresentar análises filosóficas e jurídicas sobre dignidade humana, inclusão social, políticas públicas e educação para a cidadania, que se voltam para o mundo em que vivemos, para as realidades que nos tangenciam, especialmente no Brasil de tantas distorções e exclusões.

Como sugere Maria Garcia (2020, p. 528):

> O que se combate mediante políticas públicas de atendimento às necessidades básicas, no referente à desigualdade e um sistema educacional de qualidade, em todos os níveis, em especial, horário integral, ambiente cultural incluindo fins de semana, alunos e familiares nas escolas, com grupos de professores especializados em artes (marciais, musicais, teatrais, etc.) numa política de inclusão social ampla, centralizada no processo do conhecimento e da liberdade.
>
> Um país ainda com significativas e tormentosas diferenças sociais, deve pensar, naturalmente, em uma política de inclusão social. O tema passa, necessariamente, por uma profunda reflexão sobre a condição de vida das pessoas em situações de fragilidade social, aí incluídas, a toda evidência, a *população em situação de rua*.

Há, portanto, questões que persistem. Este artigo é sobre algumas dessas questões. Refletir sobre a emancipação das *pessoas em situação de rua*, e possibilidades de atuação em prol deste desiderato. A partir da análise da dignidade da pessoa humana, intenta-se debater o tema da educação(53) como condição necessária para a concretização da cidadania, com vistas à formação desses sujeitos, num contexto de direitos e deveres.

---

(52) A expectativa é que possamos colaborar significativamente para que a reflexão filosófica e jurídica compareça ao debate político. Nossa pretensão é dar uma palavra neste debate e dar uma palavra esperando colaborar com um diálogo no qual muitas e múltiplas sejam as palavras que também compareçam.

(53) A educação tem na dignidade da pessoa humana seu conteúdo central.

Na assertiva de Eduardo Bittar (2006, p. 154):

> Só há dignidade, portanto, quando a própria condição humana é entendida, compreendida e respeitada em suas diversas dimensões, o que impõe, necessariamente, a expansão da consciência ética como prática diuturna de respeito à pessoa humana. Trata-se de um ideal, e como todo ideal, um objetivo antevisto a ser atingido, mas nem por isso um ideal utópico, porque se encontra na estrita dependência dos próprios seres humanos, podendo-se consagrar como sendo um valor a ser perseguido e almejado, simplesmente porque (parodiando Nietzsche), se trata de algo "humano, demasiado humano".(54)

E ao falar em dignidade da pessoa humana, deve-se ter em mente a visão de Immanuel Kant (2007, p. 67-68), ou seja, que toda pessoa deve ser considerada como um fim em si mesma, nunca como um meio, portanto, nenhum ser humano deve ser coisificado ou instrumentalizado como meio para o lucro fácil ou ignorado pela sociedade onde vive.

Almeida Neto (2005, p. 10) apregoa que quando "se afirma o respeito à dignidade da pessoa humana, está sendo afirmado o indispensável respeito a uma existência digna do ser humano, o que, como visto, é a mesma coisa."

Por outro lado, afirmando a educação como processo de formação de *sujeitos de direitos* (CARBONARI, 2012, p. 23)(55), isto é, como possibilidade de afloramento do ser humano enquanto sujeito emancipado, autônomo e que atua no mundo com vistas a transformá-lo, elucida Dimas Barbosa (2011, p. A3):

> A educação reduz a pobreza, aumenta as oportunidades de trabalho e impulsiona a prosperidade econômica. Além disso, ela também melhora a probabilidade de as pessoas terem uma vida saudável, aprofunda as bases da democracia(56) e transforma atitudes para proteger o meio ambiente e empoderar o ser humano. A educação é o instrumento que possibilita ao cidadão alcançar a condição de ser consciente, crítico e reivindicativo, capaz de contribuir para o desenvolvimento da sociedade do conhecimento.

Na época da elaboração da Constituição da República de 1988, com o escopo de viabilizar o respeito à dignidade da pessoa humana, o constituinte originário reconheceu que era imprescindível que ela desfrutasse de condições mínimas de efetivação. Para isso, previu uma série de direitos fundamentais ao longo do texto constitucional. Assentou, assim, que o desenvolvimento da personalidade humana somente pode ser atingido se forem conferidos

(54) Alusão ao título de sua famosa obra intitulada "Humano, demasiado humano".

(55) "Isto permite criar condições para promover o afastamento de todo tipo de discriminação, de exploração, de opressão, de vitimização e que, ao mesmo tempo, viabiliza a efetivação de relações dialógicas, justas e pacíficas" (CARBONARI, 2012, p. 23).

(56) Aqui, é pertinente trazer a lume o pensamento do filósofo liberal do século XVIII, Diderot, para quem, "a democracia, a transparência, a ética prudente, os bons costumes, só podem ser garantidos com educação e liberdade" (DIDEROT apud ROMANO, 2001, p. 423). E, pensar a democracia, hoje, é também a consciência de que é "impraticável sem a Educação" (SAGAN, 1996).

à pessoa os direitos mínimos para que tenha uma vida digna. Dentre os direitos reputados como essenciais para que se concretize a dignidade humana, destaca-se o *direito à educação*.

Promover, assim, o acesso à educação[57] é o único meio para se construir uma sociedade mais justa e igualitária. Segundo Hannah Arendt (2007, p. 234), "A educação está entre as atividades mais elementares e necessárias da sociedade humana, que jamais permanece tal qual é, porém se renova continuamente através do nascimento, da vinda de novos seres humanos."

Defendemos um povo com educação básica universalizada quantitativa e qualitativamente, mesmo diante de outro[58], ainda marcado pelo analfabetismo e pela baixa escolarização, profundamente seletiva e compensatória.

A Constituição da República de 1988 inaugurou, ainda, um novo modelo de Estado — o *Estado Democrático de Direito* (*caput*, art. 1º). Este Estado contempla valores sociais, os quais devem ser concebidos como uma dimensão da dignidade humana, expressa no direito que todo homem tem de viver em condições mínimas de existência — *mínimo existencial*[59] (art. 1º, III, art. 3º, III, da Constituição Federal).

Todavia, o que se verifica, na prática, é que mesmo após trinta anos de sua promulgação há uma grande dificuldade em concretizá-los na realidade da vida, especialmente, os direitos sociais, econômicos e culturais.

Como consequência da ineficácia dos direitos humanos fundamentais de segunda dimensão, o que se verifica é uma crescente exclusão social. Constata-se, assim, que apenas a afirmação teórica dos direitos humanos fundamentais não é suficiente para assegurar a sua fruição, porquanto a ausência das mínimas condições materiais de existência inviabiliza o exercício de todos os demais (FLORES, 2008, p. 24). Na realidade, a concretização dos direitos sociais é condição para que se tenha um autêntico regime democrático, como afirma José Felipe Ledur (2009, p. 19).

Embora existam várias perspectivas importantes para se refletir acerca da concretização dos direitos humanos fundamentais — dentre eles o *direito à educação* —, a análise sob o prisma das políticas públicas assume posição de relevo, porquanto para a sua implementação é indispensável a utilização de políticas públicas. Frisando-se que aqueles serão proporcionalmente mais eficazes quanto mais fortalecidas e efetivas estas estiverem.

Disso decorre uma conclusão inarredável. A afirmação teórica dos direitos humanos fundamentais é relevantíssima, mas insuficiente para concretizar o princípio da dignidade da pessoa humana. É preciso mais. É preciso realizá-los no mundo da vida. E uma das vias para efetivá-los é por meio de políticas públicas.

---

(57) Lembrando que a educação é a primeira condição necessária para vencer os desafios da pobreza e do subdesenvolvimento.

(58) Destacando que esse segmento também constitui uma parcela do Povo, mas é "como se o que chamamos povo fosse, num extremo, o Estado total dos cidadãos integrados e soberanos, no outro, a reserva dos miseráveis, dos vencidos banidos" (AGAMBEN, 2014, tradução nossa).

(59) "O mínimo existencial possui, assim, uma relação com a dignidade humana e com o próprio Estado Democrático de Direito, no comprometimento que este deve ter pela concretização da ideia de justiça social" (HÄBERLE, 2003, p. 356-362).

É incontestável que a *política pública* tem por escopo primordial a satisfação dos direitos previstos no plano do direito material. Mas para que consiga ser efetiva é imprescindível que esteja em sincronia com as mutações sociais(60).

Numa sociedade marcada por carências, fazer escolhas, definir prioridades, é necessário.

Por isso, como possibilidade de um agir futuro(61), a partir de reflexões sobre o momento presente, este estudo aborda também a importância das políticas públicas enquanto ações de promoção da cidadania desses *sujeitos de direito invisíveis* (ALBUQUERQUE, 2020)(62). O que se busca com o artigo é demonstrar os efeitos das políticas públicas no combate à desigualdade social(63) e da garantia da dignidade da pessoa humana em relação à *população em situação de rua*(64). Valorizar as já existentes e explorar a possiblidade de criação de novas políticas públicas, ampliando o espectro da realidade social por meio da experimentação e da reflexão sobre alternativas realistas para a construção de uma sociedade mais justa.

Sob esse enfoque, a lição profícua de Maria Garcia (2016, p. 297):

A dicção do art. 205 da Constituição Federal envolve, efetivamente, a participação atuante do Estado, da família e da sociedade — cada um e todos, portanto — no compromisso da educação, isto é, uma atuação conjunta, visando ao "pleno desenvolvimento da pessoa, seu preparo para o exercício da cidadania e sua qualificação para o trabalho". Considerando-se, outrossim, que o art. 193, inaugurando a ordem social, dispõe que esta tem "como base o primado do trabalho, e como objetivo o bem-estar e a justiça sociais", constata-se a importância básica da educação para a ordenação da sociedade brasileira como de qualquer sociedade, visualizada em cada um dos seus componentes — no caso, a *população em situação de rua*.

---

(60) Assim, impõe-se a necessidade de examinar a existência ou não de integração entre a sistemática legal e algumas políticas públicas traduzidas em ações afirmativas.

(61) O futuro está aqui. Só está distribuído de forma desigual.

(62) Ressalvando que a população de rua engloba também parcela significativa de crianças e adolescentes. "Milhares de crianças e adolescentes no Brasil povoam as calçadas dos centros urbanos, vivendo uma realidade de exclusão e de total violação a direitos fundamentais. O clamor desses pequenos sujeitos de direito foi ouvido na década de 80, culminando na instauração da doutrina da proteção integral pela Constituição da República de 1988 e pela promulgação do Estatuto da Criança e do Adolescente. Contudo, à sombra da invisibilidade, as amarras paradigmáticas, que construíram uma representação social extremamente negativa da infância pobre no Brasil, seguem assombrando crianças e adolescentes que vivem em situação de rua. A verdadeira mudança social somente poderá ser vislumbrada se o direito for efetivado e, assim, atingir seu máximo potencial transformador. Nesse sentido, a obra levanta reflexões substanciais acerca do lugar da criança e do adolescente no ordenamento jurídico e do paradoxo entre a norma protetiva e a realidade de violação a direitos fundamentais impregnada na sociedade brasileira" (ALBUQUERQUE, 2020).

(63) Declaração feita na última reunião pública que presidiu: "A questão social perdura. Ela é terrível, mas é simples: é a questão dos que têm e dos que não têm!" (HUGO, 1870). Para uma análise específica sobre a questão social, cf. CASTEL, 2003.

(64) Dada a heterogeneidade e a complexidade da população em situação de rua é difícil chegar a uma definição que englobe e caracterize todos os seus integrantes. Nos termos do Decreto federal: "Considera-se população em situação de rua o grupo populacional heterogêneo que possui em comum a pobreza extrema, os vínculos familiares interrompidos ou fragilizados e a inexistência de moradia convencional regular, e que utiliza os logradouros públicos e as áreas degradadas como espaço de moradia e de sustento, de forma temporária ou permanente, bem como as unidades de acolhimento para pernoite temporário ou como moradia provisória" (BRASIL, 2009, p. 16-17).

Apesar da existência de avançada norma pátria acerca do tema, consubstanciada pelo Decreto n. 7.053/2009, que instituiu a Política Nacional para a População em Situação de Rua e criou um Comitê Intersetorial de Acompanhamento e Monitoramento, "são inegáveis as falhas do Estado no sentido de implementar programas e projetos que, de fato, garantam a fruição de direitos fundamentais a tais cidadãos", pontua Jarbas Soares Júnior (2016, p. 15-16).

O Censo da População em Situação de Rua[(65)], elaborado pelo Instituto de Pesquisa Econômica Aplicada (IPEA), aponta que "a população em situação de rua cresceu 140% a partir de 2012, chegando a quase 222 mil brasileiros em março deste ano, e tende a aumentar com a crise econômica acentuada pela pandemia[(66)] da Covid-19. Entre as pessoas sem moradia[(67)] estão desempregados e trabalhadores informais, como guardadores de carros e vendedores ambulantes. Além de atualizar dados sobre esse grupo social, duas pesquisas recém-concluídas pelo Instituto de Pesquisa Econômica Aplicada (IPEA) alertam: a propagação do novo coronavírus aumenta a vulnerabilidade de quem vive na rua e exige atuação mais intensa do poder público."

Acrescente-se, ainda, que o relatório conjunto da Organização Internacional do Trabalho (OIT) e da Comissão Econômica para a América Latina e o Caribe (CEPAL) divulgado em 11.06.2020 apontou que "a desaceleração da produção, o desemprego, a baixa cobertura da proteção social, a falta de acesso à seguridade social e os níveis mais altos de

(65) "O estudo "Estimativa da População em Situação de Rua no Brasil" utilizou dados de 2019 do censo anual do Sistema Único de Assistência Social (Censo Suas), que conta com informações das secretarias municipais, e do Cadastro Único (CadÚnico) do governo federal. A análise constatou que a maioria dos moradores de rua (81,5%) está em municípios com mais de 100 mil habitantes, principalmente das regiões Sudeste (56,2%), Nordeste (17,2%) e Sul (15,1%). "O tamanho do município, bem como seu grau de urbanização e de pobreza estão associados ao número de pessoas morando nas ruas, o que indica a necessidade de políticas públicas adequadas a essas cidades", assinala o sociólogo e pesquisador do Ipea Marco Antônio Natalino, autor do trabalho. (...) Além da ampliação de vagas para acolhimento, o estudo mostra a importância da atuação das equipes de abordagem social e de saúde, da distribuição de alimentos e da oferta de equipamentos públicos de higiene. As escolas, atualmente desocupadas, poderiam servir como abrigo temporário, pois contam com instalações sanitárias, cozinha, refeitório, salas para dormitórios e espaço para outras atividades. "Ao governo federal, cabe o repasse de recursos suficientes e as orientações estratégicas para garantir sua aplicação efetiva, com qualidade do gasto. As medidas municipais analisadas também podem orientar municípios que buscam aprimorar sua atenção durante a pandemia", conclui o pesquisador" (POPULAÇÃO EM..., 2020).

(66) "A Secretaria de Desenvolvimento Social do governo de São Paulo vai passar a oferecer refeições gratuitas para moradores de rua cadastrados nos restaurantes Bom Prato do Estado. A medida vai valer até 30 de julho deste ano, ou enquanto durar as medidas adotadas na quarentena" (RESTAURANTES..., 2020). "Durante a pandemia do coronavírus, o Governo de São Paulo anunciou medidas de proteção à população em situação de rua como a instalação pela Sabesp de 170 lavatórios públicos pelo Estado e mutirão para emissão de RG pela Secretaria de Segurança Pública, além do apoio técnico aos municípios para implantação de 62 novos centros de acolhida para pessoas em situação de rua" (GOVERNO..., 2020).

(67) Este artigo não cuidará da questão do direito à moradia, já que este tema, em razão de sua amplitude, merece estudo em separado. Cumpre registrar, porém, que a falta de moradia para a população em situação de rua questiona constantemente nossa vida e nossa organização social, econômica e política. Percebe-se "a expressiva intensificação do número de pessoas que fazem uso do espaço público como lugar de moradia e sobrevivência nas grandes e médias cidades devido, principalmente, às transformações no papel do Estado (vinculadas à adoção de políticas neoliberais) e às mudanças no mundo do trabalho que levaram ao aumento do trabalho informal e do subemprego" (SILVA, 2009, p. 72). "O aumento no número de desamparados foi registrado em todas as capitais, principalmente São Paulo, Porto Alegre, Belo Horizonte e Rio de Janeiro" (A RUA..., 2017).

pobreza são condições que favorecem o aumento do trabalho infantil". O referido estudo estima que o trabalho infantil possa aumentar entre 1 e 3 pontos percentuais na região nos próximos meses.

Apresentando um conceito amplo, que comporta os elementos essenciais para sua melhor caracterização, Dalmo Dallari (2012, p. 112 e 122) entende por *Estado* "a ordem jurídica soberana que tem por fim o bem comum de um povo situado em determinado território".

De acordo com essa concepção, a dicção do mencionado art. 205 que direciona a educação *ao pleno desenvolvimento da pessoa humana*, daí a abrangência da responsabilidade estatal nos rumos da educação, em todo o País. Também preceitua o art. 208 do texto constitucional: "O dever do Estado com a educação será efetivado mediante a garantia de: [...]" (BRASIL, 2020)(68).

Nesta tarefa, ao lado do Estado, é importante considerar o papel da família.

Novamente Maria Garcia (2016, p. 301) leciona, com precisão:

> A ideia de Estado como o amplo conjunto de famílias decorre da concepção de Cidade Antiga e da mesma dicção do art. 206 da Constituição Federal sobre "a família, base da sociedade", entendendo-se, com Hesse (1983, p. 12-13), ultrapassada a dicotomia Estado/Sociedade para cuidar-se de uma diferenciação funcional entre funções estatais, propriamente do Estado, e não estatais, advindas da sociedade formada, basicamente, das famílias, na conformação constitucional e, portanto, mutuamente responsáveis pelo bem-estar e justiça sociais. (art. 193 da Constituição).

Daí o fortalecimento das *estruturas primárias* destacando-se, precipuamente, como básicas e imediatas, a *educação*, caminho da liberdade (GIDE, 1972 *apud* WAGONER, 2002, p. 171), e a *família*, "base da sociedade" (Constituição, art. 226) que, por sua vez, encontram-se em crise extrema na sociedade atual.

A respeito, em uma análise percuciente, expõe a mesma autora (2016, p. 302-303):

> [...], verifica-se o fenômeno da acentuada urbanização — o abandono do campo —, do impacto das megalópoles e a desindividualização das pessoas.
>
> [...]
>
> A família contemporânea enfrenta esse contexto, a partir da fragilidade maior ou menor, da situação econômica, num meio ambiente decisivamente hostil aos pressupostos da tradição.

(68) Art. 208 – [...] I – educação básica obrigatória e gratuita dos 4 (quatro) aos 17 (dezessete) anos de idade, assegurada inclusive sua oferta gratuita para todos os que a ela não tiveram acesso na idade própria; II – progressiva universalização do ensino médio gratuito; III – atendimento educacional especializado aos portadores de deficiência, preferencialmente na rede regular de ensino; IV – educação infantil, em creche e pré-escola, às crianças até 5 (cinco) anos de idade; V – acesso aos níveis mais elevados do ensino, da pesquisa e da criação artística, segundo a capacidade de cada um; VI – oferta de ensino noturno regular, adequado às condições do educando; VII – atendimento ao educando, em todas as etapas da educação básica, por meio de programas suplementares de material didático-escolar, transporte, alimentação e assistência à saúde (BRASIL, 2020).

> Esclarece Eric Fromm (1981, p. 165) que "a principal função social da família consiste em transmitir determinados conteúdos sociais; não tanto no sentido de transmitir opiniões e modos de ver, mas de produzir a estrutura psíquica desejada".
>
> Se, portanto, faltarem esses parâmetros, o que surgirá, por consequência, no lugar desse vazio?
>
> [...]
>
> Portanto, aquela *entidade familiar*, à qual alude o art. 205 da Constituição, passa a configurar um elemento desagregador de causa atuante na chamada população de rua — não por si, mas pelo que deixou de ser.
>
> E isso deve ser objeto de consideração na busca da solução ou soluções da questão em foco.

Evidente, ademais, que a dificuldade de inclusão vai além da problemática envolvendo a desagregação familiar, a falta de oportunidades e/ou a discriminação da pessoa.

Em geral, a maioria das pessoas que se encontra em situação de rua não nasceu na rua, mas foi levada a essa situação (VIEIRA; BEZERRA; ROSA, 2004, p. 96). Pesquisas revelam que a situação de rua é uma síntese de múltiplas determinações, ou seja, não pode ser explicada por um único fator(69) (ESCOREL, 2006, p. 124).

As causas mais enfatizadas pela literatura especializada estão relacionadas a duas dimensões: i) econômico-ocupacional, e ii) sociofamiliar, ambas vinculadas a dimensões estruturais da sociedade. Além disso, permeando esses fatores, é comumente discutida a questão do uso frequente de álcool e outras drogas(70).

A questão da violência que se mostra sob as mais variadas formas, desde a mais sutil como a discriminação contra as pessoas, em variados níveis, também apresenta suas implicações e leva à reflexão sobre causas, origens, meios de mudança e transformação.

Tem-se como *causas imediatas* desse estado de violência sem paralelo: A situação de desigualdade, reconhecidamente existente em nosso País. Uma educação (processo do conhecimento) reconhecidamente deficiente em nível e qualidade — para superação da desigualdade. E, as *causas mediatas*: os males da modernidade (TAYLOR, 1994, p. 18)(71).

---

(69) "A meta, segundo eles, é se manterem aquecidos e vivos, já que a violência é uma preocupação tão constante quanto o frio para quem está na rua. Do desemprego ao vício, as histórias sobre como eles chegaram à condição de rua têm origens em diferentes situações" (CASEMIRO, 2019).

(70) "O uso de substâncias psicoativas é uma constante na rua. A grande maioria (74%) declara utilizar: álcool, drogas ou ambos. Entre os jovens de 18 a 30 anos, a proporção atinge 80%" (FIPE, SÃO PAULO, 2010). Vale destacar que a relação das pessoas em situação com o álcool e outras drogas é tanto causa como consequência da situação, havendo, até o momento, uma escassez de estudos que possam detalhar as complexidades desta relação.

(71) "Tais são as três doenças da modernidade de que tratarei neste livro. A primeira concerne ao que poderíamos chamar uma perda de sentido: o desaparecimento dos horizontes morais. A segunda concerne ao eclipse dos fins, face a uma razão instrumental desenfreada. E a terceira refere-se à perda da liberdade" (TAYLOR, 1994, p. 18, tradução nossa).

Não se pode olvidar, porém, ao tratar da violência na sociedade contemporânea, coloca-se a *solidariedade*, uma das formas do amor – (termo prismático, compondo várias manifestações), como uma atitude da educação, para a possibilitação do convívio social, em oposição às formas da violência (GARCIA, 2020, p. 517).

O Programa Educacional de Resistência às Drogas (PROERD)[72] mostra bem isso, na atuação conjunta entre Estado e sociedade. Consiste, pois, num esforço cooperativo estabelecido entre a Polícia Militar do Estado de São Paulo, a Escola e a Família:

> O objetivo do Programa é prevenir o uso e abuso de drogas, através da orientação e conscientização dos efeitos provocados pela dependência de substâncias químicas, sejam elas lícitas ou ilícitas.
>
> O PROERD desenvolve um conjunto de ações preventivas contra as drogas e a violência, apoiando iniciativas com a família, estudantes e professores, sendo aplicado aos alunos de forma dinâmica e divertida, além de oferecer várias atividades interativas, participação de grupos e aprendizado cooperativo, que foram projetados para estimularem os estudantes a resolverem os principais problemas na sua vida, como autoconhecimento e autogerenciamento, tomada de decisão segura, responsável e saudável, compreensão dos outros (alteridade), habilidades de comunicação e relacionamento interpessoal e habilidade de lidar com desafios e responsabilidades.
>
> O intuito é encorajar as crianças, em idade escolar, a ampliar suas alternativas positivas para evitarem o uso de drogas e a prática da violência.
>
> Oferece ainda estratégias para desenvolvimento da competência social, noções de cidadania, habilidades de comunicação, autoestima, tomada de decisões, resolução de conflitos e objetivo de vida.

Dentre o rol de *direitos humanos*[73], destacam-se aqueles que se mostram *fundamentais*. "*O direito à educação*"[74] alcança, portanto, desde a educação infantil, o "acesso aos níveis mais

---

(72) "Os materiais utilizados pelo policial Proerd na aplicação das aulas são fornecidos pela Diretoria de Polícia Comunitária e de Direitos Humanos (DPCDH), e consistem em livros do estudante e álbum seriado que conduzem o aluno de forma positiva e com a clareza necessária. Existem materiais específicos para cada faixa etária, assim como para os pais e instrutores, visando uma abordagem atualizada sobre o problema das drogas e da violência. São 10 lições, de 45 (quarenta e cinco) a 60 (sessenta) minutos, a serem ministradas, obrigatoriamente, pelo Policial Militar fardado, nas Escolas Estaduais, Municipais e Particulares, nos 5º e 7º anos do Ensino Fundamental, sendo cada aula aplicada 01 (uma) vez por semana, durante o trimestre letivo. Propícia um desenvolvimento pessoal do aluno abordando aspectos da vida como um todo, enaltecendo e reforçando as posturas adequadas, possibilitando o aluno interagir em seu grupo de forma crítica, criativa e dinâmica" (DPCDH, 2020).

(73) "Entendidos inicialmente como resultado da abstenção da ação do Estado sobre a vida dos indivíduos, os direitos humanos, em um relativamente curto espaço de tempo, alargaram o seu escopo para se tornarem, também, o resultado da ação do Estado – enquanto expressão da vida política das sociedades –, no sentido de produzir aquilo que os mercados não podem produzir: segurança econômica, bem-estar social e garantia de direitos difusos, como a um meio ambiente saudável" (POCHMANN, 2012, p. 07-09).

(74) Além de se constituir na realização do direito a aprender, a educação tem no direito a aprender também seu conteúdo fundamental.

elevados do ensino, da pesquisa e da criação artística, segundo a capacidade de cada um" (art. 208, IV e V); a "oferta de ensino noturno, regular, adequado e o atendimento ao educando" (art. 208, VI) e "atendimento ao educando, em todas as etapas da educação básica, por meio de programas suplementares de material didático, escolar, transporte, alimentação e assistência à saúde" (art. 208, VII). Quantos moradores de rua terão vivido sequer estas situações previstas na Constituição? Alguns? Poucos? Nenhum? (GARCIA, 2016, p. 305).

"O acesso ao ensino obrigatório e gratuito" é definido pelo § 1º do art. 208 como "direito público subjetivo", que, na acepção de Walter Ceneviva (2003, p. 408), é "inalienável, enquanto poder atribuído pela Constituição a todas as pessoas que, querendo receber educação proporcionada pelo Estado, exijam deste as medidas próprias para sua satisfação."

Não há dúvida de que, neste cenário, a presença renovada do Estado se faz necessária. "*Mas qual Estado?*", na indagação de Pochmann (2009, p. A3).

A assistência social às pessoas em situação de rua faz parte dos deveres mais evidentes de um Estado social. O Estado deve, em todo caso, garantir-lhes as condições mínimas para uma existência humanamente digna, e deve, além disso, esforçar-se para incluí-los na sociedade, estimular seu adequado tratamento pela família ou por terceiro, bem como criar as necessárias instituições de cuidado. Esse dever geral de proteção deve corresponder à respectiva necessidade existente de amparo social. Existem múltiplas possibilidades — tanto o legislador quanto o administrador podem aperfeiçoar a garantia do mínimo — de se realizar a proteção devida.

O Editorial (2012, p. A3) de *"O Estado de S. Paulo"* propõe(75):

> População de rua e dependentes químicos são questões a serem tratadas de maneira integrada. Mais do que caso de polícia ou de assistência social, a população de rua precisa de uma política multidisciplinar e duradoura, desenvolvida com a colaboração do governo e da sociedade, com um conjunto de iniciativas capazes de assegurar educação, saúde, assistência social, trabalho e todas as outras de atendimento necessárias para recuperar quem se encontra nessa situação.
>
> "Dentre as iniciativas propostas, certamente terá de haver algumas de alcance nacional (BRASIL, 2009)(76), de políticas públicas de oportunidades de trabalho

---

(75) A propósito, embora se tratando de órfão, em razão de deficiência física ou mental, o fundamento da decisão é pertinente para o estudo do tema. O Tribunal Constitucional alemão, através do acórdão BVerfGE 40, 121, em 18.06.1975, entendeu que o Estado, ao assegurar pressupostos mínimos de existência condigna para os hipossuficientes, ao mesmo tempo, também precisa inseri-los (ou reinseri-los) gradativamente na sociedade, além de criar a estrutura administrativa necessária para lhes dar a devida assistência. O fundamento da decisão foi a constatação de que o Estado deve fornecer condições mínimas para a existência humana digna. E tal dever de proteção deve durar enquanto permanecer a demanda pela ajuda social (BverfGE, 40, 121, tradução nossa).

(76) Urge a adoção de política pública nacional universal, de caráter uniforme e obrigatório, vinculada aos princípios da universalidade e equidade, pelo Poder Legislativo, dirigida para o Estado e sociedade civil, de forma que a implementação dessas políticas públicas, atualmente desfragmentadas, não seja opção política em face da reserva orçamentária. Vide o Decreto n. 7.053, de 23 de dezembro de 2009, que institui a Política Nacional para a População em Situação de Rua e seu Comitê Intersetorial de Acompanhamento e Monitoramento, e dá outras providências (BRASIL, 2009).

e previdência social que assegurem o sentido de *pertencimento*[(77)], evitando as correntes migratórias que desenraizam o ser humano, contra sua vontade e sentimentos, e que proporcionem conjuntamente o sentido de segurança, aquela *tranquilidade de espírito*, a que alude Montesquieu (1987, p. 165) em 'O Espírito das Leis'" (GARCIA, 2016, p. 305-306).

Sobre este sentimento de pertencimento[(78)], explica Robles (1997, p. 55): *"El hecho primario del ser humano... es su existencia social; Esto es, sua pertinência*[(79)] *al grupo humano"*.[(80)]

Mas, além de saúde e assistência social, há uma real demanda por trabalho[(81)].

É preciso ampliar[(82)] o foco das políticas sociais destinadas à população em questão, comumente centrado na assistência social, para incorporar as áreas de saúde, educação, direitos humanos, habitação, trabalho e cultura[(83)].

Salientando a defesa de que as pessoas em situação de rua necessitam de políticas intersetoriais capazes de gerar alternativas de saída, com dignidade, da situação em que se encontram, alude Ferro[(84)] (2012, p. 37):

> O fenômeno das pessoas em situação de rua é complexo, multicausal e precisa ser enfrentado de forma estruturante, tendo como norte uma perspectiva de integralidade e dignidade do ser humano. Nesse sentido, argumenta-se que as políticas públicas precisam ser intersetoriais para promover o resgate da autoestima e permitir a reinserção habitacional, laboral e afetiva dessas pessoas.

---

(77) No tocante à noção de *pertencimento*, realça Maria Garcia: "*Pertencer*, pelos laços da cidadania envolve participar, por ações e opiniões, da mesma comunidade à qual se pertence, o que denota esse outro aspecto da cidadania, como que os deveres decorrentes do *status civitatis*. Deveres atribuídos ao cidadão pessoal e politicamente visualizado" (GARCIA, 2009, p. 391-412). Também refere o sociólogo Zygmunt Bauman acerca do "sentido da permanência e do pertencimento, sem os quais se perde a *humanitas*" (BAUMAN, 2007, p. 152).

(78) Para uma análise mais detalhada a respeito do sentimento de pertencimento, cf. WEIL, 2001.

(79) O poeta inglês John Donne (1572-1631), já no século XVI, afirmou: "Nenhum homem é uma ilha isolada; cada homem é uma partícula do continente, uma parte da terra; se um torrão é arrastado para o mar, a Europa fica diminuída, como se fosse um promontório, como se fosse a casa dos teus amigos ou a tua própria; a morte de qualquer homem diminui-me, porque sou parte do gênero humano. E por isso não perguntes por quem os sinos dobram; **eles dobram por ti**" (DONNE, 1624, grifo nosso). Este poema em prosa inspirou o título do romance de Ernest Hemingway, "Por quem os sinos dobram", tradução de José Carlos Ruy, 1940.

(80) "O fato principal de ser humano... é sua existência social. Isto é, seu pertencimento ao grupo humano" (tradução nossa).

(81) "A exigência de um direito a trabalhar, além do simples objetivo da sobrevivência física, vincula-se à ideia de dignidade humana e, consequentemente, valorização do trabalho como forma de realização pessoal" (FONSECA, 2009, p. 98). "É preciso criar condições para o desenvolvimento das potencialidades humanas, de um poder que se componha não de imposições e exclusões, mas de generalidades compartilhadas, às quais a sociedade chega e não das quais ela parte" (GOSDAL, 2006, p. 17).

(82) Enfocar a discussão sob o prisma dos direitos humanos permite ampliar o panorama e agregar diferentes áreas das políticas sociais nessa construção.

(83) Defende-se aqui que as políticas públicas devem abranger não somente a dimensão da subsistência e na manutenção da vida, mas também a dimensão transcendente que dá sentido à existência humana.

(84) A autora destaca a necessidade de "consolidação da perspectiva intersetorial, com a construção de caminhos para a efetiva articulação das diferentes áreas das políticas sociais no atendimento a essa população" (FERRO, 2012, p. 37).

> A intersetorialidade é a única estratégia capaz de oferecer 'possibilidades efetivas de saída das ruas' (BRASIL, 2006).

A *dignidade da pessoa humana* constitui-se em fundamento do Estado brasileiro (Constituição, art. 1º, III) e a *ordem econômica* está "fundada na valorização do trabalho humano", tendo por fim "assegurar a todos existência digna".

A utopia de Boaventura também reconhece que o mundo do trabalho ("espaço da produção") permanece sendo vital para qualquer intento de transformação social e, valendo-se de inúmeras categorizações e teses, aponta caminhos de reversão deste estado de coisas que assola as relações laborais. Com exatidão, preleciona Silvio Beltramelli (2020, p. 1844):

> Estes caminhos suscitam, no seu cerne e em suma, medidas políticas e jurídicas que resgatem a noção rousseauniana de vontade geral, a partir da redemocratização radical de espaços públicos e privados, a assegurar participação ativa dos grupos submetidos aos mais distintos fatores de discrímen que fundamentam a exclusão social. Para tanto, há de haver mobilização política desses grupos — o que abarca e fundamenta estratégias jurídicas próprias — capaz de fazê-los unidos na diversidade, agregando suas reivindicações e dando-lhes sentido global, sem, no entanto, descurar de suas vicissitudes.

Outro aspecto há de se considerar: os movimentos migratórios internos que ainda na atualidade se processam, causados por fatores diversos, mas, principalmente, pela falta perspectivas, ocasionada pelas dificuldades de acesso à educação e por consequência, à falta de "preparo para o exercício da cidadania e sua qualificação para o trabalho" (Constituição, art. 205).

Não será abordada, no espaço e finalidade deste estudo, a questão das secas no País, no sentido de toda uma omissão(85) de políticas públicas e de medidas justas para tais regiões e seus habitantes. Registre-se, tão somente, que não será possível progredir em termos de qualidade sem políticas claras e alinhadas que enfrentem essa situação.

Amartya Sen (2000) tornou evidente a necessidade de melhor planejamento das políticas públicas, de modo a influir positivamente na melhoria de vida das pessoas, notadamente aquelas mais pobres.

> Indicou o autor, que as sociedades não desenvolvidas apresentam em geral elevado número de pessoas pobres e miseráveis, e que todo esforço econômico

(85) "Sempre salientando a dimensão ética e humanitária que deve nortear tudo o que diz respeito à condição humana e preocupado com a sina dos oprimidos, Bauman é uma das vozes a permanentemente questionar a ação dos governos neoliberais que promovem e estimulam as chamadas forças do mercado, ao mesmo tempo em que abdicam da responsabilidade de promover a justiça social. 'Hoje em dia', lamenta ele, 'os maiores obstáculos para a justiça social não são as intenções... invasivas do Estado, mas sua crescente impotência, ajudada e apoiada todos os dias pelo credo que oficialmente adota: o de que 'não há alternativa'. É nesse quadro que se pode entender sua afirmação de que 'esse nosso mundo' precisa do socialismo como nunca. Mas o socialismo de que Bauman fala, como insiste em esclarecer, não se opõe 'a nenhum modelo de sociedade, sob a condição de que essa sociedade teste permanentemente sua habilidade de corrigir as injustiças e de aliviar os sofrimentos que ela própria causou'. É nesse sentido que ele define o socialismo como 'uma faca afiada prensada contra as flagrantes injustiças da sociedade'" (PALLARES-BURKE, 2004, p. 302).

> voltado a ampliar a riqueza, deve necessariamente contemplar o uso de políticas sociais construídas de forma eficiente a contribuir na redução dos indicadores de pobreza e indigência. Indivíduos classificados como pobres e miseráveis são normalmente os maiores demandantes dos serviços públicos, evidentemente assim o fazem por insuficiência da renda, o que reforça, considerando a dualidade estrutural da economia brasileira, a necessidade de que os governos possam melhorar a estrutura de oferecimento dos serviços públicos, avaliando os seus impactos na resolução das demandas imediatas e no melhor equacionamento das necessidades estruturais dos agentes, que possam contribuir para redução dos indicadores de vulnerabilidade social existentes. (LONGUINHOS, 2008, cap. 3)[(86)].

À luz das especificidades expostas, verifica-se que os fatos e os desencontros de políticas públicas e a atuação estatal e da sociedade, tendo como exemplo o nordeste brasileiro, efetivamente podem ser encontrados, com maior ou menor identidade e alcance, em todo o País, denotando a inércia, quer do Estado, quer da sociedade, no enfrentamento desses problemas.

Ora, Estado e sociedade[(87)], como enfatiza Konrad Hesse (1983, p. 12-13)[(88)], *"el 'Estado' democrático se constituye solo a través de la cooperación social"*.

Consequentemente, os vários segmentos da sociedade civil, pelas suas associações, precisam ser chamados à colaboração no embate do problema, sob o direcionamento de políticas públicas, "metas coletivas conscientes", segundo Hugo Assmann (1996, p. 211 *apud* BUCCI, 2006, p. 241).

Na acepção de Maria Paula Dallari (2006, p. 241),

> Programas de ação governamental visando a coordenar os meios à disposição do Estado e as atividades privadas, para a realização de objetivos socialmente relevantes e politicamente determinados. [...] As políticas públicas devem ser vistas também como processos de definição dos fins da ação pública: escolha de prioridades e identificação dos interesses públicos.

---

(86) Observa ainda o autor que "no esforço de crescimento da riqueza, que possa vir a acontecer maior eficiência no planejamento e focalização do custeio público, considerando ser a pobreza não somente a privação de renda, mais importante é a sua consideração a partir da privação do conjunto de capacidades básicas, necessárias à melhoria individual e coletiva da sociedade. Outrossim, também é prudente considerar que a pobreza não apenas decorre da privação das necessidades, mas também, encontra amplo respaldo na estrutura econômica e política vigente em uma dada região geográfica, que molda a forma com que os agentes são inseridos na economia formal, esta possível de contemplar com maior eficiência a criação de empregos com maior proteção social e de forma mais concreta a renda" (LONGUINHOS, 2008, cap. 3).

(87) "Um dos grandes pensadores da América Latina, o colombiano Bernardo Toro, 70 anos, em duas áreas em que a região é altamente deficiente: educação e mobilização popular, diz que o Estado não é o salvador da pátria e que, quando a população se organiza, o país se torna mais livre, desenvolvido e inovador. Ao falar em participação da sociedade, não estou tratando de algo romanceado nem ideológico, mas de uma ciência que faz a engrenagem de um país funcionar melhor, tornando-o mais produtivo e próspero" (WEINBERG, 2015, p. 13-17).

(88) "O "Estado" democrático não se constitui senão mediante a cooperação social" (HESSE, 1983, p. 12-13, tradução nossa).

Conforme Bauman (2016), "a política é a habilidade de decidir quais coisas devem ser feitas."

Em decorrência, na conclusão precisa de Maria Garcia (2016, p. 309):

> Vistas assim e especificamente na questão educacional referente aos denominados moradores de rua, as políticas públicas governamentais deverão ter abrangência nacional, incidindo de maneira direta nos locais de origem, em caráter preventivo do problema; e, localmente, classes especiais e abrangências das necessidades vitais básicas, tais como alimentação, vestuário e habitação, preparando tais pessoas para assumirem a própria existência e participarem da inclusão de todos na coexistência social. Fixar objetivos, estimular a participação social numa ação coordenada, envolvendo todos os fatores incidentes no problema afiguram-se, certamente, 'metas coletivas conscientes' (Assmann), de caráter nacional.

A questão consiste na resposta à indagação seguinte: questão que permanece ainda, através dos tempos: Qual a razão da existência do Estado? (GARCIA, 2016, p. 309).

Hobbes (1992, p. 117, 220-221) procura responder pela razão da *segurança*.

Prossegue Maria Alice Setubal (2015, p. A3), quando sublinha: *"Precisamos avançar em relação aos paradigmas de um Estado provedor — ou Estado mínimo — para um Estado mobilizador, capaz de acionar uma participação plural e permanente"*.

Com efeito, o problema da efetivação dos direitos das pessoas em situação de rua não é apenas do Estado.

Esta *Nação*, a que Maquiavel chamava de *Pátria*, é responsabilidade de toda sociedade, e não somente de um governo.

Não basta a implementação de políticas públicas inclusivas, se a sociedade continuar excludente.

Apesar dos avanços significativos na efetivação dos direitos deste segmento da população, resultado do aprimoramento legislativo e do trabalho hercúleo de vários segmentos sociais, é preciso criar também uma *outra* consciência[(89)].

Neste ponto, a experiência como comunidade, o sentido de viver em sociedade, a alteridade, o estar no mundo de uma maneira crítica e consciente, são questões que resvalam na necessidade de formação dessa outra consciência e que ultrapassa a responsabilidade social.

(89) "Toda consciência aspira a colocar-se como sujeito soberano. Toda consciência tenta realizar-se reduzindo a outra à escravidão. O drama pode ser resolvido pelo livre reconhecimento de cada indivíduo no outro, cada qual pondo, a um tempo, a si e ao outro como objeto e como sujeito em um movimento recíproco. Mas a amizade e a generosidade que realizam concretamente esse reconhecimento das liberdades, não são virtudes fáceis; são seguramente a mais alta realização do homem e, desse modo, é que ele se encontra em sua verdade: mas essa verdade é a de uma luta incessantemente esboçada e abolida. Ela exige que o homem se supere a cada instante" (BEAUVOIR, 2016, p. 199).

Trata-se de uma nova tomada de consciência sobre a situação em que nos encontramos. É preciso exercitar a empatia, ou seja, a capacidade de se colocar na situação do outro e compreender a realidade deste.

Em outras palavras, a inclusão das pessoas em situação de rua somente será possível quando as relações sociais forem humanizadas.

Refere Milton Santos (2000, p. 17): "A força da alienação vem dessa fragilidade dos indivíduos, quando apenas conseguem identificar o que os separa e não o que os une".

A palavra *inclusão* (1999, p. 169) vem do latim, do verbo *includere* e significa "colocar algo ou alguém dentro de outro espaço", "entrar num lugar até então fechado". É a junção do prefixo *in* (dentro) com o verbo *cludo* (*cludere*), que significa "encerrar, fechar, clausurar".

Segundo o Dicionário comum (2020, p. 215), *inclusão/incluir* significa inserir, pôr, colocar para dentro; compreender, tornar parte de. *Exclusão/excluir* significa ação ou efeito de excluir, de segregar, de deixar de fora; não permitir a entrada de; não considerar.

Ora, se é preciso incluir algo ou alguém, é porque está excluído, não faz parte daquele contexto. E isto não condiz com o que nos fora planejado. É! O ser humano sempre inventa maneiras de se diferenciar, se destacar, e para isto desqualifica o outro, mesmo sabendo que somos todos *membros da família humana*[(90)], nos termos do Preâmbulo da Declaração Universal dos Direitos Humanos (1948). O grande desafio da educação contemporânea é mudar este quadro.

Daí a pertinência de se refletir sobre o papel da educação nesse processo de conscientização da sociedade para com este segmento de pessoas.

Trata-se, também, da conscientização dos principais interessados e dos atores envolvidos, incluindo representantes dos grupos excluídos, sobre o aperfeiçoamento de propostas emancipatórias como instrumentos de promoção da igualdade em relação à população em situação de rua.

Como cediço, mas vale a pena registrar, o questionamento de políticas públicas e a busca de seu aprimoramento se fazem por vários caminhos.

Lembrando, conforme assinala Paulo Ferreira da Cunha (2007, p. 57):

Há um espírito animado pelos cidadãos, um verdadeiro espírito de cidadania solidária, que passa pela consciencialização (e pela coerência ativa) da importância do dar a mão ao seu concidadão. Compreendendo que as metas sociais do Estado não o são apenas para o Estado-aparelho, mas também para o Estado-sociedade.

---

(90) **Preâmbulo da Declaração Universal dos Direitos do Homem. Parágrafo 1º**. "Considerando que o reconhecimento da dignidade inerente a todos os **membros da família humana** e dos seus direitos iguais e inalienáveis constitui o fundamento da liberdade, da justiça e da paz do mundo." [...] **Parágrafo 3º**: "Considerando que é essencial a proteção dos direitos do homem através de um regime de direito, para que o homem não seja compelido [...] à revolta contra a tirania e a opressão." **Parágrafo 4º**: "Considerando que, na Carta, os povos das Nações unidas proclamam de novo a fé nos direitos fundamentais, na dignidade e no valor da pessoa humana, na igualdade de direitos dos homens e das mulheres [...]" (ONU, 2020, grifo nosso).

Além disso, é imprescindível a participação da sociedade civil na discussão e formulação de políticas públicas destinadas a essa população. Esta diretriz aponta para um projeto político no qual a inclusão dos *invisíveis* torna-se importante.

Esse processo de mobilização da sociedade civil pela dignidade da população em situação de rua e por políticas públicas de inclusão conflui com a sensibilidade por parte de várias organizações sociais. Essa confluência de elementos possibilita que a problemática em questão se torne parte da agenda de gestores públicos em todas as esferas.

Um exemplo de evolução do pensamento das pessoas é o novo perfil de agentes que participam da elaboração e estabelecimento de políticas públicas. A participação desses novos agentes resulta numa nova interpretação da organização de classes, das representações profissionais e sindicais, do papel do Estado, da atribuição das ONGs e dos movimentos sociais que, a cada ano, crescem consideravelmente. Com todas essas mudanças e evoluções, inicia-se uma nova maneira de pensar a elaboração, gestão e o caráter das políticas públicas (BONETI, 2006, p. 61).

A participação da sociedade civil no processo é imprescindível para promover um diálogo com o Estado que possibilite a construção de conhecimento sobre essa população e o desenho de políticas públicas que sejam adequadas às suas necessidades.

Isto fica evidente no pensamento de Ferro (2012, p. 37):

> A organização e articulação da sociedade civil em volta do tema da população em situação de rua tem sido fundamental para pressionar o poder público e conquistar leis, decretos e políticas públicas, ou seja, para que as condições de vida dessas pessoas melhorem e para que elas sejam tratadas dignamente pelo Estado brasileiro.

A atuação de organizações sociais também é essencial para mudar o imaginário social predominante de discriminação e para que as respostas do Poder Público sejam no sentido da inclusão social e não mais de criminalização e higienização social das pessoas em situação de rua.

Mais do que propiciar ajuda(91) e afeição, importa executar políticas públicas efetivas voltadas para este segmento da sociedade que possibilitem a emancipação do indivíduo com a realização da democracia(92) e do Estado de Direito.

"No lugar do necessitado, a quem se concede um favor, está o sujeito a ser emancipado com a consciência dos seus direitos de cidadania", sintetiza Tatagiba (2006, p. 156).

(91) "Generosidade não é dar, mas dar-se a si mesmo" (ARNS, E., s.d.).

(92) "Na democracia, um dos desafios a superar consiste em respeitar os minoritários. A democracia aparece, então, como um compromisso entre maioria e minoria, ou seja, supõe o respeito pela minoria — respeito esse que se consubstancia nos direitos fundamentais [...]" (ROTHENBURG, 2005, p. 110).

Em suma, são ditames e parâmetros para uma atuação conjunta(93), Estado e sociedade (empresas, grupos, indivíduos), no sentido de viabilizar a recuperação, para a própria existência(94), das "pessoas em situação de rua", por vários modos e instrumentos, no caso, pelo *acesso à educação*, à plenitude de direitos, no dizer de Maria Garcia (2016, p. 310).

Obviamente, quando se vai definir políticas públicas e suas respectivas prioridades, está-se diante de um jogo de poder político, pois as verbas públicas são limitadas, os diversos segmentos da sociedade exercem a pressão necessária para que os seus respectivos interesses sejam priorizados, ocorre que na questão da política pública destinada aos moradores de rua, os atores sociais precisam ter a consciência de que é o público em maior vulnerabilidade social-econômica, portanto, devem ser atendidos em primeiro lugar.

Compreendemos assim o Papa Francisco (2020, p. 44), quando explicita, em sua Encíclica *Fratelli Tutti*:

> A tarefa educativa, o desenvolvimento de hábitos solidários, a capacidade de pensar a vida humana de forma mais integral, a profundidade espiritual são realidades necessárias para dar qualidade às relações humanas, de tal modo que seja a própria sociedade a reagir face às próprias injustiças, às aberrações, aos abusos dos poderes econômicos, tecnológicos, políticos e midiáticos.

Evidente que tal transformação não é tarefa fácil, uma vez que se trava uma luta com o poder instituído e, também, com ideologias dominantes, entretanto, conforme reconhece Boaventura (1997, p. 32), ainda que pareça utópica tal intenção, "como disse Sartre, antes de ser concretizada, uma ideia tem uma estranha semelhança com a utopia."

Considerações finais

> *"O homem não é nada além daquilo que a educação faz dele."*
> (KANT, 1803, p. 11)

Por fim, como considerações finais do presente estudo, a partir do caminho trilhado e das análises realizadas, podem ser apontadas as seguintes considerações:

Em primeiro lugar, este estudo intenta produzir um texto que vai além da palavra escrita ou da oralidade, que faça com que o leitor ultrapasse as suas atitudes, as suas ações e o seu comportamento perante tudo que o cerca, dando avivamento, presença e sentido; novas interpretações sobre a vida e tudo que dela advém, sobretudo em relação às *pessoas em situação de rua*.

A dura realidade do dia a dia não pode tornar o ser humano insensível às dificuldades e necessidades do seu semelhante, este não pode se tornar invisível, é preciso exercitar

(93) Neste aspecto, com propriedade, Arendt explicita: "[...] quando perdemos a faculdade de julgar [...] começamos a achar que há algo errado conosco por não conseguirmos viver sob as condições da vida no deserto", mas que "nós, que não somos do deserto, embora vivamos nele, podemos transformá-lo num mundo humano", na medida em que retomamos nossa capacidade de julgar e não descartamos nossa possibilidade de "agir coletivamente" (ARENDT, 2008, p. 266).

(94) "Educar-se é impregnar de sentido cada momento da vida, cada ato cotidiano" (FREIRE, 1977, p. 09).

a solidariedade e a empatia. Deve-se irrigar as sementes de vida que podem brotar nessas fendas é a tarefa histórica de todos quantos acreditam que a viabilização de novos tempos se constitui em necessidade e em possibilidade.

O principal objetivo deste estudo, mais do que uma leitura pronta e acabada sobre o tema, é promover um chamamento, com base nas reflexões aqui trazidas, para que se possa concretizar a igualdade substantiva, tornando possível, verdadeiramente, a cidadania das pessoas em situação de rua.

O tema aponta para a necessidade de tomar conflitos clássicos, por exemplo, exclusão/inclusão/desigualdade, como os que estão no fundo das lutas por justiça e por direitos. Construir mediações para essas questões parece ser a exigência posta na atualidade.

Em segundo lugar, entende-se a necessidade do debate como caminho para a solução ou soluções dos problemas coletivos de nossa sociedade contemporânea, que orienta para o contínuo exercício de construção voltado a pensar e repensar a realidade, com objetivo de transformação e adequação.

Instigar um pensamento crítico direcionado para uma releitura do princípio da dignidade da pessoa humana em relação à *população em situação de rua* no Brasil, de forma a viabilizar as relações sociais existentes; desestabilizar e questionar o que se apresenta por evidente e natural para pensar de outra forma, e, gerar formas de atuação que viabilizem a transformação. Este estudo visa provocar novas formas de pensamento, rompendo com o tradicional, e passar para a ação, como o faz o Padre Lancellotti.

É preciso ter consciência de que é preciso mudar, é difícil, mas é necessário, é possível e urgente. Assumir desafio de tamanha complexidade requer ampliar parcerias e estabelecer novas interlocuções. É preciso ter consciência que o trabalho deve ser em rede à semelhança do enfrentamento do trabalho infantil, todos os atores sociais devem se engajar nessa luta.

Para se seguir adiante, é preciso compreender que não se pode deixar cidadãos pelo caminho, a maior riqueza de uma nação é a totalidade de seu povo.

Em terceiro lugar, como consequência, pensar o coletivo, assumindo as desejáveis políticas públicas de Estado. A proximidade com as dificuldades enfrentadas pelas populações em situação de vulnerabilidade proporciona um despertar de questões referentes ao coletivo. Trata-se, pois, de questões não somente jurídicas, mas prioritariamente de questões políticas, econômicas, sociais e existenciais. Trata-se de uma ação voltada para o porvir. Lembrando-se que a educação do ser humano não é despesa é investimento, como mostram inúmeros estudos nacionais e internacionais.

A realidade parece refletir o descompasso entre intenção e gesto tão bem identificado por Ruy Guerra e Chico Buarque, em seu primoroso *"Fado Tropical"*.

Daí a escolha do tema traduzido no binômio educação/políticas públicas, em suas mais variadas dimensões, reflete, na sua essência, a tentativa de se encontrar esse caminho e de aproximar a intenção do gesto, da efetiva mudança.

Para fazer com que políticas públicas realizem direitos e transformem a realidade social, torna-se importante a análise do tema envolvendo a efetivação de direitos da população em situação de rua.

Em outras palavras, consolidar os interesses eleitos e consagrados pela ordem constitucional para grupos extremamente excluídos como a população em situação de rua. É possível a efetividade de direitos aos excluídos?

O cânone do *mínimo existencial* há de ser interpretado como um marco inicial, tendo por meta o estabelecimento de políticas públicas no sentido de, progressivamente, tornar cada vez mais digna e feliz a vida daqueles que vivem em um Estado de Direito que se propõe a ser Democrático e Social.

Entretanto, ainda há muito que fazer para que a população economicamente inclua as pessoas em situação de rua que, por razões econômicas, sociais, políticas e culturais, mantém-se à margem das políticas públicas emancipatórias e inerentes à cidadania.

A ideia de uma sociedade solidária deve retomar a discussão central da sociedade brasileira, pois é a solidariedade é o alicerce de uma vida em sociedade, ou seja, a proteção a todos os seus integrantes. Assim, deve ser buscada uma política profundamente marcada pelo sentido dos nossos deveres para com os outros seres humanos.

Mobilizar e tecer redes de solidariedade entre comunidades e forças educativas que, na forma de pessoas ou de organizações eclesiais, civis ou do Estado, impulsionam projetos concretos de desenvolvimento integral da pessoa humana a partir do respectivo território.

Nesse contexto, há a necessidade de atuação mais efetiva do Estado na prestação das políticas públicas, de forma a suprir ou, ao menos, minorar as desigualdades em suas múltiplas dimensões.

É preciso promover a inclusão dos moradores de rua por meio de políticas públicas de atendimento às suas necessidades básicas, saúde, trabalho, lazer, e, principalmente, com a adoção de sistema educacional de qualidade por todo o país, em tempo integral, de qualidade, atrativo, inclusive no tempo livre das pessoas (feriados e fim de semana), que abranja os alunos e seus familiares, com professores qualificados, capacitados, para uma educação plena.

Defender, assim, o processo de luta pela dignidade humana por meio de prestações sociais mais efetivas pressupõe lutar por uma vida com dignidade, ou seja, promover ações para efetivar tais demandas, buscando concretizar o ideal dos direitos humanos.

Para alcançar este propósito deve ser buscado o engajamento de todas as forças vivas da sociedade, seja cultural, social, política, econômica e jurídica, impulsionando ações concretas voltadas para o desenvolvimento pleno do ser humano, ou seja, com dignidade.

Em última análise, no que concerne às *pessoas em situação de rua*, somente com a aproximação do discurso com a realidade serão produzidas ações concretas para promover a dignidade humana deste segmento da população.

Lembrando-se que não haverá dignidade da pessoa humana enquanto não for garantido um mínimo existencial para todo ser humano. A dignidade da pessoa humana deve ser compreendida e respeitada nas suas diversas dimensões.

É conclusivo, portanto, que a emancipação virá a partir, então, da valorização da igualdade e da liberdade e, segundo se pretende demonstrar, a partir da potencialização da fraternidade que possibilitará o avanço em direção de novas conquistas que consagrarão os direitos da população em situação de rua.

Dito de outra forma, mediante os instrumentos do conhecimento, do debate, do diálogo, da justiça — enfim, da participação cidadã, nos termos e na conformidade da Lei Fundamental, a Constituição do País.

Sem embargo dos impasses aqui apresentados, acredita-se que a justiça social deve ser construída com o exercício da virtude da alteridade, pois, a crise do capitalismo não é econômica, mas ética. Quando se estabelecer uma harmonia com base na solidariedade, poder-se-á encontrar uma solução social e política que atenda às aspirações de cada um e de todos.

Conforme visto, apontam-se possibilidades de superação dos desafios enfrentados pela população em situação de rua — de uma realidade de desrespeito a parâmetros mínimos de dignidade da pessoa humana —, sendo uma delas a socialização da educação, com o desenvolvimento do sentimento coletivo da solidariedade social e do espírito de cooperação, efetivando-se a cidadania plena, fundamento do Estado brasileiro (CF, art. 1º, II).

É preciso cultivar a terra, plantar a semente, irrigá-la com carinho, no futuro, a sociedade colherá os frutos proporcionados por cidadãos plenos.

Completa-se finalmente este estudo com um último ensinamento, acentuado pelo profundo sentido social que revela, pela harmoniosa composição dos valores da pessoa com os da comunidade que realiza, pela compreensão, em suma, da natureza humana, e, também, por ter o Papa Francisco sabido surpreender o que realmente necessitamos.

Assim, atento aos novos desafios da história, às urgências do tempo presente e aos esforços que os homens realizam na procura do sentido da vida, é preciso retomar um elemento essencial que deve habitar no coração humano e orientar a nossa possibilidade de *agir coletivamente*, ou seja, a esperança, acreditar que, independentemente das dificuldades econômicas, sociais ou políticas, é possível mudar a realidade que nos cerca construindo um mundo mais livre, justo e solidário, com mais igualdade e menos exclusão, portanto, uma sociedade mais justa e perfeita.

Que se abram os grandes ideais para uma vida mais bela e digna.

Caminhemos na esperança!

Referências

ADLER, Alfred. *What Life Should Mean to You*. Eastford, USA: Martino Fine Books, 2010.

AGOSTINHO, Santo. *Diálogo sobre a Felicidade*. Coimbra: Edições 70, 2015.

ALBUQUERQUE, Gabriela Maria Fernandes Mendonça. *Sujeitos de Direito Invisíveis*. Rio de Janeiro: Lumen Juris, 2020.

ALLEGRETTI, Fernanda. A equação da felicidade. *Revista Veja*, São Paulo, p. 14-19, 15 jul. 2015.

ANDRADE, Roberta Rabelo Maia Costa. A (re)invenção dos direitos humanos na visão de Joaquín Herrera Flores. *Revista Jus Navigandi*, Teresina, a. 20, n. 4560, 26 dez. 2015.

AGAMBEN, Giorgio. O que é povo? Análise de uma fratura biopolítica. Tradução de Davi Pessoa, *Folha de S. Paulo*, São Paulo, Ilustríssima 6, 16 nov. 2014.

APEL, Karl-Otto. *Estudos da Moral Moderna*. Petrópolis: Vozes, 1994.

ARENDT, Hannah. A crise na educação. In: *Entre o Passado e o Futuro*. Coleção Debates n. 64. 6. ed. São Paulo: Perspectiva, 2007.

______. *A Promessa da Política*. Tradução de Pedro Jorgensen Júnior. Rio de Janeiro: Difel, 2008.

A RUA como refúgio. Da Redação, *Revista Veja*, São Paulo, 04 dez. 2017.

ASSMANN, Hugo; SUNG, Jung Mo. *Deus em nós:* o reinado que acontece no amor solidário aos pobres. 1. ed. Campinas, SP: Paulus, 2010.

AYUSO, Miguel. Liberdade e Direitos Humanos. In: CUNHA, Paulo Ferreira da (Org.). *Direitos Humanos, Teorias e Práticas*. Coimbra: Almedina, 2003. p. 173-192.

BARBOSA, Dimas Lara. Em defesa da vida no planeta Terra. *Folha de S. Paulo*, São Paulo, Tendências/Debates, Opinião A3, 09 mar. 2011.

BARBOSA, Rui. *Discurso no Instituto dos Advogados Brasileiros*. Porto Alegre: Sergio Antonio Fabris Editor, 1985.

BAUMAN, Zygmunt. *Modernidade Líquida*. Rio de Janeiro: Jorge Zahar, 2001.

______. *Vida Líquida*. Tradução de Carlos Alberto Medeiros. Rio de Janeiro: Jorge Zahar, 2007.

______. *Tempos Líquidos*. Rio de Janeiro: Jorge Zahar, 2007.

BELTRAMELLI NETO, Silvio. Exclusão social, regulação do trabalho e crise do sindicalismo nas perspectivas crítica e utópica de Boaventura de Sousa Santos. *Revista Direito e Práxis*, Rio de Janeiro, v. 11, n. 3, p. 1815-1844, set. 2020.

BITTAR, Eduardo C. B. Ética, Cidadania e Constituição: o direito à dignidade e à condição humana. *Revista Brasileira de Direito Constitucional*, São Paulo, n. 8, São Paulo: Revista dos Tribunais, p. 125-155, jul./dez. 2006.

BLACKBURN, Simon. *Dicionário Oxford de Filosofia*. Tradução de Desidério Murcho. Rio de Janeiro: Jorge Zahar, 1997.

BOÉCIO. *A Consolação da Filosofia*. Tradução de Willian Li. São Paulo: WMF Martins Fontes, 2016.

BONETI, Lindomar Wessler. *Políticas Públicas por dentro*. Ijuí: Unijuí, 2006.

BOTTOMORE, Thomas Burton. *Introdução à Sociologia*. Rio de Janeiro: Jorge Zahar, 1967.

BOTTON, Alain de. *Arquitetura da Felicidade*. Tradução de Talita M. Rodrigues. Rio de Janeiro: Rocco, 2007.

BRASIL. Presidência da República. Decreto n. 7.053, de 23 de dezembro de 2009. Institui a Política Nacional para a População em Situação de Rua e seu Comitê Intersetorial de Acompanhamento e Monitoramento, e dá outras providências. *Diário Oficial da União*, Poder Executivo, Brasília, n. 246, seção 1, 24 dez. 2009.

BRESCIANI, Alberto. *Movimento Incompleto*. 1. ed. Rio de Janeiro: José Olympio, 2011.

BUCCI, Maria Paula Dallari. *Direito Administrativo e Políticas Públicas*. São Paulo: Saraiva, 2006.

CÂMARA, Dom Hélder. *O Deserto é Fértil*. (Roteiro para as Minorias Abraâmicas). 8. ed. Rio de Janeiro: Civilização Brasileira, 1977.

CARBONARI, Paulo César. Direitos humanos, reconhecimento e educação: por uma abordagem ecológica. *REP – Revista Espaço Pedagógico*, Passo Fundo, v. 19, n. 1, p. 20-30, jan./jun. 2012.

CASEMIRO, Poliana. Frio, violência e dificuldades: moradores de rua relatam rotina em São José, SP. *G1 Vale do Paraíba e Região*, São Paulo, 17 jul. 2019.

CASTEL, Robert. *As metamorfoses da questão social:* uma crônica do salário. Tradução de Iraci D. Poleti. 4. ed. Petrópolis: Vozes, 2003.

CAVALCA, Renata Falson. *O Protagonismo Juvenil:* O direito fundamental à educação como instrumento de inclusão social do adolescente trabalhador. 1. ed. Rio de Janeiro: Lumen Juris, 2021.

CENEVIVA, Walter. *Direito Constitucional Brasileiro*. São Paulo: Saraiva, 2003.

CÉSAR, João Batista Martins. O Combate ao Trabalho Infantil: Mitos, Dogmas, Crendices x Realidade. In: MELO, Guilherme Aparecido Bassi de; CÉSAR, João Batista Martins (Coords.). *Trabalho Infantil, Mitos, Realidades e Perspectivas*. Estudos em homenagem ao professor Oris de Oliveira. São Paulo: LTr, 2016. p. 37-50.

COCOLO, Ana Cristina. Estou do lado que Jesus queria que eu estivesse. *UNIFESP*, São Paulo, Entreteses, nov. 2016.

CUNHA, Paulo Ferreira da. *Constituição, Crise e Cidadania*. Porto Alegre: Livraria do Advogado, 2007.

DALLARI, Dalmo de Abreu. *Elementos de Teoria Geral do Estado*. 19. ed. São Paulo: Saraiva, 1995.

______. *Direitos Humanos e Cidadania*. 2. ed. São Paulo: Moderna, 2004.

DEMO, Pedro. *Participação é Conquista*. 5 ed. São Paulo: Cortez, 2001.

DOLAN, Paul. *Felicidade Construída*. Tradução de Rafael Mantovani. Rio de Janeiro: Objetiva, 2015.

DONNE, John. Meditação XVII. In: *Devotions Upon Emergent Occasions*, 1624.

DÓRIA, Antonio de Sampaio. Direito Constitucional. In: *Comentários à Constituição de 1946*. 4. v. São Paulo: Max Limonad, 1960.

É PRECISO educar para a esperança. Entrevista Zilda Arns. *Revista Época*, São Paulo, 20 jun. 2008.

ESCOREL, S. *Vidas ao Léu:* Trajetórias de exclusão social. 1 reimp. Rio de Janeiro: Fiocruz, 2006.

FERRAZ FILHO, José Francisco. *Constituição Federal Interpretada*. In: MACHADO, Antônio Cláudio Costa; FERRAZ, Anna Candida da Cunha (Orgs.). Barueri: Manole, 2012.

FERRO, Maria Carolina T. Política Nacional para a População em Situação de Rua: o protagonismo dos invisibilizados. In: *Revista Direitos Humanos*, Brasília, n. 08, p. 35-39, jan. 2012.

FLORES, Joaquín Herrera. *La (Re)Invención de los Derechos Humanos*. Andalucía: Atrapasueños, 2008. *A (Re)Invenção dos Direitos Humanos*. Florianópolis: Fundação Boiteux, 2009 (versão brasileira).

FONSECA, Maria Hemília. *Direito ao Trabalho:* um direito fundamental. São Paulo: LTr, 2009.

FREIRE, Paulo. *Educação como Prática da Liberdade*. 1. ed. Rio de Janeiro: Paz e Terra, 1967.

______. *Ação cultural para a liberdade e outros escritos*. 2. ed. Rio de Janeiro: Paz e Terra, 1977.

______. *Pedagogia do Oprimido*. 17. ed. Rio de Janeiro: Paz e Terra, 1987.

______. *A Educação na Cidade*. São Paulo: Cortez, 1991.

______. *Cartas à Cristina*. Rio de Janeiro: Paz e Terra, 1994.

______. *Pedagogia da Autonomia:* saberes necessários à prática pedagógica. Coleção Leitura. Rio de Janeiro: Paz e Terra, 1997.

FROMM, Eric. Autoridade e Super-Ego: o papel da família. Extraído de L'autoritá e la famiglia. In: CANEVACCI, Massimo (Org.). *Dialética da Família*. São Paulo: Brasiliense, 1981.

GARCIA, Maria. A Constituição como substrato político e ético da comunidade. In: *Revista Brasileira de Direito Constitucional*, São Paulo, n. 09, São Paulo: Revista dos Tribunais, p. 45-66, jan./jun. 2007.

GARCIA, Maria. Educação ambiental: do "forno a lenha" às políticas públicas do meio ambiente. In: D'ISEP, Clarissa Ferreira Macedo; NERY JR., Nelson; MEDAUAR, Odete (Coords.). *Políticas Públicas Ambientais:* estudos em homenagem ao Professor Michel Prieur. São Paulo: Revista dos Tribunais, 2009. p. 391-412.

GARCIA, Maria. Pessoas em situação de rua e o direito à educação. In: GRINOVER, Ada Pellegrini *et. al.* (Orgs.). *Direitos Fundamentais das Pessoas em Situação de Rua*. 2. ed. Belo Horizonte: Editora D`Plácido, 2016. p. 297-311.

GARCIA, Maria. A Teoria da Corrupção (DOBEL): Os Poderes e o Estado. *Revista Jurídica — Unicuritiba*, Curitiba, v. 3, n. 56, p. 431-444, jul. 2019.

______. As formas da violência e a "banalidade do mal" (Arendt). *Revista Argumentum*, Marília, SP, v. 21, n. 2, p. 515-529, mai./ago. 2020.

GIDE, André. Educação é liberdade. In: WAGONER, Kathy. *Ao Mestre, com carinho.* 365 reflexões sobre a arte de ensinar. 1. ed. *PubliFolha*, São Paulo, 2002.

GOLDENBERG, Ricardo. *Política e Psicanálise*. Rio de Janeiro: Jorge Zahar Editor, 2006.

GOSDAL, Thereza Cristina. *Dignidade do trabalhador: um conceito construído sob o paradigma do trabalho decente e da honra*. Tese de Doutorado, Curso de Pós-Graduação em Direito, Universidade Federal do Paraná, 2006. 195p.

GUINSBURG, Jacob. De olho na verdade. In: ROMANO, Roberto. *O Caldeirão de Medeia*. São Paulo: Perspectiva, 2001.

HÄBERLE, Peter. *El Estado Constitucional*. Tradução de Héctor Fix-Fierro. México: Universidad Nacional Autónoma de México, 2003.

HESSE, Konrad. *Escritos de Derecho Constitucional*. Madrid: Centro de Estúdios Constitucionales, 1983.

HOBBES, Thomas. *Do Cidadão*. São Paulo: Martins Fontes, 1992.

HUSEK, Carlos Roberto. Tempos de Metamorfose. *Jornal Magistratura & Trabalho*, Editorial, São Paulo, a. 9, n. 37, p. 02, set./out. 2000

JÚNIOR CHAVES, José Eduardo de Resende. O juiz e a conectividade: os autos e o mundo virtual. *Revista Jus Navigandi*, Teresina, a. 12, n. 1.434, 05 jun. 2007.

JÚNIOR SOARES, Jarbas. Apresentação. In: *Direito Direitos Fundamentais das Pessoas em Situação de Rua*. 2. ed. Belo Horizonte: Editora D'Plácido, 2016. p. 15-16.

KRENAK, Ailton. *Ideias para adiar o fim do mundo*. 2. ed. São Paulo: Companhia das Letras, 2020.

LEDUR, José Felipe. *Direitos Fundamentais Sociais:* efetivação no âmbito da democracia participativa. Porto Alegre: Livraria do Advogado, 2009.

LEJEUNE, Philippe. *O Pacto Autobiográfico:* de Rousseau à internet. Organização de Jovita Maria Gergeim Noronha. Tradução de Jovita Maria Gergeim Noronha, Maria Inês Coimbra Guedes. Belo Horizonte: Editora UFMG, 2008.

LEVINAS, Emmanuel. *Totalidade e Infinito*. Tradução de José Pinto Ribeiro. Lisboa: Edições 70, 1988a.

______. *Ética e Infinito:* diálogos com Philippe Nemo. Tradução de João Gama. Lisboa: Edições 70, 1988b.

LISPECTOR, Clarice. *Água Viva*. Rio de Janeiro: Nova Fronteira, 1980.

______. *Clarice na cabeceira:* crônicas. Organização de Teresa Montero. Rio de Janeiro: Rocco, 2010.

LOCKE, John. *Ensaio sobre o Entendimento Humano*. Tradução de Eduardo Abranches de Soveral. Lisboa: Fundação Calouste Gulbenkian, 1999.

LOPES, Maura Corcini. Inclusão escolar, currículo, diferença e identidade. In: LOPES, Maura Corcini; DAL'IGNA, Maria Claudia (Orgs.). *In/Exclusão nas Tramas da Escola*. Canoas: Ulbra, 2007.

MERRIAM, Charles E. The content of an international bill of rights. In: LEWIS, W. D.; ELLINSTON, J. R. (Eds.). *Annals of the American Academy of Political and Social Science,* v. 243, p. 11-17, jan. 1946. (republicado em Sage Publications/JSTOR).

MIRANDOLLA, Giovanni Pico Della. *Discurso sobre a Dignidade do Homem*. Tradução de Maria de Lurdes Sirgado Ganho. Lisboa: Edições 70, 2001.

MONTESQUIEU. *De L'esprit des lois*. Tomo I. Tradução de Lólio Lourenço de Oliveira. Paris: Éditions Garnier Frères, 1973.

______. *O Espírito das Leis*. São Paulo: Saraiva, 1987.

MORAES, Fernando. *A Arte de Pertencer:* os invisíveis do nosso século. São Paulo: Novo Conceito, 2015.

______. *Compaixão como Conceito de Totalidade*. 1. ed. Ribeirão Preto, SP: Novo Conceito, 2019.

NIETZSCHE, Friedrich. *Genealogía de la Moral*. Madrid: Alianza, 1972.

OS MORADORES de rua. Editorial. *O Estado de S. Paulo*, São Paulo, p. A3, 05 jun. 2012.

ORGANIZAÇÃO DAS NAÇÕES UNIDAS NO BRASIL. A Declaração Universal dos Direitos Humanos. *ONUBR:* Nações Unidas no Brasil, 2020.

PALLARES-BURKE, Maria Lúcia Garcia. Entrevista com Zygmunt Bauman. *Tempo Social,* São Paulo, v. 16, n. 1, p. 301-325, jun. 2004.

PINSKY, Jaime (Org.). *Práticas de Cidadania*. 2. ed. São Paulo: Contexto, 2012.

POCHMANN, Márcio. Direitos Sociais, Direitos Humanos e Desenvolvimento. In: *Revista Direitos Humanos*, Brasília, n. 08, p. 07-09, jan. 2012.

REALE, Miguel. *O Estado Moderno* — Liberalismo, Fascismo e Integralismo. Rio de Janeiro: José Olympio, 1934.

REALE JÚNIOR, Miguel. Miguel Reale, 100 anos. *O Estado de S. Paulo*, São Paulo, 06 nov. 2010.

RIBEIRO, Lauro Luiz Gomes. O direito à igualdade, à dignidade da pessoa humana com deficiência e à autonomia. In: GUGEL, Maria Aparecida; COSTA FILHO, Waldir Macieira da. *Deficiência no Brasil:* uma abordagem integral dos direitos com pessoas com deficiência. Florianópolis: Obra Jurídica, 2007. p. 25-40.

ROBLES, Gregório. *Los Derechos Fundamentales y la Ética en la Sociedad Actual.* Madrid: Civitas, 1997.

ROMANO, Roberto. *O Caldeirão de Medeia.* Coleção Debates. São Paulo: Perspectiva, 2001.

ROTHENBURG, Walter Claudius. *Inconstitucionalidade por omissão e troca de sujeito.* A perda de competência como sanção à inconstitucionalidade por omissão. São Paulo: Revista dos Tribunais, 2005.

SÁBATO, Ernesto. *Antes del fin.* Buenos Aires: Seix-Barral, 2006.

SAGAN, Carl. The Demon haunted World: Science as a Candle in the Dark. *O Estado de S. Paulo,* São Paulo, Caderno Especial, 29 dez. 1996.

SAINT-EXÚPERY. Antoine de. *O Pequeno Príncipe.* Tradução de Dom Marcos Barbosa. Rio de Janeiro: Agir, 2009.

SANTOS, Boaventura de Sousa. Introdução à Sociologia da Administração da Justiça. *Revista Crítica de Ciências Sociais,* Coimbra, n. 21, p. 11-37, nov. 1986.

______. Por uma concepção multicultural de direitos humanos. *Revista Crítica de Ciências Sociais,* Coimbra, n. 48, p. 11-32, jun. 1997.

SANTOS, Milton. *Território e Sociedade.* Entrevista com Milton Santos. 2. ed. São Paulo: Fundação Perseu Abramo, 2000.

SEN, Amartya. *Desenvolvimento como Liberdade.* São Paulo: Cia. das Letras, 2000.

SILVA, Manuel Carlos. Desigualdade, pobreza e exclusão social: entre legitimações e realidade de ontem e de hoje. In: DIOGO, Fernando *et. al. Pobreza e Exclusão Social em Portugal* — Contextos, transformações e estudos. 1. ed. Vila Nova de Famalicão: Húmus, 2015. p. 29-36.

SILVA, M. L. *Trabalho e População em Situação de Rua no Brasil.* São Paulo: Cortez, 2009.

SILVA, Vanessa Martina. Da Redação. Há 49 anos, Martin Luther King era assassinado. *Radioagência Brasil de Fato,* São Paulo, 03 abr. 2017.

TATAGIBA, L. F. Os desafios da articulação entre sociedade civil e sociedade política sob o marco da democracia gerencial: o caso do Projeto Rede Criança em Vitória/ES. In: DAGNINO, E.; OLVERA, A. J.; PANFICHI, A. (Orgs.). *A disputa pela construção democrática na América Latina.* São Paulo/ Campinas: Paz e Terra/Unicamp, 2006. p. 137-178.

TAYLOR, Charles. *Le Malaise de la Modernité* (O mal-estar da modernidade). Paris: Editions du Cerf, 1994. (tradução nossa)

VIEIRA, M. A.; BEZERRA, E. M.; ROSA, C. M. *População de Rua:* quem é, como vive, como é vista. 3. ed. São Paulo: Hucitec, 2004.

WEIL, Simone. *O Enraizamento.* Tradução de Maria Leonor Loureiro. Bauru: EDUSC, 2001.

WEINBERG, Mônica. Entrevista de Bernardo Toro. A sociedade precisa exigir. *Revista Veja,* São Paulo, 18 nov. 2015.

WITTGENSTEIN, Ludwig. *Investigações Filosóficas.* São Paulo: Nova Cultural, 1980.

Sites consultados

Disponível em: <https://noticias.uol.com.br/internacional/ultimas-noticias/2020/10/04/papa-francisco-pede-fim-do-dogma-neoliberal-e-cita-vinicius-de-moraes.htm>. Acesso em: 19 out. 2020.

Disponível em: <http://www.vatican.va/content/francesco/pt/encyclicals/documents/papa-francesco_20201003_enciclica-fratelli-tutti.html#_ftnref53>. Acesso em: 19 out. 2020.

Disponível em: <https://jus.com.br/artigos/33827>. Acesso em: 19 out. 2020.

Disponível em: <http://g1.globo.com/mundo/noticia/2011/07/onu-reconhece-busca-pela-felicidade-como-objetivo-fundamental.html>. Acesso em: 20 out. 2020.

Disponível em: <http://www.vatican.va/archive/hist_councils/ii_vatican_council/documents/vat-ii_const_19651207_gaudium-et-spes_po.html>. Acesso em: 23 out. 2020.

Disponível em: <https://www.pinterest.pt/pin/198088083588587869/>. Acesso em: 24 out. 2020.

Disponível em: <https://jus.com.br/artigos/9985>. Acesso em: 25 out. 2020.

Disponível em: <http://opiniao.estadao.com.br/noticias/geral,miguel-reale-100-anos-imp-,635626>. Acesso em: 25 out. 2020.

Disponível em: <http://www.boaventuradesousasantos.ptmedia/pdfs/Concepcao_multicultural_direitos_humanos_RCCS48.PDF>. Acesso em: 25 out. 2020.

Disponível em: <https://www.unifesp.br/reitoria/dci/apresentacao/item/2577-estou-do-lado-que-jesus-queria-que-eu-estivesse>. Acesso em: 27 out. 2020.

Disponível em: <https://www.un.org/en/universal-declaration-human-rights/>. Acesso em: 29 out. 2020.

Disponível em: <http://marcolonguinhos.wordpress.com/cap3/>. Acesso em: 07 nov. 2020.

Disponível em: <https://www.ipea.gov.br/portal/index.php?option=com_content&view=article&id=35811>. Acesso em: 11 nov. 2020.

Disponível em: <http://www.scielo.br/scielo.php?script=sci_arttext&pid=S0103-20702004000100015&lng=en&nrm=iso>. Acesso em: 14 nov. 2020.

Disponível em: <https://www.conjur.com.br/2016-jan-01/zygmunt-bauman-neste-seculo-estamos-num-estado-interregno>. Acesso em: 14 nov. 2020.

Disponível em: <http://www.jstor.org/pss/1025049>. Acesso em: 14 nov. 2020.

Disponível em: <http://www.planalto.gov.br/ccivil03/ato2007-2010/2009/decreto/d7053.htm>. Acesso em: 14 nov. 2020.

Disponível em: <https://www.planalto.gov.br/ccivil_03/Constituicao/Constituicao.htm>. Acesso em: 15 nov. 2020.

Disponível em: <http:/www.fiadh.org/descargas/losderechoshumanos_unavisioncritica.pdf>. Acesso em: 15 nov. 2020.

Disponível em: <http://revista.unicuritiba.edu.br/index.php/RevJur/article/view/3584>. Acesso em: 15 nov. 2020.

Disponível em: <http://www.scielo.br/scielo.php?script=sci_arttext&pid=S2179896620200003018 15&lng=en&nrm=iso>. Acesso em: 15 nov. 2020.

Disponível em: <http://www.servat.unibe.ch/dfr/bv040121.html>. Acesso em: 16 nov. 2020.

Disponível em: <https://g1.globo.com/sp/sao-paulo/noticia/2020/05/27/restaurantes-bom-prato-vao-oferecer-alimentacao-gratuita-para-moradores-de-rua-cadastrados-em-sp.ghtml>. Acesso em: 17 nov. 2020.

Disponível em: <https://www.saopaulo.sp.gov.br/noticias-coronavirus/governo-vai-oferecer-refeicoes-gratuitas-no-bom-prato-para-pessoas-em-situacao-de-rua/>. Acesso em: 17 nov. 2020.

Disponível em: <http://www4.policiamilitar.sp.gov.br/unidades/dpcdh/index.php/proerd-2/>. Acesso em: 17 nov. 2020.

Disponível em: <https://veja.abril.com.br/videos/em-pauta/a-rua-como-refugio/>. Acesso em: 19 nov. 2020.

Disponível em: <https://operamundi.uol.com.br/politica-e-economia/31437/mujica-critica-sociedade-capitalista-em-discurso-na-onu>. Acesso em: 20 nov. 2020.

Disponível em: <https://upv.org.br/obra/92-obra-social-sao-joao-bosco>. Acesso em: 20 nov. 2020.

Disponível em: <https://g1.globo.com/sp/vale-do-paraiba-regiao/inverno/2019/noticia/2019/07/17/frio-violencia-e-dificuldades-moradores-de-rua-relatam-rotina-em-sao-jose-sp.ghtml>. Acesso em: 20 nov. 2020.

Disponível em: <https://www.dicio.com.br/>. Acesso em: 22 nov. 2020.

Disponível em: <http://domhelder.edu.br/2020/03/31/dom-helder-adere-a-campanha-de-doacoes-para-moradores-de-rua/>. Acesso em: 22 nov. 2020.

Disponível em: <https://globoplay.globo.com/v/9119943/>. Acesso em: 31 dez. 2020.

Disponível em: <www.editoraglobo.com.br/generosidade>. Acesso em: 03 jan. 2021.

Disponível em: <https://istoe.com.br/onu-alerta-para-aumento-de-trabalho-infantil-por-conta-da-crise-pela-pandemia/>. Acesso em: 21 jan. 2021.

Disponível em: <https://revistapesquisa.fapesp.br/risco-de-aumento-do-trabalho-infantil/>. Acesso em: 21 jan. 2021.

Disponível em: <https://www.brasildefato.com.br/2017/04/03/ha-49-anos-martin-luther-king-era-assassinado/>. Acesso em: 22 jan. 2021.

Disponível em: <https://www.oxfam.org.br/blog/crise-para-quem-grandes-corporacoes-lucraram-bilhoes-durante-a-pandemia/>. Acesso em: 22 jan. 2021.

Renda Básica: Autonomia Incondicional

Leandro Teodoro Ferreira(1)

Introdução

O tema da renda básica fez parte dos grandes debates a respeito das formas de proteção social durante a pandemia de Covid-19. As medidas adotadas mundo afora se valeram do debate a respeito dessa proposta (GENTILINI) que remonta a séculos de discussões sobre a dignidade humana. No Brasil o desenho do Auxílio Emergencial previsto na Lei Federal n. 13.982/2020 corresponde em grande medida a desenhos de transição em direção à renda básica, já prevista no ordenamento legal brasileiro desde 2004 a partir da Lei Federal n. 10.835 (ROQUE e FERREIRA, 2020; FERREIRA, 2020, FERREIRA, ROQUE, CARVALHO *et al*, 2020).

O próprio Auxílio Emergencial assenta-se sobre uma longa tradição de construção institucional em programas de garantia de renda de que o Brasil dispõe. Antes dele, o ponto culminante deste histórico foi o Programa Bolsa Família, instituído pela Lei Federal n. 10.836 de 2004, originalmente apresentada como Medida Provisória em outubro de 2003. A evolução de sucessivas gerações de programas de transferência de renda (Sposati, 2010) permitiu que o meio especializado afirmasse a existência de uma prevalência deste tipo de política (SILVA; YAZBEK e DI GIOVANNI, 2012) como principal estratégia da política de assistência social desde sua evolução na década de 1990.

Neste mesmo contexto está a sanção da Lei Federal n. 10.835 de 2004, de autoria do, então, Senador Eduardo Suplicy, e que prevê a instituição da Renda Básica de Cidadania, universal e incondicional, em processo de transição que considera sua instituição por etapas em colaboração com outras políticas de transferência de renda. Mais que espaço normativo para a Renda Básica, a sanção da lei alimentou expectativas de que a agenda de política social do início do Governo Lula pudesse caminhar continuamente para a universalização das prestações sociais (BICHIR, 2010). A incorporação crescente de novos beneficiários no Bolsa Família, chegando a quase um quarto da população brasileira ao abranger mais de 14,2 milhões de pessoas alimentou a expectativa pela universalização (SILVA, 2014).

---

(1) Mestre em Políticas Públicas pela Universidade Federal do ABC. Bacharel em Gestão de Políticas Públicas pela EACH-USP. Presidente da Rede Brasileira de Renda Básica.

Essa dinâmica expansionista das transferências de renda, em especial do Bolsa Família, ainda que incremental, correspondeu a uma lógica aditiva (KERSTENETZKY, 2013), que, caso não enfrentasse constrangimentos, poderia compor uma forma de transição gradual para uma cobertura universal (FERREIRA, 2019). Assim, acrescida da experiência do Auxílio Emergencial, cujas avaliações seguirão acontecendo, contextualiza-se institucionalmente uma discussão sobre a característica mais conhecida da renda básica: a universalidade.

Sua definição, entretanto, inclui outras características como ser paga individualmente, em dinheiro, de forma regular em relação a seu valor fixo em patamares suficientes para prover dignidade e do ponto de vista da regularidade de pagamentos e, acima de tudo, incondicional. Esta última, por sua vez, tem sido explorada do ponto de vista de discussões práticas e conceituais sob o olhar de abordagens formais de análise.

No campo da economia, da filosofia e do direito mobilizaram-se em escala internacional avaliações de enorme relevância que tinham como pano de fundo um elemento comum a respeito da renda básica e que aqui nos interessa particularmente: justiça. Diretamente vinculada à discussão sobre a incondicionalidade da renda básica, este tema valeu-se, principalmente, de visões que se filiam à tradição liberal-igualitária e que foi, na comunidade internacional, capaz de gerar uma síntese dentro desse mesmo campo filosófico, jurídico e econômico que se denomina "liberdade real para todos".

Assim, nesta oportunidade de homenagear a relevância e história de Padre Júlio Lancellotti, a proposta deste texto é encontrar em sua atuação como ativista tão reconhecida as bases da luta por justiça em um sentido profundo. Essas bases são as mesmas que embasam a argumentação filosófica por uma renda básica universal, mas, acima de tudo, incondicional. A tradição do pensamento formal, neste sentido, associa justiça à liberdade diretamente, o que Padre Júlio expressa em sua atuação contundente e prol de populações vulneráveis.

Embora seja uma discussão realizada no plano teórico há décadas e se constitua, por si só, um campo de discussão, o debate sobre justiça que se propõe aqui leva em conta, acima de tudo, a vivência deste autor com Júlio Lancellotti em situações originadas no âmbito institucional, profissional e político. Além da defesa da renda básica, assumida em diversas ocasiões, sua busca por autonomia, termo reiterado em suas próprias palavras, faz de Júlio um defensor dos valores que compõe a busca de justiça e liberdade como uma única ideia. Trata-se de um privilégio e uma responsabilidade inadiável aproximar, dessa forma, conceito e prática.

1. Justiça, liberdade e autonomia

Embora a proposta da renda básica seja reconhecida por duas de suas características fundamentais, a universalidade e a incondicionalidade, o debate a seu respeito também aponta para outros elementos necessários para sua definição. Além dessas definições, a renda básica deve ser compreendida também como uma proposta que se organiza com base em uma comunidade política definida, tendo como público-alvo os seus cidadãos, e ser paga em dinheiro, com periodicidade previamente definida e com base estritamente individual (Van Parijs, 2000), diferenciando-se de uma série de políticas atuais que realizam pagamentos por meios de pagamento ou espécie diversos, como vales ou cestas básicas, e com base em critério de renda familiar. Além disso, tem adquirido apelo a perspectivas de que o benefício deve ser crescentemente suficiente, na medida em que é sustentável, para prover as condições básicas de sobrevivência dos indivíduos (Raventós e Wark, 2019).

A possibilidade de que essas características possam ser identificadas em políticas sociais existentes em diversos sistemas de proteção social levaram à afirmação por diversos analistas a afirmar que os atuais programas de garantia de renda mínima, em grande medida desenhados na forma de programas de transferência de renda condicionada, podem ser um ponto de partida para a transição para uma renda básica universal (Van Parijs e Vanderborght, 2018; Standing, 2017; Ferreira, 2019). Em grande medida, esses elementos podem ser encontrados também no próprio Auxílio Emergencial aplicado no período da pandemia de Covid-19.

Em seu exame da compreensão da política social como uma forma de caridade — não apenas de caráter individual ou religioso, mas enquanto caracterizadora da ação do Estado — Daniel Raventós e Julie Wark são categóricos em afirmar que dentre as características acima a palavra-chave é "incondicionalidade", a mais polêmica das características da renda básica. Procuram, assim, inserir o debate no plano dos "*derechos humanos universales y sus três grandes princípios de libertad, justicia y dignidade*" (Raventós e Wark, 2019, p. 14).(2)

De fato, mesmo a célebre contribuição de Milton Friedman, "Capitalismo e Liberdade" (1962), expoente da filosofia econômica que se distancia dos temas tradicionais de política social, parte da problematização da caridade privada para argumentar em favor da necessidade de garantia de renda mínima. O imposto de renda negativo(3), neste caso, seria o caminho para superar a incapacidade da caridade e da filantropia privada em alcançar a todos. Para Friedman, todos — ele inclusive — se beneficia da eliminação da pobreza, portanto todos devem contribuir para que isso ocorra.

A superação da caridade enquanto forma de proteção aos pobres, por sinal, é tema recorrente no campo da renda básica. A proposta considerada um primeiro passo na instituição de uma forma de ação civil, sob responsabilidade do Estado, foi realizada através da publicação de "*De Subventione Pauperum*", de Juan Luis Vives em 1526, inspirado pelas ideias em debate desde 1516 em razão da publicação de Utopia, de Thomas More. Naquele momento, propunha-se a instituição de um sistema público capaz de atender aos mais necessitados que, uma vez que não dispusessem da generosidade individual, não teriam outra alternativa senão a de recorrerem à violência (Van Parijs e Vanderborght, 2019).

Mais tarde, na Inglaterra, Lei dos Pobres e o sistema Speenhamland inauguraram medidas que significaram a prestação de auxílio em dinheiro aos trabalhadores pobres. Ainda que tenha representado um passo importante na superação da caridade individual, o sistema

(2) Tradução do Autor (T.A.): "direitos humanos universais e seus três grandes princípios de liberdade, justiça e dignidade".

(3) Para uma discussão em profundidade e de importância internacional a respeito da relação do Imposto de Renda Negativo com a Renda Básica, ver a entrevista Suplicy (2013) a Milton Friedman: Diálogo com Milton Friedman. Van Parijs e Vanderborght (2018) retomam a entrevista realizada por Suplicy para problematizar a superioridade da proposta de renda básica em relação ao IRN de Friedman e demais cognatos da garantia de renda.

sofreu ataques que fizeram retroceder a experiência, reinterpretada sucessivas vezes ao longo dos séculos seguintes. Na mesma época, porém, uma contribuição fundante para o tema é realizada por Thomas Paine como contribuição à Assembleia Nacional Francesa, ainda no período da Revolução Francesa. Trata-se de "Justiça Agrária", em que Paine discute que a intensificação da propriedade privada ocorrida em função do crescente processo de constituição da civilização humano implica usurpação do direito natural ao bem comum da humanidade, a terra. Dessa forma, propõe a instituição de um aluguel de terras pago a todos na forma de uma dotação básica e de uma garantia de renda na idade avançada. A proposta apresenta-se, com bastante clareza, nos termos do debate por justiça e no esforço de superação da caridade como medida de mitigação da pobreza:

> Não estou reivindicando caridade, mas um direito. Não se trata de generosidade, mas de justiça [...] quando a riqueza e o esplendor em vez de fascinar a multidão despertam sentimentos de repugnância; quando em vez de provocar admiração são considerados um insulto à pobreza; quando a aparência ostentatória serve para pôr em questão o direito a ela, o caso da propriedade se torna crítico, e é somente em um sistema de justiça que os proprietários podem vislumbrar segurança (Paine, 1797/2013).

É sobre essa tradição que o debate sobre a renda básica avança para valer-se de concepções de justiça distributiva em perspectiva igualitária formuladas no século XX, considerando a liberdade "*a própria matéria da qual a justiça é feita ao realizar uma distribuição justa*" (Van Parijs e Vanderborght, 2018, p. 166). Assim, maior liberdade não significa opor-se à maior igualdade, mas, sim, fortalecer a justiça distributiva com preocupação igualitária. Por outro lado, tal igualdade não é sinônimo de equalizar resultados, impondo a condição final a que chega cada indivíduo, mas, sim, distribuir de forma justa a herança comum devida a cada ser humano.

Parte-se do princípio de que a própria riqueza existente hoje é fruto não só do bem comum advindo de recursos naturais (como interpreta Paine) como, também, resultado do acúmulo social coletivo de conhecimento, tecnologia, educação, trabalho e assim por diante. A riqueza existente hoje, ainda que distribuída na forma de propriedade privada, foi construída pelo esforço humano para o qual quem está vivo hoje colaborou com apenas uma fração. Essa fração, correspondente ao esforço de produção, deve, sim, distribuir-se de acordo com a contribuição — por meio do esforço e do trabalho, por exemplo — dado por cada um atualmente.

A liberdade, neste caso, é compreendida não como apenas liberdade formal, mas como liberdade real para que cada pessoa possa fazer escolhas no contexto da distribuição existente. A própria diferença – ou desigualdade – é constituinte dessa concepção uma vez que a liberdade real deve ser estabelecida com base naquilo que é possível maximizar em termos de condições mínimas para o exercício da liberdade aos que menos dispõe de recursos na distribuição inicial. Evidentemente, esse nível "maximínimo" de liberdade deve ser estabelecido sob a condição de que seja sustentável à sociedade, até para que seja duradouro. Na prática *"a ênfase da justiça é igualar oportunidades, capacidades, possibilidades e a liberdade real, e não os resultados"* (Van Parijs e Vanderborght, 2018, p. 173).

Essa formulação, portanto, guarda relação estreita com outras concepções robustas de justiça e liberdade, como as de John Rawls e Amartya Sen. A reconhecida formulação de Sen sobre o desenvolvimento real afirma que este deve corresponder ao aumento da liberdade. Sua compreensão é de que *"desenvolvimento consiste na eliminação de privações de liberdade que limitam as escolhas e as oportunidades das pessoas"* (Sen, 1999/2015, p. 10), em linha com a defesa da liberdade real para todos.

São teorias que se fundam, em geral, em pensamentos de justiça distributiva de caráter liberal-igualitário. Permitem, dessa forma, reconhecer diferentes concepções de liberdade ao mesmo tempo em que se preocupam com a distribuição equitativa de recursos como relembram Van Parijs e Vanderborght (2018). Estes autores, por sinal, procuram demonstrar que para essa tradição, a teoria mais influente continua sendo a de John Rawls, expressa em "Uma teoria da justiça", de 1971. Apesar de bastante discutida, vale a pena recuperar os três princípios fundantes da concepção de Rawls, ordenados hierarquicamente, nas palavras de Van Parijs e Varderborght (2018) no estudo da renda básica:

> O princípio da liberdade relaciona inúmeras liberdades fundamentais, como liberdade de expressão, liberdade de associação e direito de votar. O princípio de justa igualdade de oportunidades estipula que as pessoas com os mesmos talentos devem ter igual acesso a todas as posições sociais. Por fim, restrito por esses dois primeiros princípios, o princípio da diferença requer que as desigualdades econômicas e sociais funcionem em benefício máximo dos menos favorecidos. (Van Parijs e Vanderborght, 2018, p.173).[4]

Walquiria Leão Rego e Alessandro Pinzani retomam justamente essa linha de raciocínio entre John Rawls, Amartya Sen e Philippe Van Parijs para discutir a importância do dinheiro na liberdade individual, não apenas em seu sentido substantivo, ou seja, evitando a privação dos recursos necessidades básicas, como, também, seu papel na vida social e política de seus beneficiários:

> A renda monetária básica condicionada, que o Estado deveria garantir aos cidadãos, não se limita a assegurar as condições materiais de vida e a fornecer a base da autonomia ética e moral dos indivíduos. Ao incluir o beneficiário no corpo dos cidadãos, promove nele um sentimento de identificação com a nação, devido ao reconhecimento de sua pessoa por parte das instituições políticas do Estado Suas necessidades se tornam objeto de direitos, cuja satisfação ele pode exigir do poder público (Rego e Pinzani, 2013, p. 75).

O aclamado estudo de Rego e Pinzani, portanto, ajuda a aproximar justiça e liberdade de transferências de renda, autonomia e incondicionalidade. Apesar de remeterem a

(4) Os autores fazem uma discussão aprofundada sobre a aplicação dos princípios de justiça à defesa da renda básica incondicional, um debate do qual o próprio John Rawls participou ainda em vida.

discussão a respeito da teoria de justiça de Rawls à Amartya Sem e à Van Parijs, é evidente que mesmo programas como o Bolsa Família, objeto de sua análise, fortalecem poderes e prerrogativas que satisfazem princípios de liberdade e igualdade. A concepção de autonomia que utilizam para isso parte da própria noção de liberdade real para todos. Assumem a visão de que a autonomia corresponde à capacidade de um indivíduo de agir conforme seu projeto pessoal e vida boa e considerar a si a outros como capazes de estabelecer relações de direitos e deveres (Rego e Pinzani, 2013).

Trabalhos como o de Mani Tebet Marins (2017), por exemplo, tem apresentado criticamente este processo, problematizando, entre outras coisas, experiências de humilhação e preconceito que atingem beneficiários de programas como o Bolsa Família, em especial de mulheres. Trata-se de compreensão próxima à de Roberto Merrill, Sara Bizarro, Gonçalo Marcelo e Jorge Pinto (2019) que em "Rendimento Básico Incondicional", apresentam a visão de que *"quando uma pessoa é impedida de fazer algo, é vítima de coerção. A coerção é a restrição do conjunto de oportunidades de uma pessoa, relativas ao que ela tem legitimamente o direito de fazer"*.

Alertam, contudo, que o paradoxo do sistema econômico é justamente que o capitalismo, que pretende conferir liberdade e autonomia, assim como sua organização política, jurídica e social correspondente é quem mais acaba por violar a autonomia de amplas parcelas da população. Daí a importância de perspectivas de justiça que apontam para a necessidade de prover bases materiais para o desenvolvimento individual. Assim, concluem que *"o dinheiro é um elemento necessário para a construção de uma base material da autonomia (ou do desenvolvimento das capabilities ou da liberdade real, como diriam, – respectivamente – Sem e Va Parijs)"* (Rego e Pinzani, 2013, p. 71).

O que o campo da renda básica propõe, aqui considerada uma posição representativa da atuação de Padre Júlio Lancellotti, é a compreensão de que diante deste sistema que viola liberdades permanentemente e tendo em conta o direito societário de todo cidadão ser protegido diante dele, é que a proteção social deva ocorrer antes da verificação de sua necessidade, até para que não *sejam "vítimas de interferências coercivas e arbitrárias nas suas vidas"* (Merrill *et al*, 2019, p. 42).

A proteção a posteriori, carregada de condições para que se efetive, acarreta a existência de pesados sistemas administrativos, armadilhas como da pobreza e do desemprego, estigmatização e, em última análise, ineficiência. Em outras palavras, argumenta-se que a proteção ex ante possibilitada pela renda básica (em contraposição aos sistemas condicionados e até mesmo ao imposto de renda negativo) permite afirmar diante das teorias de justiça que *"La libertad no es algo que haya que perder para, posteriormente, poder mendigar recursos para sobrevivir al naufrágio"*[(5)] (Casassas, 2019, p. 27).

(5) T. A.: "A liberdade não é algo que deva perder para, posteriormente, mendigar recursos para sobreviver ao naufrágio"

2. Autonomia em Padre Júlio Lancellotti e incondicionalidade

Van Parijs e Vanderborght (2018 procuram associar os princípios de justiça de John Rawls à renda básica não apenas no que diz respeito às condições materiais que atendem ao critério de maximização do mínimo distribuído a todas as pessoas em acordo com o princípio da diferença, mas, também, à própria distribuição de poder e prerrogativas alinhadas ao princípio da liberdade e ao princípio de justa igualdade de oportunidades. Argumentam, assim, que a natureza incondicional da renda básica (que não será removida diante de qualquer tipo de comportamento ou critério atingido por seus beneficiários) significa melhores condições para que os mais fracos tenham melhor posição em contextos empregatícios e domiciliares. Assim, concluem que a compreensão de justiça em Rawls deve:

> Favorecer alguma forma de assegurar uma renda mínima que, além de facilitar o acesso a atividades remuneradas para todos (desvencilhando-se da armadilha do desemprego), evita a estigmatização e humilhação que tendem a estar associadas com as ações dirigidas aos necessitados (Van Parijs e Vanderborght, 2018, p. 174)

Ora, não são essas concepções similares àquelas que compreendem o direito radical de autonomia frente políticas públicas com regramento que transgridam exatamente estes princípios? Não por acaso são reiteradas as intervenções de Padre Júlio que avaliam ações do Estado voltadas aos mais pobres como equivalentes à institucionalização de indivíduos que pouco diferem-se de sanções aplicadas a quem cumpre pena, justamente, de restrição de liberdade. Em outras palavras, pessoas encarceradas por conflito com a lei.

Se uma pessoa em situação de rua — ou privação de condições de moradia digna — deve cumprir rigidamente com regras de horários que determinam suas possibilidades de convívio social, empregabilidade, alimentação, limite de propriedade de bens a itens de subsistência e até às condições em que pode realizar sua higiene devemos nos questionar se a preocupação com sua autonomia e autodeterminação enquanto direito são prioridades consideradas por quem formula tais políticas.

Basta conhecer, neste caso, centros de acolhimento à população em situação de rua para caminhar da radicalidade abstrata à verificação empírica. Há limite de horário para entrada (geralmente excluindo qualquer possibilidade de atividade noturna), regras e limites de uso de instrumentos e espaços de higiene, limites à alimentação e assim por diante.

A contradição reside, justamente no fato de que parte dessas políticas prevê em seus objetivos programáticos o fortalecimento da autonomia individual, mas os limites em torno delas restringem essa possibilidade a poucos beneficiários. O fato de suas regras preverem ciclos de ascensão em direção à autonomia individual faz com que o usuário dos chamados equipamentos de entrada para a população em situação de rua tenha que enfrentar um funil de acesso em que a restrição de sua plena liberdade de escolha em função das regras existentes é mais um dos obstáculos a serem superados. Soma-se a isso a escala reduzida de políticas mais efetivas, o que responde também ao seu custo. A consequência é, como demonstra Júlia Lima (2020), em diálogo com a própria população em situação de rua, que há um *"gargalo deste fluxo de autonomia que bloqueia a progressão da pessoa"*, tornando-o ineficiente.

Assim como boa parte das políticas voltadas a públicos vulneráveis como as descritas acima em relação à população em situação de rua, é a Política de Assistência Social que acolhe a operacionalização das políticas públicas voltadas à garantia da segurança de renda. São diversas formas de prestações sociais que visam proteção social via transferência de renda. Ainda que se questione a completude do arranjo institucional iniciado com a formulação da Seguridade Social na Constituição Federal de 1988 (FAGNANI, 2017), políticas contributivas e não contributivas formam uma colcha indispensável na proteção social brasileira, mesmo deixando descobertas parcelas significativas da população.

Além de insuficiente em sua cobertura, o regramento adotado por cada uma das transferências inclui processos que exigem a morosa comprovação de carências, a atenção a múltiplos critérios de elegibilidade e permanência nos programas, cálculos complexos de valores de benefícios e o monitoramento constante de condicionalidades como de saúde e educação[(6)]. Não é sem motivo que manifestações em prol da autonomia de usuários deste sistema de proteção avancem na problematização, justamente, de condicionalidades como as contidas no Bolsa Família. O Conselho Regional de Serviço Social de São Paulo, por exemplo, emitiu em 2012 o "Manifesto pelo fim das condicionalidades do Programa Bolsa Família", que afirma que:

> [...] de um lado está a autonomia de cidadãos e cidadãs em situação de extrema pobreza, do outro, a presença reguladora e controladora do Estado, materializados na imposição das condicionalidades do PBF (CRESS, 2012).

A materialização de condicionalidades exerce, assim, o duplo papel de remover poderes e prerrogativas individuais previstos na teoria de Rawls e impedir o acesso efetivo às dádivas da sociedade, como mais propriamente formulado pela "liberdade real para todos", por mais que *"a garantia de proteção social, via segurança de rendimentos, se faz necessária e legítima"* (Ibidem) diante da estrutura do capitalismo. Este tipo de problematização, acredita-se, encontra-se em linha com os princípios defendidos por Padre Júlio em sua defesa da autonomia dos mais vulneráveis.

A concepção de condicionalidade que baseia a discussão até aqui tende a equivaler-se, como demonstra a discussão sobre o Bolsa Família, ao cumprimento de regras e responsabilidades relacionadas ao serviço de saúde e educação deste programa de transferência de renda. Efetivamente, até pela avaliação positiva que se faz das condicionalidades em estudos sobre o impacto do programa, restringe-se o debate sobre a incondicionalidade à oposição das regras do PBF. O que o debate sobre liberdade e justiça permite enxergar é que existem normas que se aplicam a um sem número de políticas sociais que se tornam condicionalidades menos objetivas que os critérios de frequência escolar e acompanhamento de saúde.

Tradicionalmente, a discussão sobre liberdade aponta para qualquer tipo de constrangimento que induza beneficiários a determinados comportamentos — por exemplo, em relação ao mercado de trabalho, obrigando o indivíduo a procurar emprego ou a aceitar posições

(6) Em especial no caso das condicionalidades do Programa Bolsa Família é preciso notar que há extensas pesquisas que defendem sua aplicação com base estatística. Para exemplo recente, ver Marcelo Neri e Manuel Osorio (2019).

como condição para permanecer na política social — ou propriamente à estigmatização, com a necessidade de assumir a condição de pobreza publicamente, cabendo ao usuário comprovar essa condição. É justamente aí que residem limites à autonomia, à liberdade e à promoção da justiça, ainda que observadas as necessidades de satisfação material das necessidades individuais.

David Casassas (2019), por exemplo, procura associar a falta de liberdade imposta por políticas condicionais do tradicional Estado de Bem Estar Social à própria condição de pobreza no regime republicano:

> En efecto, la necesidad de exámenes de recursos, de controles administrativos de la conducta de los usuários y de formas de tutela de los processos de (supuesta) reinserción social de las personas assistidas constituye la semilla de interferências arbitrarias por parte de instituciones públicas altamente estigmatizadoras (Casassas, 2019, p. 118-19).(7)

A caracterização dos limites de políticas dessa natureza, entretanto, apesar de bem explorada pelo debate da renda básica e pela própria reflexão a respeito do Estado de Bem Estar, está muito bem representada na obra cinematográfica de Ken Loach (2016), Eu, Daniel Blake!. De fato, boa parte da repercussão a respeito das experiências piloto, programas em implementação e experimentos práticos e teóricos em torno da renda básica tem se preocupado, acima de tudo, com o efeito que essa medida tem sobre o comportamento dos indivíduos frente ao mercado de trabalho.

Essa questão é levantada, entre outras razões, pela preocupação com o efeito "carona" que pode ser gerado na medida em que beneficiários de políticas incondicionais possam não contribuir para a produção de riqueza que, mais tarde, é partilhada com todos os cidadãos. Essa concepção, fundada sob uma perspectiva produtivista de justiça, já foi largamente explorada, mas vale a pena retomar o raciocínio de que:

> [...] se alguém de fato acredita que se deva negar uma renda àqueles que, embora aptos, não estão dispostos a trabalhar, essa negação deveria aplicar-se tanto aos ricos quanto aos pobres (Van Parijs e Vanderborght, 2018, p. 161).

Em suma, aponta-se para contradições para a noção de reciprocidade que recai sobre toda a discussão de justiça e acumulação de vantagens e dádivas permitidas por condições diversas na sociedade. Suplicy (2013), por exemplo, chega a questionar as razões de no Brasil se aplicarem condicionalidades sobre os mais pobres ao mesmo tempo em que não se procuram informações a respeito das condições de saúde e educação dos filhos das famílias ricas não necessariamente trabalham para obter renda da propriedade do capital acumulado por suas famílias por gerações.

---

(7) T. A.: "Com efeito, a necessidade de conferência de recursos, de controles administrativos da conduta dos usuários e formas de tutela do processo de (suposta) reinserção social das pessoas assistidas constituem a semente de interferências arbitrárias por parte de instituições públicas altamente estigmatizadoras".

Figuras ilustres da filosofia e do pensamento econômico como Bertrand Russell e John Kenneth Galbraith, que defenderam a renda básica, chegam, até mesmo, a problematizar o direito dos mais pobres ao ócio, ao lazer e ao tempo livre, tidos como imorais no debate público. Russell (1932) aponta que *"A ideia de que os pobres devem ter lazer sempre foi escandalosa para os ricos"* e Galbraith (1999/2001), em sua célebre palestra em que defende a garantia de renda para todos, afirma que:

> Leisure is thought essential for the affluent and also for those of us for whom work is pleasant. For those who must truly toil, however, leisure is viewed as an escape from social virtue (Galbraith, 1999/2001, p. 309).(8)

Toda essa problematização da incondicionalidade não é uma novidade no âmbito das discussões sobre transferências de renda, nem mesmo no Brasil (CRESS, 2012), em que já foi afirmada a dificuldade da sociedade em legitimar a segurança de renda como direito universal incondicional (Carnelossi, 2013). Mais que ilustrar essa discussão com o exemplo da luta de Padre Júlio por políticas que efetivamente promovam a autonomia individual, busca-se conferir a essa luta o status de dimensão ética e prática dessa discussão uma vez que ela reflete concepções de justiça profundas e aderentes à proposta da renda básica enquanto direito universal inalienável de cada indivíduo.

Conclusão

Entre o dilema da indisposição e a impossibilidade de trabalhar por circunstâncias diversas que vão da incapacidade física à própria indisponibilidade de trabalho, as políticas sociais que adotam a necessidade de combater a primeira em seu regramento sacrificam a autonomia de seus beneficiários. Cabe-nos perguntar, aqui, se essas regras são as mais eficientes que poderíamos adotar e o que nos leva a adotá-las.

A razão pela qual não dispomos de políticas sociais generosas e de caráter o mais universal possível aponta para a resposta fácil de limite de recursos disponíveis para a realização de qualquer política pública. O exercício a ser feito neste caso é o de imaginar um governo que pudesse contar com todo o orçamento que precisasse para empreender as ações que desejasse realizar. Mesmo nestas condições, a sociedade em que vivemos aceitaria que pessoas que não trabalham, por qualquer razão que seja, os destituídos de riqueza, convívio social, participação política e, também, trabalho, como o povo da rua defendido por Padre Júlio, venha a receber uma renda em dinheiro suficiente para prover suas necessidades básica e, na medida do possível, também o seu convívio social, lazer e ócio, sem qualquer contrapartida?

É mesmo a indisponibilidade de orçamento a única determinante de regras que impõe um comportamento diante do mercado de trabalho, do uso do tempo individual e, até mesmo, o número limite de filhos que podem contar com assistência do Estado em uma família(9)?

(8) T. A.: "o lazer é considerado essencial para os ricos e, também, para aqueles de nós para quem o trabalho é prazeroso. No caso daqueles que devem realmente trabalhar duro o lazer é visto como uma fuga da virtude social".

(9) As atuais regras do Programa Bolsa Família determinam que no máximo 5 benefícios infantis sejam pagos por família, excluindo do sexto membro de até 12 anos ou menos do cálculo do benefício. O mesmo vale para adolescentes entre 13 e 17 anos, que tem limite de dois por família.

A luta radical pela autonomia de cada ser humano empunhada por Julio Lancellotti tem papel fundamental por sua capacidade de expressar em termos éticos e práticos uma concepção de justiça sobre a qual se baseia o próprio conceito de renda básica, reforçando toda forma de direito de escolha dos indivíduos. O sucesso de políticas sociais e a rede de proteção social que elas conformam não devem limitar as possibilidades de que essas mesmas políticas estejam abertas a reformas e aperfeiçoamentos que permitam que elas expressem este crescente apelo por uma visão de justiça distributiva.

Mais alinhado à própria atuação de Padre Júlio Lancellotti, o Papa Francisco tem liderado um importante caminho em favor de perspectivas de justiça social, muitas vezes preocupado em dar *lugar "à legítima autonomia das realidades terrenas"* (FRANCISCO, 2015, item 80, p. 53). Em verdade, desde 2015, com a publicação da encíclica "Laudato Si' — o cuidado com a casa comum", sua visão sobre o direito universal ao bem comum tem surpreendente aderência com os valores de políticas universais e incondicionais como a renda básica. Isso inclui a visão de Thomas Paine sobre o direito natural sobre a terra e as visões modernas de justiça distributiva, como expressa a encíclica ao afirmar que *"o bem comum requer a paz social, isto é, a estabilidade e a segurança de certa ordem que não se realiza sem uma atenção particular à justiça distributiva"* (FRANCISCO, 2015, item 157, p. 95).

Francisco tem reiterado em diversas oportunidades (2015, 2020a) a subordinação do direito de propriedade ao direito universal de uso do bem comum, deixando claro que, se necessário, deve pesar sobre a propriedade privada uma hipoteca social devida a todo cidadão excluído de seu uso. Foi ao final de 2020, entretanto, já com as medidas adotadas durante a pandemia de Covid-19 em curso, que Francisco realizou a declaração mais contundente e expressa em favor da renda básica universal. Em seu recente livro, "Vamos sonhar juntos" (2020b), o papa afirma que:

> Reconhecer o valor do trabalho não remunerado para a sociedade é vital para repensarmos o mundo pós-pandemia. Por isso, acredito que é vital para repensarmos o mundo pós-pandemia. Por isso, acredito que seja hora de explorar conceitos como o de renda básica universal, também conhecido como imposto de renda negativo: um pagamento fixo incondicional a todos os cidadãos, que poderia ser distribuído através do sistema tributário. A renda básica universal poderia redefinir as relações no mercado laboral, garantindo às pessoas a dignidade de rejeitar condições de trabalho que as aprisionam na pobreza. Daria aos indivíduos a segurança básica de que precisam, eliminando o estigma do seguro-desemprego, e facilitaria a mudança de um trabalho para outro, como cada vez mais os imperativos tecnológicos no mundo trabalhista exigem. Políticas como essa também podem ajudar as pessoas a combinar tempo dedicado a trabalho remunerado com tempo para a comunidade (FRANCISCO, p. 143, 2020b).

O que se conclui aqui, portanto, é que o avanço da proposta da renda básica, ainda que tenha se fortalecido durante a pandemia de Covid-19, está baseada em perspectivas de justiça, liberdade, dignidade e autonomia que há décadas apresentam-se ao debate conceitual a respeito de seus fundamentos. Da mesma forma, a trajetória de figuras como Padre Júlio Lancellotti sustentam posições em defesa desse valor em uma árdua luta que superar a teoria e adquire dimensão não apenas prática, mas ética. Maximizar o mínimo que a sociedade deve aos mais pobres, para que sejam dotados de "liberdade real" deve passar, cada vez mais é preciso tornar a renda básica incondicional em proposta não apenas desejável, mas, também, cada vez mais, viável (Van Parijs, Vanderborght, 2018).

Referências

CARNELOSSI, Bruna. *A gestão das condicionalidades do Programa Bolsa Família no âmbito da Assistência Social:* uma análise crítica de sua dimensão político-ideológica. 2017. 171 f. Dissertação (Mestrado em Serviço Social). Programa de Estudos Pós-Graduados em Serviço Social da Pontifícia Universidade Católica, São Paulo, 2013.

CASASSAS, David. *Libertad incondicional* — La renta básica em la revolución democrática. Barcelona: PAIDÓS Estado y Sociedad, 2019.

CONSELHO REGIONAL DE SERVIÇO SOCIAL DE SÃO PAULO (CRESS). Manifesto pelo fim das condicionalidades do Programa Bolsa Família. In: CRESS-SP. CADERNO DE POSICIONAMENTOS POLÍTICOS. Gestão Ampliações unindo forças e ousando na luta 2011-2014. São Paulo: CRESS-SP, 2012. Disponível em: <http://cress-sp.org.br/wp-content/uploads/2015/12/caderno-posicionamentos-1.pdf>. Acesso em: 18 jan. 2021.

I, Daniel Blake. Produção de Ken Loach e Paul Laverty. Filme. 2016.

FAGNANI, Eduardo. *O fim do breve ciclo da cidadania social no Brasil (1988-2015)*. Campinas: IE/UNICAMP – texto para discussão n. 308, junho de 2017.

FERREIRA, Leandro Teodoro. *Uma via expressa para a renda básica universal?* Le Monde Diplomatique Brasil, 29 de Abril de 2020. Disponível em: <https://diplomatique.org.br/uma-via-expressa-para-a-renda-basica-universal/>. Acesso em: 20 jan. 2021.

______. *Renda básica* — controvérsia e implementação. 2019. 237 f. Dissertação (mestrado) – Universidade Federal do ABC. Programa de Pós-Graduação em Políticas Públicas, São Bernardo do Campo, 2019.

FRANCISCO. Papa. *Laudato Si':* carta encíclica sobre o cuidado da casa comum. São Paulo: Paulus, Loyola, 2015.

______. *Fratelli Tutti.* Carta *Encíclica* sobre a fraternidade e a amizade social. São Paulo: Paulus, 2020a.

______. *Vamos sonhar juntos:* o caminho para um future melhor. São Paulo: Intrínseca, 2020b.

FRIEDMAN, Milton. *Capitalismo e Liberdade (1962)*. Rio de Janeiro: Arte Nova, 1975

GALBRAITH, John Kenneth. The Unfinished Business of the Century. Palestra na London School of Economics, jun de 1999. In. GLABRAITH, J. K. *The Essential Galbraith*, p. 307-314. Boston: Houghton Mifflin, 2001.

GENTILINI, Ugo; ALMENFI, Mohamed Bubaker Alsafi; DALE, Pamela; DEMARCO, Gustavo C.; SANTOS, Indhira Vanessa. Social Protection and Jobs Responses to COVID-19 : A Real -Time Review of Country Measures (May 1, 2020). *Covid-19 Living Paper*, Washington, D.C.: World Bank Group. 2020. Disponível em: <http://documents.worldbank.org/curated/en/883501588611600156/Social-Protection-and-Jobs-Responses-to-COVID-19-A-Real-Time-Review-of-Country-Measures-May-1-2020>. Acesso em: 27 dez. 2020.

KERSTENETZKY, C. L. Aproximando intenção e gesto: Bolsa Família e o futuro. In: CAMPELLO, Tereza, NERI, Marcelo. *Programa Bolsa Família:* uma década de inclusão e cidadania. Brasília: MDS/ IPEA. 2013

LIMA, Júlio Carvalho Ferreira Barbosa. *Avaliação da Fase I da Implementação do Empreendimento Asdrúbal do Nascimento II:* Projeto Piloto de Locação Social para a População em Situação de Rua no Município de São Paulo. 2020. 54 f. Trabalho de Conclusão de Curso. Programa Avançado de Gestão Pública, Insper, São Paulo, 2020. Disponível em: <http://dspace.insper.edu.br/xmlui/bitstream/handle/11224/2587/J%c3%balia%20Carvalho%20Ferreira%20Barbosa%20Lima%20_%20Trabalho.pdf?sequence=1>. Acesso em: 20 jan. 2021.

MARINS, Mani Tebet A., *Bolsa Família* — questões de gênero e moralidades. Rio de Janeiro: Editora UFRJ, 2017.

MERRILL, Roberto; BIZARRO, Sara; MARCELO, Gonçalo; PINTO, Jorge. *Rendimento básico incondicional:* uma defesa da liberdade. Lisboa: Edições 70, 2019.

NERI, Marcelo; CAMILLO OSORIO, Manuel. Bolsa Família, tempo na escola e motivações estudantis. *Rev. Adm. Pública,* Rio de Janeiro , v. 53, n. 5, p. 859-878, Sept. 2019 . Available from <http://www.scielo.br/scielo.php?script=sci_arttext&pid=S0034-76122019000500859&lng=en&nrm=iso>. Acesso em: 22 jan. 2021. *Epub* nov. 11, 2019. <http://dx.doi.org/10.1590/0034-761220180267>.

PAINE, Thomas. Justiça Agrária. 1797. In: Suplicy, E. M. *Renda de Cidadania* — a saída é pela porta, São Paulo: Cortez Editora, 2013.

RAVENTÓS, Daniel; WARK, Julie. *Contra la caridad* — Em defensa de la renta básica. Barcelona: Icaria Antrazyt, 2019.

REGO, W. L.; PINZANI, A. *Vozes do Bolsa Família:* autonomia, dinheiro e cidadania. São Paulo: Editora UNESP, 2013.

ROQUE, Tatiana; FERREIRA, Leandro. Renda básica, antes folclórica, vira medida essencial para enfrentar crise do coronavírus. *Folha de S. Paulo,* 30 mar. 2020. Acesso em: 23 jun. 2020.

RUSSELL, Bertrand. In praise of idleness. 1932. Disponível em: <https://harpers.org/archive/1932/10/>. Acesso em 20 jan 2021.

SEN, Amartya. *Desenvolvimento como Liberdade.* 1999. São Paulo: Companhia de Bolso, 2015.

SILVA, M. O.; YAZBEK, M. C.; di GIOVANNI, G. *A política social brasileira no século XXI:* a prevalência dos programas de transferência de renda. 6. ed. São Paulo: Cortez Editora, 2012.

SILVA, J. P. *Por que Renda Básica?* São Paulo: Annablume, 2014.

SPOSATI A. Bolsa Família: Um programa com futuro(s) In: CASTRO, J. A.; MODESTO, L. *Bolsa Família 2003-2010:* avanços e desafios. Brasília, DF: IPEA, 2010. V. 2.

SUPLICY, E. M. *Renda de Cidadania* — a saída é pela porta. São Paulo: Cortez Editora, 2013.

VAN PARIJS, Philippe; VANDERBORGHT, Yannick. *Renda Básica* — Uma proposta radical para uma sociedade livre e economia sã. São Paulo: Cortez Editora, 2018.

VAN PARIJS, P. Renda Básica: renda mínima garantida para o século XXI?. 2000. In: SUPLICY, E. M. *Renda de Cidadania* — a saída é pela porta. São Paulo: Cortez Editora, 2013.

Alimentação como Direito Social e a Segurança Alimentar no Brasil

Ariele França de Melo[(1)]
Maria Goretti Dal Bosco[(2)]

Introdução

O objeto deste estudo é discutir acerca da alimentação enquanto direito social no contexto da realidade brasileira e seu confronto com a segurança alimentar, especialmente das camadas mais pobres da população brasileira. Pretende-se, assim, reflexionar sobre como esse tema se apresenta no âmbito governamental e se tornou pauta em assuntos e planos de governos, bem como as estratégias estatais que foram adotadas, desde o combate à fome e à pobreza, como também nas discussões a respeito da segurança alimentar.

O conceito de segurança alimentar adotado para nortear este trabalho, é o de Ribeiro Júnior (2015, p. 16), como sendo *"[...] todas as práticas que envolvem a alimentação (produzir, adquirir, preparar e consumir os alimentos)"*. Ou seja, estas são práticas improváveis de acontecerem nas sociedades capitalistas, já que nestas, além da fome não ser reconhecida como resultado desse sistema econômico, as pessoas não têm tempo ou oportunidade para preparar suas refeições de forma adequada.

É válido mencionar também que esse pensamento e estratégias focalizadas no combate à fome e à pobreza é produto do conceito adotado pelo Banco Mundial, uma instituição que funciona como uma agência multilateral, e se consagra como a mais adequada *"[...] para promover ações e políticas de alívio à pobreza"* (SIQUEIRA, 2013, p. 117), sempre evidenciando sua intenção *"[...] de garantir que o combate à insegurança alimentar seja realizado sem questionar os fundamentos da política neoliberal"* (RIBEIRO JÚNIOR, 2015, p. 23). Ainda segundo esse autor, essas mesmas recomendações se tornaram base para a implementação de políticas de segurança alimentar em diversos países, inclusive no Brasil (RIBEIRO JÚNIOR, 2015), como se observa a seguir.

(1) Bacharel em Serviço Social pela Universidade do Estado do Rio Grande do Norte (UERN).

(2) Doutora em Direito e professora da Universidade Federal da Paraíba (UFPB).

1. Trajetória da alimentação enquanto direito social na realidade brasileira

Antes de trabalhar a ideia da alimentação enquanto direito social é importante avaliar o que seja o direito à alimentação. A consagração desse direito na legislação remonta à Declaração Universal dos Direitos Humanos, em 1948, que foi o primeiro documento a tratar seriamente desse direito, incluído no art. 25 (SIQUEIRA, 2015). Também o Comitê de Direitos Econômicos, Sociais e Culturais do Alto Comissariado de Direitos Humanos, criado pela mesma Declaração, desenvolveu o Comentário Geral n. 12, que trata do Direito à Alimentação de modo mais consistente e detalhado, sendo considerado o maior documento de Direito Internacional sobre esse tema (MULLER, 2014). O Brasil é signatário de ambos os documentos (a Declaração e o Pacto), e também do Pacto de San José da Costa Rica, o qual consagra igualmente o direito à alimentação em seu texto (art. 12).

Tanto a doutrina internacional e quanto os autores nacionais concordam que o Direito à Alimentação consiste em um binômio: quantidade e qualidade (SIQUEIRA, 2015). Portanto, alimentação adequada é, ao mesmo tempo, ter acesso a uma nutrição suficiente para satisfazer a fome, quanto a uma nutrição capaz de fazer frente a todas as necessidades de nutrientes que o organismo apresenta.

A preocupação com a fome e com a alimentação enquanto direito social essencial para a sobrevivência humana é uma pauta recente na sociedade brasileira. Mesmo em meio a riqueza, a abundância e o desperdício de alimentos, dentro do modo de produção capitalista, a alimentação humana nunca foi uma prioridade, já que "*estima-se que, a cada ano, perde-se aproximadamente 1,3 bilhão de toneladas de alimentos no mundo*" (CAISAN, 2018, p. 11), significando mais de 30% de toda produção alimentar no mundo.

Nesse contexto, foi somente no século XX, a partir dos resultados trágicos de miséria e calamidades sociais geradas essencialmente pelas duas grandes guerras mundiais, que surgiu uma inquietação universal acerca das precárias condições humanas em que as pessoas se encontravam, já que muitas ficaram sem ter onde morar e/ou trabalhar e não possuíam quaisquer meios para adquirir recursos que provessem, pelo menos, a mínima alimentação. Behring e Boschetti (2011, p. 91) afirmam que ainda que o espaço entre as duas guerras não tenha sido momento para grande crescimento das políticas sociais, "*[...] ele é reconhecido como momento de ampliação de instituições e práticas estatais intervencionistas*", dado que, até esse momento, a fome não havia adquirido o "*status*" real de problema social e seu enfrentamento era quase inexistente.

Com o fim da segunda guerra mundial os países que saíram como vitoriosos começaram a elaborar estratégias, dentre elas, conferências e tratados de paz, com o intuito de fortalecer e promover a ideia de um regime mundial mais democrático. De acordo com Castro (2010, p. 19) "*[...] foi somente com as crises geradas pela grande depressão e pela Segunda Guerra Mundial que a economia ganhou um caráter mais humano*", embora se saiba que não existe capitalismo humanizado. É assim, então, que, após uma carta assinada por mais de 50 países em junho de 1945, na cidade estadunidense de São Francisco, que começam a surgir as primeiras discussões para a criação da Organização das Nações Unidas (ONU), tendo como proposta fundamental a de impedir outro conflito global.

Nesse contexto, também nasce a Organização das Nações Unidas para Alimentação e Agricultura (FAO), com o compromisso de trabalhar para o combate "*[...] à fome e à pobreza, promover o desenvolvimento agrícola, a melhoria da nutrição, a busca da segurança alimentar e o acesso de todas as pessoas aos alimentos necessários para uma vida ativa e saudável*" (ONU BRASIL, 2020). Castro (2010, p. 19) observa que a FAO, funcionando como uma agência da ONU, "*[...] transformou o enfoque da alimentação e agricultura no mundo*", pois esta se tornou responsável por tratar essencialmente desse tema.

Ainda nesse contexto mundial, a Assembleia Geral das Nações Unidas, por meio da Resolução n. 217 A (III) elaborou o documento denominado Declaração Universal dos Direitos Humanos, em 10 de dezembro de 1948, com o objetivo de, pela primeira vez, delinear e divulgar a proteção dos Direitos Humanos. Entre os artigos trazidos nessa declaração, destaca-se o de número XXV, no qual está previsto que "*[...] todo ser humano tem direito a um padrão de vida capaz de assegurar-lhe, e a sua família, saúde e bem-estar, inclusive alimentação*". A partir dessa previsão, discussões a respeito da preocupação e questionamentos relacionados ao direito social de se alimentar começaram a ganhar uma certa notoriedade da sociedade nesse período.

Peliano (2010, p. 26) lembra que "*[...] a fome é a face mais amarga do retrato de uma sociedade que exibe índices de desigualdades sociais inadmissíveis frente aos níveis de riqueza alcançados*". A fome, assim, mesmo atingindo algumas pessoas com mais intensidade do que outras, continua sendo a protagonista desse cenário global e contraditório, no qual concentra fartura de riquezas e de alimentos para uma quantidade pequena de pessoas, enquanto distribui, de forma desigual, pequenas porções de comida para a grande maioria da população.

No Brasil, é somente no contexto dos pensadores brasileiros de 1930 que o escritor e professor Josué de Castro, teoriza, pela primeira vez, a fome como sendo um problema social, e não apenas biológico. Ou seja, ele caracterizava a fome como uma consequência da desigualdade na distribuição de riquezas nas sociedades capitalistas. A escritora Anna Maria de Castro, filha de Josué de Castro, recorda que o pai jamais compreendeu ou aceitou as justificativas apresentadas para a manutenção da fome entre os mais pobres. O autor formou-se em Medicina e se dedicou aos estudos sociais, "*[...] elaborou e divulgou teorias científicas com a finalidade de desnaturalizar a fome*" (CASTRO, 2010, p. 18). Nas palavras do próprio autor, ele afirma que dos erros cometidos, aqueles considerados entre os mais graves, é, sem dúvidas, "*[...] este de termos deixado centenas de milhões de indivíduos morrendo à fome num mundo com capacidade quase infinita de aumento de sua produção e que dispõe de recursos técnicos adequados à realização desse aumento*" (CASTRO, 1984, p. 22).

É importante destacar que até esse momento não existia nenhum documento oficial estatal que incluísse estratégias de combate à fome na sociedade brasileira e é em virtude disso, que Josué de Castro se torna pioneiro em pesquisas sobre fome e alimentação, já que ele, em 1933, elabora o 1º Inquérito Sobre as Condições de Vida das Classe Operárias no Recife, um documento que chamou a atenção da sociedade, de forma inédita, para o problema das condições de vida e moradia dos trabalhadores, inclusive a alimentação (CASTRO, 2010).

Por esse pioneirismo, surgem outros inquéritos por todo país, e estes, primordialmente, geram uma onda de pressão por parte da população para a implementação de um salário mínimo para os trabalhadores. A partir disso pode-se perceber uma conquista operária em abril de 1938, quando é aprovado o Decreto-lei n. 399, criando "*[...] o salário mínimo, cujos valores foram fixados em 1º de março de 1940 pelo Decreto-lei n. 2.162, iniciativa que, à época, iria beneficiar 58% da população assalariada*" (ARRUDA E ARRUDA, 2007, p.02).

Ainda não satisfeito com a conquista dos trabalhadores, Josué de Castro idealiza e elabora o Serviço de Alimentação e Previdência (SAPS), oficialmente criado em 1940, integrado ao modelo de previdência da época, com o objetivo de enfrentar a fome e melhorar a alimentação, "*[...] mais precisamente do trabalhador, procurando estudar as condições de nutrição, a situação econômica, os hábitos alimentares do indivíduo e as particularidades bioquímicas dos elementos integrantes da alimentação*" (CASTRO, 2010, p. 20). Dentre as finalidades principais do SAPS estavam as de prover instalações e condições para que os trabalhadores pudessem se alimentar de forma adequada.

A atuação relevante desse programa, de acordo com os estudos de Peliano (2010), foi fundamental para o desenvolvimento de outras atividades, tais sejam, programas de assistência, alguns inclusive, presentes ainda nos dias atuais, como a criação dos restaurantes populares, o oferecimento de refeição matinal para filhos de trabalhadores (que seria o embrião da merenda escolar), o auxílio alimentar para trabalhador enfermo ou desocupado (atualmente transformado em auxílio-doença), entre outros.

A partir do SAPS, nesse mesmo período, surgem outros programas e projetos, como estratégias para o fortalecimento da alimentação dos brasileiros. Cria-se o Serviço Técnico da Alimentação Nacional, em 1942, também dirigido por Josué de Castro, mas subordinado à Coordenação da Mobilização Econômica, com a proposta de incentivar estudos e pesquisas que servissem para orientar as áreas agrícola e industrial de alimentos. Em 1944 esse serviço é substituído pelo Instituto Técnico de Alimentação e, em 1945, surge o Conselho Nacional de Alimentação (CNA), o qual, em 1949, passou a funcionar junto ao Ministério da Saúde e, em 1951, tem sua atuação voltada para uma articulação junto ao comitê internacional da FAO. (ARRUDA E ARRUDA, 2007); (PELIANO, 2010). Nesse período também é de se destacar o plano SALTE, um plano econômico proposto pelo presidente da época, Eurico Dutra (1946-1951), que tinha como objetivo propor soluções de melhorias para a saúde, alimentação, transporte e energia. Calicchio (2009), ressalta que quanto à alimentação o plano econômico dava grande importância à facilitação de acesso a recursos para o comércio, à medida em que sua proposta previa um programa dotado de articulação de várias medidas voltadas à produção de alimentos, como, por exemplo, "*[...] assistência social e profissional aos trabalhadores, a concessão de crédito aos produtores etc.*".

Entretanto, o olhar da sociedade ficou longe de atentar para a verdadeira gravidade do problema. Castro (2010, p. 21) afirma que "*[...] o mundo continuou pouco atento ao problema da fome e as análises comprovavam que o número de famintos no mundo permanecia em pleno crescente. O alerta de Josué não foi ouvido*". Em vista disso, muitas pessoas continuaram em condição de fome e pobreza no mesmo período em que começa o intenso crescimento econômico e desenvolvimento industrial no país. Os cidadãos, principalmente os que não estavam incluídos no modelo de previdência da época, continuavam não tendo acesso a direitos sociais básicos, como saúde e alimentação adequada (BEHRING E BOSCHETTI, 2011).

Em 1964, o Brasil sofreu um golpe militar alicerçado no discurso de livrar o país da aproximação com os ideais socialistas, e, portanto, de impedir que o país se tornasse comunista. Nesse contexto ditatorial, se faz necessário destacar que o processo de desenvolvimento econômico continuou em crescimento, desde os anos de 1950, mediante a realização de "*[...] empréstimos externos e o estímulo ao ingresso do capital estrangeiro*" (FAUSTO, 2006, p. 514), o que proporcionou um "*[...] extraordinário crescimento do bolo, mas sem nenhuma perspectiva de divisão posterior*" (BEHRING E BOSCHETTI, 2011, p. 135).

Nesse contexto, as expressões da *questão social*, como sendo o "*espaço em que a desigualdade se expressa com evidência flagrante e do qual se irradiam as problemáticas centrais*" (NETTO, 2007, p.136) passam a ser enfrentadas mediante repressão e assistência, com medidas emergenciais pontuais, em um cenário de forte urbanização e inúmeros problemas sociais agravados. Dessa forma, houve certa ampliação de alguns aparelhos estatais, mas que não tinham a intenção de diminuir a desigualdade social.

Na década de 1970, "*[...] começam a transparecer as primeiras fissuras e sinais de esgotamento do projeto tecnocrático e modernizador-conservador do regime, em função dos impactos da economia internacional, restringindo o fluxo de capitais, e também dos limites internos*" (BEHRING E BOSCHETTI, 2011, p. 137).Assim, enquanto a industrialização serviu de base para a economia, a ditadura possuía alicerce para continuar existindo, todavia, chegou um momento em que a economia brasileira não se sustentava mais em virtude da crise econômica do capital internacional, e assim, foram criadas as estratégias para um processo de redemocratização lento e gradual.

No entanto, é válido lembrar que os frutos do que ficou conhecido como "*milagre econômico*" nessa ditadura não foram redistribuídos com a classe trabalhadora e o Brasil "*[...] iria se notabilizar no contexto mundial por uma posição relativamente destacada pelo seu potencial industrial e por indicadores muito baixos de saúde, educação e habitação*" (FAUSTO, 2006, p. 487). Toda essa conjuntura fez com que aumentasse o número de pessoas desempregadas e acarretasse o aprofundamento da fome e da pobreza (BEHRING E BOSCHETTI, 2011). Ribeiro Júnior (2015, p 43) observa que nesse período, "*[...] os problemas relacionados à alimentação ganham centralidade, devido à evidente precariedade da alimentação dos trabalhadores*", como também da população pobre em geral.

Em 1979 o Nordeste brasileiro enfrentou um dos maiores períodos de seca da história do país, tendo a fome, a pobreza e a estiagem intensificadas ao longo de quase sete anos. "*Estima-se que não houve colheita em nenhuma lavoura dentro de uma área de 1,5 milhões de km². Dados oficiais dão conta de que, nessa época, morreram 3,5 milhões de pessoas por conta de enfermidades e desnutrição*" (IPEA, 2009). Apesar dessa agravante situação, as estratégias relacionadas ao enfrentamento da fome continuaram sendo pontuais e conduzidas por políticas focais, entre as quais, por exemplo, a que previa a possibilidade de o Estado requisitar operários para trabalharem em obras estatais e pagá-los com cestas básicas de alimentos.

O CNA foi extinto em 1972 e, como forma de tentar compensar essa extinção, foi criado em seu lugar, ainda em âmbito no Ministério da Saúde, o Instituto Nacional de Alimentação e Nutrição (INAN). Como afirma Belik (2010, p. 176), a responsabilidade do INAN era a de administrar os Programas Nacionais de Alimentação e Nutrição que "*[...] reuniam uma série de ações articuladas na área da alimentação do trabalhador, escolares, gestantes, compra direta do produtor, vigilância sanitária e nutricional e outros*". Pode-se perceber que o INAN, como estratégia para amenizar a fome no país, demonstrava que as medidas estatais de enfrentamento do problema persistiam sendo focalizadas e descontinuadas, além de serem destinadas somente a alguns grupos específicos de pessoas. Aranha (2010), afirma que a área de alimentação esteve sempre às voltas com várias deficiências, especialmente, a falta de eficiência administrativa e a ausência de continuidade de projetos oficiais das três esferas de governo, da Federação, dos Estados e dos Municípios, normalmente desarticuladas entre si. A mesma autora ressalta, entretanto, que nunca houve no país uma política de alimentação e que seria mais acertado afirmar que "*[..] a política alimentar que se desenvolvia no País caracterizava-se, predominantemente, como fragmentada, emergencial, não prioritária e desarticulada*" (ARANHA, 2010, p.77).

Os anos de 1980, ainda que sejam lembrados "*[...] como a década perdida do ponto de vista econômico*" (BEHRING E BOSCHETTI, 2011, p. 138), foi também o período que serviu como palco de atuação para os sujeitos coletivos, que conforme mencionado, irromperam as ruas brasileiras exigindo as pautas por direitos sociais básicos, como saúde e educação, e obtiveram como maior conquista, a elaboração da Constituição de 1988 (CF/88). Esse período também ficou marcado pelo avanço nas discussões da sociedade em torno de temas importantes e de relevância social, que foram debatidos em diversos encontros e conferências nacionais pelo Brasil. Uma das conferências mais importantes, a 8ª Conferência Nacional de Saúde, realizada em 1986, que trazia a premissa de uma saúde pública, universal e de qualidade para toda a população. Entre as discussões realizadas nessa conferência, a alimentação adequada foi retratada como elemento essencial para a qualidade de saúde da população. Assim, como desdobramento desse movimento foi realizado, também em 1986, a I Conferência Nacional de Alimentação e Nutrição, na cidade de Brasília, sendo um primeiro passo para a construção de debates acerca da segurança alimentar em território brasileiro. Todavia, mesmo com essa efervescência e organização social, a alimentação não foi reconhecida como um direito social no art.6º da CF/88.

Em 1989, no governo do presidente José Sarney (1985 – 1990), o Brasil exibia um quadro de intervenção na questão do enfrentamento da fome e da pobreza, mas "*[...] apesar dos anúncios de priorizar a área social, houve iniciativas pífias no enfrentamento das expressões da questão social*" (BEHRING E BOSCHETTI, 2011, p. 143). Sendo assim, foram implementados 12 programas que tinham por objetivo contribuir com a alimentação da população, tendo, entretanto, o maior destaque para o Programa Nacional de Leite para Crianças Carentes (PNLPCC), o qual consistia na distribuição de *tickets* que forneciam determinada quantidade de leite no comércio local. Este programa, no entanto, se revelava como sendo "*[...] mais voltado para instrumentalizar as ações populares [...] do que em promover a ampliação do acesso à alimentação*" (BEHRING E BOSCHETTI, 2011, p. 143). O PNLPCC também serviu de base, inclusive, para as oligarquias locais, que se reproduziam por meio dele. Todavia, apesar da evidente desarticulação e má elaboração, esses programas receberam um alto orçamento financeiro ao final desse período (PELIANO, 2010).

Os anos de 1990 se iniciam sob o comando do presidente Fenando Collor de Mello (1990 – 1992) que desde o início se propôs a governar sob a perspectiva neoliberal, pensando as primeiras estratégias para a implementação de um Estado mínimo no Brasil. Assim, os pequenos avanços obtidos no combate à fome ainda no governo anterior retrocedem e são quase que completamente extintos, revelando um caráter governamental caracterizado por Behring e Boschetti (2011, p. 144) como "*[...] compensatório, seletivo, fragmentado e setorizado*". Isto é, tem-se a extinção de quase todos os programas de alimentação até então existentes, o PNLPCC, em 1992, estava praticamente desativado, e a merenda escolar se reduziu a 38, dos 200 dias letivos de aula.

2. Mobilização social, programas de transferências de renda e segurança alimentar no Brasil

Como observado até aqui, a preocupação em fazer da alimentação um direito social garantido pelo Estado brasileiro à população nunca foi uma prioridade, enfrentando diversos desafios para ser institucionalizado em lei, assim como para ampliar as discussões acerca da segurança alimentar. A expressão "segurança alimentar" somente é tratada no Brasil em 1986, a partir "*[...] de uma proposta de Política Nacional de Segurança Alimentar apresentado pelo Partido dos Trabalhadores, no intuito de propor alternativas ao Brasil no período do governo Collor e, posteriormente, entregue ao presidente Itamar Franco*" (ARANHA, 2010, p. 78).

Com o processo de *impeachment* de Fernando Collor e com a sucessão de seu vice Itamar Franco (1992 – 1994) surgem novos arranjos nos planos governamentais para os assuntos relacionados ao combate à fome e à pobreza, sobretudo, de avanços nas discussões relacionadas à segurança alimentar. Assim, têm-se as primeiras iniciativas para a formulação de uma Política Nacional de Segurança Alimentar e Nutricional (PNSAN), das quais, conforme Ribeiro Júnior (2015, p. 43), "*[...]resultou o lançamento do Plano de Combate à Fome e à Miséria, bem como a formação do Conselho Nacional de Segurança Alimentar (CONSEA)*". Este último atuou como órgão ligado diretamente à Presidência da República, com representantes ministeriais e da sociedade civil, e funcionou em 1993 e 1994 (ARANHA, 2010); (IPEA, 2014).

Esse período também se destacou pela atuação do projeto denominado "Ação da Cidadania Contra a Fome, a Miséria e pela Vida", que trabalhava com o alerta para o combate à fome, mas no âmbito da sociedade civil. Esse projeto alertava a população brasileira "*[...] para a expressiva quantidade de pessoas que passavam fome no país*" (RIBEIRO JÚNIOR, 2015, p. 43). O projeto Ação da Cidadania e o CONSEA tiveram grande importância, pois foi mediante esses trabalhos, articulados entre o Estado e a sociedade civil, que pôde-se observar alguns avanços, principalmente, a volta de alguns programas, de forma descentralizada, como a distribuição de leite e a merenda escolar. (IPEA, 2014).

A partir desses acontecimentos foi realizada, em 1994, a I Conferência Nacional de Segurança Alimentar e Nutricional, na cidade de Brasília, que ficou marcada pelo fato de tratar esse tema de forma democrática e delimitar um conceito para a segurança alimentar, agora devendo obedecer a critérios definidos pelo CONSEA, como, por exemplo, "*[...] ser construído de acordo com a realidade nacional de cada país*". No Brasil, este Conselho recomendou que "*[...] haverá Segurança Alimentar quando todos os brasileiros tiverem, permanentemente, acesso em quantidade e qualidade aos alimentos requeridos para a saudável reprodução do organismo humano e para uma existência digna*" (CONSEA, 1995).

Entretanto, mesmo em meio a esse cenário de lutas sociais e avanços nos debates sobre as reais necessidades de o Estado ser o responsável por garantir alimentação à população, com a posse de Fernando Henrique Cardoso (1995 – 2002) novos retrocessos surgem a partir da efetivação de propostas neoliberais. Em seu governo, foi estabelecido o Programa Comunidade Solidária (PCS) como sendo a principal proposta de enfrentamento da pobreza, e que substituiu o CONSEA (IPEA, 2014). Segundo Castro (2010, p. 37) "*[...] neste contexto, a fome saiu da cena principal e foi inserida, com ênfase, no elenco de problemas que afetam a pobreza*", o que representou, outra vez, descontinuidade e retrocesso na política de alimentação brasileira (RIBEIRO JÚNIOR, 2015).

Todavia, com a pressão dos movimentos da sociedade o tema da fome e da segurança alimentar ainda permaneceu na agenda do PCS, sendo repercutido em 1996, com a participação do Brasil na Cúpula Mundial de Alimentação, promovida pela FAO na cidade de Roma, contando com a participação de representantes de 186 países e tendo se caracterizado como estratégia internacional para redução de pessoas subnutridas no mundo até 2015. Entretanto, não se pode esquecer que reduzir e erradicar não são sinônimos, por isso que, apesar das propostas da FAO, o número de famintos e desnutridos no mundo continuava a aumentar (CASTRO, 2010); (RIBEIRO JÚNIOR, 2015).

O final dos anos de 1990, ganha alguns destaques relacionados às estratégias de combate à fome e algumas repercussões relacionadas à segurança alimentar e nutricional. Em julho de 1997, por exemplo, foi extinto o INAN, pois este aos poucos perdeu a sua relevância institucional, e ao final, suas atribuições passaram para uma secretária especial integrada ao Ministério da Saúde. No entanto, o empenho coletivo de um grupo de pessoas que anteriormente fez parte da equipe de técnicos do antigo INAN, resultou na repercussão do tema alimentação e nutrição, fazendo que esse fosse "*[...] escolhido para integrar um processo de formulação de políticas inseridas no Sistema Único de Saúde (SUS), [...] para elaborar o texto base da Política Nacional de Alimentação e Nutrição*" (IPEA, 2014, p. 30).

A Política Nacional de Alimentação e Nutrição (PNAN) foi aprovada em 1999, com o intuito de respeitar, garantir e conduzir os direitos humanos relacionados à saúde e à alimentação da população brasileira. Esta política, segundo Vasconcellos e Nilson (2010, p. 105) "*[...] traz como fundamentos de suas ações a garantia da Segurança Alimentar e Nutricional —*

SAN e a promoção do direito humano à alimentação assumindo a intersetorialidade como princípio e elemento de sua própria identidade". A partir disso, se compreende que o surgimento dessa política representou um marco para dar base à formulação da futura Política Nacional de Segurança Alimentar e Nutricional (PNAN) no Brasil. Vasconcellos e Nilson (2010, p. 105) afirmam que o propósito da PNAN foi promover uma alimentação saudável, por meio do monitoramento da realidade alimentar e nutricional da população, de modo a garantir "*[...] a qualidade dos alimentos consumidos [...] que se consolidou nos últimos oito anos como referência da saúde para a construção do sistema de segurança alimentar e nutricional*".

O governo de Fernando Henrique se encerra em dezembro de 2002, com poucos avanços no que diz respeito a melhorias reais para a vida da classe trabalhadora, além dos altos índices de desemprego e pobreza. Ademais, é nesse governo que se intensificam os programas de transferência de renda, ou seja, o repasse financeiro monetário direto para a população, tendo como finalidade, amenizar os impactos gerados pela miséria. Dessa forma, esse cenário "*[...] permitiu que o governo federal adotasse, sobretudo a partir do ano 2000, uma série de programas de transferência direta de renda como estratégia para fazer chegar recursos, de forma emergencial, à população extremamente pobre*" (IPEA, 2014, p. 31). Entre esses programas, estavam o Programa Bolsa Alimentação, o Vale Gás e a Bolsa Escola, operacionalizados pelos Ministérios da Saúde, Minas e Energia e Educação, respectivamente (IPEA, 2014).

Os programas de transferência de renda surgem a partir da atuação de vários organismos multilaterais, como o Banco Internacional para Reconstrução e Desenvolvimento, o Fundo Monetário Internacional (FMI), a ONU e o Banco Mundial, os quais pretendiam enfrentar a extrema pobreza e ampliar a acumulação capitalista ao mesmo tempo. A partir de relatórios sobre os anos de 1990, esses organismos multilaterais propõem as transferências de renda como uma solução que reduz a pobreza "*[...] de modo rápido e politicamente sustentável*" (SIQUEIRA, 2013).

Dessa forma, a transferência de renda se transforma em um conjunto de políticas compensatórias que pretendem consolidar os objetivos neoliberais. Portanto, para o capitalismo, esta é uma solução viável, pois, ao mesmo tempo em que responsabiliza as famílias pela aquisição e "bom" uso da quantia recebida diretamente do Estado, também movimenta o comércio e os bancos, isto é, a economia. Assim, "*[...] estas políticas permitem o aumento do consumo das famílias pobres, porém, são iniciativas que não interferem na origem das desigualdades*" (MOTA; AMARAL; PERUZZO, 2012, p. 168), o que leva à assertiva de que "*[...] a utilização da renda como critério para definição da pobreza é uma visão reducionista e burguesa, que considera apenas o acesso ao consumo como único critério para mensuração dos níveis de pobreza*" (GOMES *et al*, 2012, p. 8).

Com a vitória de Luiz Inácio Lula da Silva (2003 – 2010), pelo Partido dos Trabalhadores (PT), a questão da fome e da pobreza ganha certa centralidade, com a criação do Programa Fome Zero, como uma proposta de política de segurança alimentar para o Brasil. É importante lembrar que o Fome Zero incorporou muitas das prioridades e trabalhos desenvolvidos pelo projeto Ação da Cidadania. Em seu primeiro dia de governo, Lula reestabeleceu o antigo CONSEA e inaugurou o Ministério Extraordinário de Segurança Alimentar e Combate à Fome (MESA), que trabalhava ao lado de uma equipe interministerial e acompanhava de perto as ações do governo nessas estratégias (PELIANO, 2010).

O Programa Fome Zero, em verdade, foi considerado um "divisor de águas" no tratamento nacional das estratégias para implementação de uma política de segurança alimentar no país. De acordo com o IPEA (2014, p. 33) o desenho institucional desse programa surgiu a partir de "*[...] consultas a representantes do governo federal, da sociedade civil e de governos estaduais e municipais*", as quais orientaram a produção da Medida Provisória (MP) n. 103/2003. Takagi (2010, p. 54) afirma que esse programa "*[...] partiu de um diagnóstico de que o Brasil não teria, até então, uma política geral de segurança alimentar e que a vulnerabilidade à fome atingiria um contingente de 44 milhões de brasileiros*".

Em seu primeiro ano de atuação, o Fome Zero, se dividiu basicamente em três eixos: acesso a alimentos; fortalecimento da agricultura familiar e geração de renda. Estes deveriam trabalhar de forma continuada e articulada em todo o território nacional. Entretanto, como assegura Ribeiro Júnior (2015, p. 45), essa atuação, se resumiu à implantação de programas como "Cartão Alimentação", complementando outros criados anteriormente (Bolsa Escola, Bolsa Alimentação e Auxílio Gás), "Programa de Aquisição de Alimentos da Agricultura Familiar (PAA)", além de "*[...] ações voltadas para a educação alimentar, ao lado da criação de Restaurantes Populares e Bancos de Alimentos*".

É fácil perceber que a proposta do Programa Fome Zero em seu desenho inicial, realmente poderia caminhar para uma diminuição não somente da fome, como também da pobreza e da miséria, pois, tendo sido esses eixos efetivados de forma articulada e integrada, a classe trabalhadora alcançaria melhores condições de vida. Todavia, quando se analisa os dados de Takagi (2010), compilados por Ribeira Júnior (2015) é possível verificar que na Lei de Diretrizes Orçamentarias (LDO) do ano de 2003, estavam previstos 1,8 bilhão de reais para os três eixos citados, levando-se em conta que mais de 65% do total, o equivalente a R$ 1,2 bilhão, foram alocados para o programa "Cartão Alimentação", o que revela, "*[...] uma tendência da política de segurança alimentar brasileira a partir de 2003: a concentração de recursos nos programas de transferência de renda*" (RIBEIRA JÚNIOR, 2015, p. 45). Isso demonstra que durante os anos posteriores à implantação do Programa Fome Zero, apesar dos inéditos avanços obtidos, o projeto não realizou com integralidade as propostas trazidas pelo desenho inicial.

Os principais destaques provenientes da atuação do Fome Zero nessa época foram: a criação do Fundo de Combate e Erradicação da Pobreza; a extinção do MESA em janeiro de 2004, e o surgimento do Ministério de Desenvolvimento e Combate à Fome (MDS), que se tornou o responsável pela Política de Assistência Social e pelos programas de transferência de renda, os quais, então unificados, se transformaram no Programa Bolsa Família, política pública ainda em funcionamento nos dias atuais (TAKAGI, 2010).

A justificativa para a unificação dos programas de transferência partiu de uma avaliação realizada pela equipe do governo Lula sobre os programas sociais efetivados ainda no governo anterior. A partir disso, foi elaborado um relatório-diagnóstico que apontava os principais problemas encontrados, bem como, as possíveis soluções que justificavam esta unificação, como era a necessidade de correções no Cadastro único (CADÚNICO), a padronização da renda familiar *per capita* e a atualização do público-alvo desses programas (SILVA; YAZBEK; GIOVANNI, 2011). Portanto, a criação do Programa Bolsa Família, consolidava a proposta de unificar os diversos programas de transferência de renda existentes, mas que eram administrados por vários ministérios diferentes.

No entanto, a forma como o Programa Bolsa Família se materializou fez com que os outros programas que constituíam o Fome Zero fossem deixados em segundo plano ou quase extintos, o que, aos poucos, acabou reduzindo o próprio Fome Zero ao atual Bolsa Família. Nas palavras de Ribeiro Júnior (2015, p. 45) "*[...] a partir de sua implantação, muitos passaram a identificar o Programa Bolsa Família como sinônimo de Programa Fome Zero, mas é importante salientar que o primeiro foi pensado como parte integrante do segundo*". O que se nota, de acordo com este mesmo, é que mais de 80 % dos recursos que foram utilizados pelo programa Fome Zero, no período de 2003 até 2010, que buscavam a ampliação do acesso aos alimentos pela população, se concentram no Bolsa Família, o que representou mais de 60 bilhões de reais do total de 75 bilhões. Enquanto isso, diz o autor, apenas 0,5 % daqueles valores foram destinados a outras políticas, como a dos Restaurantes Populares, Cozinhas comunitárias e Bancos de Alimentos.

Segundo Silva, Yazbek e Giovanni (2011, p. 144) "*[...] o Bolsa Família atribui uma grande ênfase em contrapartidas ou condicionalidades que devem ser assumidas pelas famílias beneficiárias*". Isto é, as propostas do Programa Bolsa Família podem ser resumidas nos requisitos pelos quais as famílias precisam cumprir para poderem acessá-lo, mesmo que estes não sejam efetivados integralmente pelo Estado. Assim, dizem os autores, "*[...] além da transferência monetária, o Bolsa Família propõe o desenvolvimento de ações complementares no campo da educação, saúde e trabalho*". Tais exigências lembram ainda, buscam fazer com que crianças e jovens de seis a quinze anos adquiram condições de acessar escolas e postos de saúde, enquanto adultos possam participar de programas de alfabetização e capacitação profissional, ter acesso ao pequeno crédito, "*[...] além de serem oferecidas ações de saúde para mulheres grávidas, objetivando integrar esforços para permitir a autonomização das famílias*" (SILVA, 2007, p. 1.434). Todavia, esses requisitos são permeados por inúmeras contradições, já que o Estado brasileiro não oferece saúde e nem educação de qualidade, tanto às famílias que recebem o Bolsa Família quanto à população brasileira em geral. Portanto, ao serem exigidos esses critérios às famílias, o Estado brasileiro também deveria cumprir com suas responsabilidades. (SILVA, YAZBEK E GIOVANNI, 2011).

Ademais, é importante citar que mesmo levando em conta o número de famílias beneficiadas mediante critérios de escolha restritivos adotados pelo Governo, "*[...] grande contingente de famílias brasileiras pobres ainda fica de fora desses programas, o que se agrava, se considerarmos as limitações em termos de recursos financeiros, humanos e as deficiências da gestão pública [...]*" (SILVA; YAZBEK; GIOVANNI, 2011, p. 212). Portanto, são realizadas análises de perfil, mediante o cadastro único (CADÚNICO), o sistema federal unificado, objetivando "*[...] manter informações atualizadas sobre os potenciais beneficiários dos programas sociais. [...] e busca identificar as famílias cuja renda mensal por pessoa seja de até meio salário mínimo, ou cuja renda mensal total seja de até três salários mínimos*" (RIBEIRO JÚNIOR, 2015, p. 45). É possível entender, assim, que por mais que o Programa Bolsa Família tenha auxiliado como complemento financeiro a inúmeras famílias brasileiras, mesmo que de forma mínima, ele também acabou por se configurar em um programa governamental focalizado, não tendo reais possibilidades de mitigar a pobreza e a fome, pois este apenas legitima a ordem desse sistema financeiro.

Esse mesmo autor enfatiza que "*[...] a segurança alimentar também é entendida por meio da noção de acesso, e sua garantia não passa em nenhum momento pelo questionamento das relações sociais de produção*". Ao contrário, Ribeira Júnior, em seus estudos, ressalta que "*[...] é por meio de um programa de transferência de renda, pensado e executado a partir do estabelecimento de linhas de pobreza e extrema pobreza, como sugere o Banco Mundial, que se busca garantir uma renda mínima para a parcela mais pobre da população*", e vai além ao afirmar que o programa busca "*[...] ao mesmo tempo fortalecer as relações de mercado que supostamente garantiriam a segurança alimentar*" (RIBEIRO JÚNIOR, 2015, p. 51).

Infere-se, de todas essas considerações, que os programas de transferência de renda não são dotados de suporte suficiente para tirar essas mesmas famílias da pobreza, pois como citado, são considerados políticas compensatórias neoliberais que, ao final, não alteram as condições estruturais causadoras das desigualdades dentro da sociedade (MONTAÑO, 2012; SILVA, 2007). Uma desigualdade que se alastra ainda mais quando se constata que nesta lógica neoliberal a concentração de capital favorece o setor financeiro, pois, o pagamento do Bolsa Família é realizado mediante a transferência dos recursos públicos para bancos e estes lucram altos juros antes de repassarem o dinheiro às famílias cadastradas no programa. Siqueira (2013, p.24) observa que o programa custou aos cofres públicos, apenas no ano de 2005, 5,5 bilhões de reais, distribuídos em valores de 15 a 95 reais mensais a 8,7 milhões de famílias, o que representam um total de 35 milhões de pessoas. Enquanto isso, afirma ainda, apenas em 2006 o valor recebido pelo setor financeiro do país chegou a 272 bilhões de reais "*[...] em conceito de pagamento dos juros das dívidas (que, no Brasil, estão estatizadas), quase 50 vezes o que se gastou com o Programa Bolsa Família*" (SIQUEIRA, 2013, p.24).

Não obstante, ao longo do governo do presidente Lula, pode-se verificar que alguns acontecimentos marcaram, no plano legal, a trajetória da segurança alimentar brasileira, como foi a criação da PNSAN que se deu inicialmente a partir das decisões tomadas na II Conferência Nacional de Segurança Alimentar e Nutricional, convocada pelo CONSEA, e que ocorreu em Olinda-PE, em 2004. Com base nessa conferência, foram criadas propostas para a elaboração de uma Lei Orgânica de Segurança Alimentar e Nutricional (LOSAN), que pudesse ser base para regulamentar a PNSAN (TAKAGI, 2010). A LOSAN (Lei n. 11.346/2006), prevê, no art. 2º., que "*A alimentação adequada é direito fundamental do ser humano, inerente à dignidade da pessoa humana e indispensável à realização dos direitos consagrados na Constituição Federal*", e que o poder público deve "*[...] adotar as políticas e ações que se façam necessárias para promover e garantir a segurança alimentar e nutricional da população*" (BRASIL, 2006).

Esta lei também estabelece as definições, princípios, diretrizes, objetivos e a composição do Sistema Nacional de Segurança Alimentar e Nutricional (SISAN), instrumento que consagra a participação do poder público e da sociedade civil para a elaboração de políticas, planos e ações que viabilizem a segurança alimentar e nutricional. No art. 3°. a Lei reza que a segurança alimentar "*[...] consiste na realização do direito de todos ao acesso regular e permanente a alimentos de qualidade, em quantidade suficiente, sem comprometer o acesso a outras necessidades essenciais*", e que tal direito deve ter como base "*[...] práticas alimentares promotoras de saúde que respeitem a diversidade cultural e que sejam ambiental, cultural, econômica e socialmente sustentáveis*" (BRASIL, 2006).

Mesmo com todas essas ações e conquistas, inclusive com a aprovação da Política Nacional de Segurança Alimentar e Nutricional (PNSAN) em 2010, não foram suficientes para a materialização de uma real segurança alimentar, pois, todas as estratégias e tentativas de minimizar a fome e a pobreza no país estão sintonizadas com os propósitos de continuar legitimando a ordem do capital, e, sabidamente, onde existir capitalismo, vai existir também a pobreza. Essa assertiva é confirmada por Ribeiro Júnior (2015, p. 57) quando afirma que "*Sim, é um avanço reconhecer que a fome é fruto da pobreza e não da falta de alimentos ou da inabilidade de certas famílias em utilizar seus recursos monetários corretamente*". Apesar disso, lembra o autor, "*[...] não explicam como a fome é produzida e, por isso, muitas vezes entendem que ela pode ser erradicada por meio de um decreto, de uma lei ou de um programa de transferência de renda*".

Interessante verificar que das sete Constituições Federais que marcaram a história do Brasil, apenas recentemente a alimentação passou a ser reconhecida como um direito social. É importante registrar que o texto constitucional só foi alterado a partir da Emenda Constitucional n. 64, em 2010, mas que tramitava desde 2003 no Senado Federal. É preciso reconhecer, contudo, que não foi somente um intervalo de sete anos para que essa conquista fosse garantida, mas sim, exatos vinte e cinco anos para que a alimentação, enquanto direito social, fosse reconhecida por uma Constituição denominada de "Cidadã", o que demonstra um cenário nacional permeado por intensas e constantes contradições sociais (BELIK, 2010).

A partir do ano de 2011, o Partido dos Trabalhadores (PT) continuou à frente do governo federal, tendo como presidente Dilma Rousseff (2011 – 2016), com a intenção de dar continuidade às ideais de combate à fome e à pobreza adotadas pelo seu antecessor, isto é, estratégias mínimas e fragmentadas. Durante este governo, o Programa Fome Zero foi oficialmente extinto e, em seu lugar, foi criado o Plano Brasil Sem Miséria, que tinha como objetivo "*[...] superar a extrema pobreza até o final de 2014*" (IPEA LAB GOV, s.d.). É possível verificar que a intenção se assemelhava ao programa anterior e o propósito era de que o trabalho também fosse realizado a partir de alguns eixos, que, segundo o IPEA, eram três, sendo estes: garantia de renda "*[...] para alívio imediato da situação de extrema pobreza; outro de acesso a serviços públicos, para melhorar as condições de educação, saúde e cidadania das famílias;*

e um terceiro de inclusão produtiva", destinado a aumentar "*[...] capacidades e as oportunidades de trabalho e geração de renda entre as famílias mais pobres*" (IPEA LAB GOV, s.d.). Contudo, assim como ocorreu no Fome Zero, no Plano Brasil sem Miséria, os programas que ganharam destaque foram os de transferência de renda, isto é, o Bolsa Família.

No governo Dilma também se destacaram, no rol das políticas voltadas à garantia da segurança alimentar, alguns programas específicos, como por exemplo, o Programa Brasil Carinhoso, destinado a transferir, automaticamente, "*[...] recursos financeiros para custear despesas com manutenção e desenvolvimento da educação infantil, contribuir com as ações de cuidado integral, segurança alimentar e nutricional [...]*". O principal objetivo do programa seria o de fornecer mais um suporte às famílias beneficiadas pelo Bolsa Família, sendo o público específico "[...] alunos de zero a 48 meses, matriculados em creches públicas ou conveniadas com o poder público". (FNDS, 2017).

Assim, no governo Dilma, o trabalho estava sempre voltado para uma tentativa de continuidade do trabalho iniciado no governo Lula, porém, em um cenário de maior avanço do neoliberalismo no Brasil, o que, consequentemente, implica maior disputa pelos recursos públicos, resultando no aumento de problemas estruturais como a fome e a pobreza. Todavia, em meio a tantas contradições, o ano de 2014 também foi marcado pela saída do Brasil do mapa da fome da FAO, o que não significa que deixou de existir pessoas passando fome no país. Isto pode ser comprovado pelos dados da FAO (2020), os quais dão conta de que entre 2002 e 2013, caiu em 82% o número de brasileiros em situação de subalimentação. E mais: entre 1990 e 2014, o percentual de queda foi de 84,7%. No mesmo relatório, vê-se o Indicador de Prevalência de Subalimentação — medida utilizada pela FAO há 50 anos para verificar e acompanhar a dimensão do nível internacional — esteve abaixo de 5% no Brasil (ONU, 2020). Observa-se que apesar dessa importante marca alcançada, após 2014 o Brasil esteve sempre em constante risco de retornar ao mapa da fome, perspectiva que aumentou ainda mais com o processo de *impeachment* enfrentado pela então presidente Dilma Rousseff.

Em seu lugar, passou a governar o seu vice, Michel Temer, que ficou no poder entre 31 de agosto de 2016 até 1º de janeiro de 2019. Neste governo, foi possível perceber que a prioridade seria, explicitamente, a economia, e as ações sociais não seriam prioridade. Dessa forma, diversas decisões governamentais resultaram em reformas e emendas constitucionais (EC) que agravaram profundamente a vida da classe trabalhadora, entre as quais, pode-se citar a EC n. 95, definindo o congelamento dos gastos da União com despesas primárias por 20 anos, com correção da inflação medida pelo Índice Nacional de Preços ao Consumidor Amplo (IPCA), o que impactou áreas fundamentais como saúde e educação.

Dentre as reformas, destaca-se a Reforma Trabalhista, criada pela Lei n. 13.467 de 2017, a qual, retira muitos direitos da classe trabalhadora, reduzindo a responsabilidade de proteção estatal, possibilitado aos empregadores maior poder de negociação direta com seus empregados, isto é, fragmentando ainda mais as condições e formas de trabalho, ao mesmo tempo, proporcionando o aumento dos lucros dos capitalistas.

A partir de todas essas decisões, não é difícil perceber que no governo Temer a fome retornou aos seus níveis de crescimento, levando o país ao risco de retornar ao mapa da fome do qual tão recentemente tinha saído. Situação que pode ser comprovada na pesquisa divulgada pelo IBGE em setembro de 2020, a qual trouxe dados indicando que "*10,3 milhões de pessoas viviam em domicílios em que houve privação severa de alimentos ao menos em alguns momentos em 2017-2018*" além de que "*dos 68,9 milhões de domicílios no Brasil, 36,7% estavam com algum grau de insegurança alimentar, atingindo 84,9 milhões de pessoas*" e ainda que "*a prevalência nacional de segurança alimentar caiu para 63,3%, em 2017-2018, alcançando seu patamar mais baixo*" (IBGE, 2020), além de outros dados presentes nessa mesma pesquisa que revelam profundamente a fragilidade no combate à fome no Brasil.

Em 2019 o presidente Jair Messias Bolsonaro assume o cargo presidencial, dando continuidade aos retrocessos iniciados pelo seu antecessor, isto é, intensificando as ações e propostas neoliberais, seguindo a lógica de sua eleição, ou seja, a redução do Estado para gastos sociais, a privatização dos serviços e de bens públicos como algumas das soluções para reverter a grave crise econômica do país. Em relação ao direito à alimentação o primeiro retrocesso nesse governo se iniciou com a extinção do CONSEA, pela Lei n. Lei n. 13.844/19, decisão que infringe diretamente a LOSAN, já que no § 1º do art. 7º desta lei, o CONSEA tem função primordial na elaboração de princípios e diretrizes que norteiam a participação do SISAN, isto é, afetou diretamente "*a consecução do direito humano à alimentação adequada e da segurança alimentar e nutricional da população*" (BRASIL, 2006).

Com a chegada da pandemia da Covid-19, declarada em março de 2020, foi possível visualizar um impacto ainda maior nas condições de vida e de sobrevivência da população da classe trabalhadora, pois a partir de medidas de isolamento social, com a finalidade de impedir uma maior disseminação do vírus, subiram, também, ainda mais, as taxas de desemprego, fome, pobreza que já se encontravam alarmantes antes da pandemia. Assim, a desigualdade social foi agudizada, como costuma ocorrer em situações de calamidade pública, como a da pandemia da Covid-19, em especial, porque as medidas tomadas para tentar minimizar a situação foram pontuais e fragmentadas, dando continuidade ao histórico de políticas sociais descontinuadas e mínimas tão presentes na história do Brasil.

Conclusão

Como observado, este trabalho teve a intenção de enfatizar e refletir sobre como os problemas relacionados à fome e à garantia de uma alimentação segura não podem ser enfrentados em um contexto que não se realiza, conjuntamente, questionamentos relacionados ao funcionamento do modo de produção capitalista, tendo em vista que este traz consigo uma contradição ideológica própria, isto é, distribui de forma desigual recursos necessários para a sobrevivência humana. Em razão disso, existe uma enorme quantidade de pessoas em situação de pobreza e sem as mínimas condições necessárias para se alimentarem de forma adequada.

Mediante ao contexto exposto sobre a trajetória da alimentação como direito social e a segurança alimentar no Brasil, ficou evidente a necessidade que existe em um compromisso concreto da sociedade brasileira, em especial de seus governantes, no que diz respeito a efetivação, com responsabilidade, do direito à alimentação adequada em todas as suas particularidades, ainda que nos limites do capital, e assim, fortalecer a luta em defesa de um eficaz combate à fome nesse país. Para tanto, é imprescindível o entendimento governamental e a compreensão da sociedade em geral de que a alimentação é um direito social fundamental, isto é, está intrinsecamente relacionada às condições humanas e dignas de existência.

Referências

ARANHA, Adriana Veiga. Fome Zero: a construção de uma estratégia de combate à fome no Brasil. In: ARANHA, Adriana Veiga (Org.). *Fome Zero:* Uma História Brasileira. Brasília: ---, 2010. Cap. 5. p. 74-95. (1). Ministério do Desenvolvimento Social e Combate à Fome.

ARRUDA, Bertoldo Kruse Grande de; ARRUDA, Ilma Kruze Grande de. Marcos referenciais da trajetória das políticas de alimentação e nutrição no Brasil. *Revista Brasileira de Saúde Materno Infantil*, Recife, n. 7, p.319-326, jul./set. 2007. Trimestral.

BEHRING, E. R; BOSCHETTI, I. *Política Social:* fundamentos e história. 9 ed. São Paulo: Cortez, 2011. 213 p.

BELIK, Walter. Perspectivas para segurança alimentar e nutricional no Brasil. *Saúde e Sociedade*, São Paulo, v. 12, p.12-20, jan./jun. 2003. Semestral.

BRASIL. *Lei n. 11.346, de 15 de julho de 2006*. Sistema Nacional de Segurança Alimentar e Nutricional. Brasília, DF. Disponível em: <http://www.planalto.gov.br/ccivil_03/_Ato2004-2006/2006/Lei/L11346.htm>. Acesso em: 20 fev. 2020.

______. Organização das Nações Unidas Para Alimentação e a Agricultura. Organização das Nações Unidas. *FAO no Brasil:* Brasil em resumo. Brasil em resumo. 2020. Disponível em: <http://www.fao.org/brasil/fao-no-brasil/brasil-em-resumo/pt/>. Acesso em: 15 nov. 2020.

CASTRO, Anna Maria. A Trajetória do Combate à Fome no Brasil. In: ARANHA, Adriana Veiga (Org.). *Fome Zero:* Uma História Brasileira. Brasília: ---, 2010. Cap. 1. p. 18-25. (1). Ministério do Desenvolvimento Social e Combate à Fome.

CASTRO, Josué de. *Geografia da Fome:* O DILEMA BRASILEIRO: pão ou aço. 10. ed. Rio de Janeiro: Antares, 1984. 348 p.

CONSEA. Conselho Nacional de Segurança Alimentar. *1ª Conferência Nacional de Segurança Alimentar.* Brasília: 1995. 201 p.

FAUSTO, Boris. *História do Brasil.* 12. ed. São Paulo: Edusp, 2006. 639 p.

FNDE. Fundo Nacional de Desenvolvimento da Educação. *Sobre o Programa Brasil Carinhoso.* 2017. Disponível em: <https://www.fnde.gov.br/programas/brasil-carinhoso>. Acesso em: 15 nov. 2020.

GOMES, Cláudia Maria Costa *et al.* Desemprego, Pobreza e Transferência de Renda. In: *XIII JORNADA DO TRABALHO "A IRREFORMA DO CAPITAL E OS CONFLITOS TERRITORIAIS NO LIMIAR DO SÉCULO XXI. OS NOVOS DESAFIOS DA GEOGRAFIA DO TRABALHO"*, 13., 2012, Presidente Prudente. Anais... . Presidente Prudente: 2012. p. 1 – 20.

IPEA – Instituto de Pesquisa Econômica Aplicada. (Org.). *História* — Seca, fenômeno secular na vida dos nordestinos. 2009. Disponível em: <https://www.ipea.gov.br/desafios/index.php?option=com_content&view=article&id=1214:reportagensmaterias&Itemid=39>. Acesso em: 15 nov. 2020.

______. *A Trajetória Histórica da Segurança Alimentar e Nutricional na Agenda Política Nacional:* projetos, descontinuidades e consolidação. Rio de Janeiro: Ipea, 2014. 82 p.

IPEA LAB GOV (Brasil). *Plano Brasil Sem Miséria.* s.d.. Disponível em: <https://www.ipea.gov.br/labgov/inovacoes/cases/66-estrategia-de-monitoramento-analitico-do-plano-brasil-sem-miseria-e-programas-do-mds-2>. Acesso em: 15 nov. 2020.

MONTAÑO, Calos. Pobreza, "questão social" e seu enfrentamento. *Serviço Social e Sociedade*, São Paulo, v. 110, p. 270-287, abr./jun. 2012. Trimestral.

MOTA, Ana Elizabete; AMARAL, Ângela; PERUZZO, Juliane. O Novo Desenvolvimentismo e as Políticas Socias na América Latina. In: MOTA, Ana Elizabete (Org.). *Desenvolvimentismo e Construção de Hegemonia:* crescimento econômico e reprodução da desigualdade. São Paulo: Cortez, 2012. Cap. 6. p. 153-178.

MÜLLER, Marcela. *Direito Fundamental à Alimentação Adequada no Contexto das Organizações Internacionais.* Curitiba: Juruá, 2014.

ONU, Organização das Nações Unidas. *Declaração universal dos direitos humanos (1948).* Disponível em: <https://nacoesunidas.org/wp-content/uploads/2018/10/DUDH.pdf>. Acesso em: 25 de agosto de 2019.

PELIANO, Ana Maria Medeiros. Lições Da História: avanços e retrocessos na trajetória das políticas públicas de combate à fome e à pobreza no Brasil. In: ARANHA, Adriana Veiga (Org.). *Fome Zero:* Uma História Brasileira. Brasília: ---, 2010. Cap. 2. p. 26-41. (1). Ministério do Desenvolvimento Social e Combate à Fome.

RIBEIRO JUNIOR, José Raimundo Sousa. *Alienação das práticas alimentares e urbanização:* uma análise da alimentação da classe trabalhadora em São Paulo. 2015. 244 f. Tese (Doutorado) – Curso de Geografia, Departamento de Geografia, Universidade de São Paulo, São Paulo, 2015.

SILVA, Maria Ozanira da Silva e; YAZBEK, Maria Carmelita; GIOVANNI, Geraldo di. *A Política Social Brasileira no Século XXI:* A previdência dos programas de transferência de renda. 5. ed. São Paulo: Cortez, 2011. 236 p.

SIQUEIRA, Dirceu Pereira. *Teoria Geral do Direito à Alimentação* — Cultura, cidadania e legitimação. Birigui: São Paulo, 2015

SIQUEIRA, Luana. *Pobreza e Serviço social:* diferentes concepções e compromissos políticos. São Paulo: Cortêz, 2013. 320 p.

TAKAGI, Maya. A Implantação do Programa Fome Zero no Governo Lula. In: ARANHA, Adriana Veiga (Org.). *Fome Zero:* Uma História Brasileira. Brasília: ---, 2010. Cap. 4. p. 54-73. (1). Ministério do Desenvolvimento Social e Combate à Fome.

VASCONCELLOS, Ana Beatriz; NILSON, Eduardo. Política Nacional de Alimentação e Nutrição: a articulação do sistema único de saúde com a estratégia fome zero. In: ARANHA, Adriana Veiga (Org.). *Fome Zero:* Uma História Brasileira. Brasília: ---, 2010. Cap. 9. p. 105-116. (2). Ministério do Desenvolvimento Social e Combate à Fome.

O Ano de 2020 e o Mundo do Trabalho na Perspectiva de Gênero e Raça

Patrícia Maeda(1)

Introdução

As alterações no mundo do trabalho nas últimas décadas representam um movimento de precarização das condições de trabalho, intensificado para parte mais subalternizada da classe trabalhadora, que é informada pelo sexismo e pelo racismo. Estas assimetrias foram exacerbadas com o advento da pandemia da Covid-19 no ano de 2020. Este artigo pretende trazer alguns elementos para analisar como a dura experiência do ano de 2020 impactou as relações de trabalho, observada a perspectiva de gênero e raça.

1. O mundo do trabalho pós-fordista e as imbricações de gênero e raça

O racismo e o sexismo são estruturais e estruturantes de nossa sociedade capitalista e as desigualdades foram aprofundadas no pós-fordismo. A crise estrutural do capital se expressa na crise do fordismo desde a década de 1970, abalando suas premissas de produção e consumo em massa, que eram viabilizadas pela generalização do trabalho formal assalariado e pela presença de um Estado provedor de direitos sociais, em uma sociedade caracterizada pela rigidez. Como tive a oportunidade de apontar em outro trabalho:

> a relação de continuidade na descontinuidade do pós-fordismo em relação ao fordismo significa que: o pós-fordismo é um processo de trabalho flexível, com sistemas, máquinas e força de trabalho flexíveis; é um padrão flexível e permanentemente inovador de acumulação, orientado para a demanda global; como modo de regulação tende à retirada de limites para a exploração do trabalho, com a criação de novas formas de salário, em geral vinculadas à produtividade e não mais ao tempo à disposição. (MAEDA, 2017)

A obsolescência programada reduziu drasticamente a durabilidade dos bens duráveis, de modo que não é necessário que tais produtos sejam acessíveis à classe trabalhadora, pois o consumo mais frequente pelas classes mais abastadas já realiza a mais-valia da circulação.

---

(1) Juíza do Trabalho Substituta do Tribunal Regional do Trabalho da 15ª Região. Doutora e mestra em Direito do Trabalho pela Faculdade de Direito da Universidade de São Paulo. Integrante do Coletivo Sororidade em Pauta e da Comissão Anamatra Mulheres.

Uma das verdades que se revela é a de que a lógica do capital é a da (auto)acumulação e não a da satisfação das necessidades humanas. Pouco importa se um número cada vez maior de pessoas fique alijado do consumo, se o grupo menor consome irrefreadamente. Neste cenário, os direitos sociais privados tornam-se dispensáveis para a manutenção do sistema.

O capitalismo pós-fordista é, assim, marcado pelo aumento da desigualdade social e da concentração da renda nos países da Organização para a Cooperação e Desenvolvimento Econômico (OCDE). Em parte, isso pode ser explicado pelo fenômeno da financeirização, com grandes montantes de capital móbil, fictício e especulativo, que, para alguns autores, revela a existência de uma forma de valorização do capital que não passa diretamente pela produção de mercadorias. O papel-chave do trabalho assalariado no fordismo passaria a ser no pós-fordismo atribuído ao regime de acumulação financeiro (BOYER, 2000), em que se observa o declínio da participação da renda advinda do trabalho com o respectivo aumento do capital financeiro no cenário global (KARABARBOUNIS; NEIMAN, 2013).

A reestruturação produtiva pós-fordista caracteriza-se pela insegurança decorrente da flexibilidade dos regimes e contratos de trabalho, seguindo a lógica da exclusão, com ênfase na subcontratação ou externalização, faces do fenômeno conhecido no Brasil como terceirização. A precarização do trabalho, no sentido de perda de direitos conquistados e de reposição da precariedade (ALVES, 2007), é resultado direto da reestruturação produtiva, que, por sua vez, fundada em princípios como o da flexibilidade, implica modelos de contratação de forma atípica — contrato temporário, subcontratação ou terceirização, contrato a tempo parcial ou com horário flexível — e no agravamento das condições de trabalho, de modo que temos verificado nas formas de organização do trabalho uma forte tendência ao que prefiro denominar *precarização do emprego e das condições de trabalho*. Essa racionalidade de curto prazo desconsidera a saúde do trabalhador, extraindo de seu trabalho todo o mais-valor da forma mais rápida possível; corrói a lealdade e o compromisso nas relações de trabalho; e degrada o ambiente de trabalho.

Atualmente, a regulação do trabalho no pós-fordismo não garante nem mesmo a reprodução social, pois com modelos contratuais como o contrato de trabalho intermitente e a "uberização", a mais-valia não é extraída do tempo de trabalho que excede a produção do socialmente necessário para a subsistência. Não há mais o "compromisso" com pagamento do valor necessário à reprodução do salário, como havia no fordismo. O capitalismo pós-fordista se caracteriza pelo aumento exponencial da massa de trabalhadores sem direitos, sem qualquer medida desmercantilizadora da relação de trabalho assalariado. Trabalhadores deixam de ser sujeitos de direitos e são considerados meros insumos de trabalho, que, dentro da lógica de redução de custos, passam a sofrer a extorsão da mais valia da parcela que garantiria sua sobrevivência (juridicamente chamada de mínimo existencial). A precarização do trabalho e a redução de outros direitos sociais retiram as condições materiais de reprodução, reforçando a subordinação do trabalho ao capital e reduzindo a resistência da massa de trabalhadores a uma superexploração ainda mais intensa.

As mudanças não se deram apenas na esfera material, mas também na subjetividade: é a racionalidade neoliberal que nos empurra para uma lógica formulada a partir da ilusão individualista, produtivista, objetificante da vida humana e subjetificadora do mercado. Nessa lógica, é naturalizada a redução de gastos públicos com a vida (saúde, educação, moradia, trabalho e lazer) para garantir a saúde econômica-financeira do Estado e, sobretudo, da empresa privada (acumulação por espoliação), de modo que o crescimento exponencial de mortes decorrentes da Covid-19 seja tratado pelo governo brasileiro como mera fatalidade inevitável ou como estratégia de imunização.

A grande contradição da sociedade capitalista, que é a de priorizar o lucro, ainda que ao custo de vidas humanas, ficou escancarada no contexto da pandemia. Países em que o negacionismo foi utilizado como estratégia de comunicação de governantes dotados com um padrão de masculinidade prepotente e autoritária, com suas bravatas supostamente corajosas, deixando a população confusa inicialmente e, em seguida, desprotegida, seja do ponto de vista sanitário, seja do ponto de vista social, tiveram resultados desastrosos até agora. O negacionismo individual pode ser creditado a uma questão ideológica, que é grave e preocupante, mas, como postura estatal, não pode ser algo fabricado por notícias falsas ou robôs de disparos eletrônicos: aparentes erros de análises e desmandos fazem parte de uma lógica perversa de gestão de indesejáveis (CASARA, 2017).

Ocorre que, na sociedade, as posições sociais ocupadas pelas pessoas reais observam hierarquias desenhadas com base em classe, gênero e raça, além de outros marcadores sociais de diferença, que se estabelecem na lógica de privilégios e desvantagens, a partir da qual elas (as pessoas reais) organizam suas vidas e têm suas experiências, perspectivas e demandas. O trabalho é central na instituição destas hierarquias, uma vez que as classes sociais na sociedade capitalista dizem quem são os que trabalham e os que não trabalham. A divisão sexual do trabalho se rege por dois princípios desenvolvidos por Danièle Kergoat (2018): o da separação (trabalhos de homens e trabalhos de mulheres) e o da hierarquia (trabalhos de homens são os mais valorizados socialmente), segundo o qual, histórica e culturalmente, aos homens compete o trabalho na esfera pública e produtiva, valorizado social e economicamente, e à mulher, o trabalho na esfera privada e reprodutiva, invisibilizado socialmente, podendo ser ou não remunerado.

Ao separar e hierarquizar atividades socialmente reconhecidas como femininas e masculinas, distribui-se desigualmente tanto o mercado de trabalho quanto a carga do trabalho doméstico entre os sexos, de forma não isolada, mas racializada e observando uma lógica de classe. Isso implica consequências diversas para mulheres em condições mais vantajosas e para as demais mulheres em termos da distribuição desigual de renda e tempo livre. De acordo com Flávia Biroli (2018), os privilégios e as desvantagens se arranjam como hierarquias, de modo que as diferenças não digam respeito apenas a identidades, mas a relações de poder e dominação, influenciando a participação das mulheres na esfera política e na construção diuturna da democracia.

O recente relatório da Oxfam Tempo de Cuidar (2020) confirma que a desigualdade social e a concentração de renda aumentaram nos últimos anos, com alguns dados alarmantes: de um lado, os 2.153 bilionários do mundo em 2019 detinham mais riqueza do que 4,6 bilhões de pessoas; os 22 homens mais ricos do mundo detinham mais riqueza do que todas as mulheres que vivem na África; o 1% mais rico do mundo detinha mais que o dobro da riqueza de 6,9 bilhões de pessoas. De outro lado: o trabalho não remunerado de mulheres no cuidado agrega pelo menos US$ 10,8 trilhões por ano em valor à economia. O relatório aponta que o grupo de pessoas no topo da pirâmide, em que há muita riqueza e nenhum trabalho, é formado predominantemente por homens; enquanto isso, pessoas situadas na base da pirâmide, onde só há trabalho e miséria, são majoritariamente mulheres e meninas em trabalhos precários e mal (ou não) remunerados. Estas constatações nos indicam uma correlação entre desigualdade social e concentração de riquezas e divisão sexual do trabalho.

2. Desigualdades de gênero e de raça na pandemia

A resposta neoliberal do Estado às crises econômicas, no que tange à regulação e política econômica baseadas em redução de direitos sociais e de orçamento para políticas públicas, provoca impactos desiguais em termos de gênero e raça, sobretudo porque acarreta a re-privatização dos serviços de cuidados, transferindo a responsabilidade sobre a vida da esfera pública para a privada com redução dos estados de bem-estar. A professora Lina Gálvez Muñoz (2013) destaca alguns aspectos com o recorte de gênero no austericídio: a intensificação do trabalho das mulheres, decorrente da volta "parcial" ao lar para as substitutas "naturais" dos serviços de cuidado, educação ou saúde; a diminuição da renda das mulheres em razão da redução das chances de emprego ou de empreender, pois elas são limitadas pelos encargos domésticos e pela ausência de crédito; o incremento do subemprego e do trabalho não pago das mulheres; o reforço dos estereótipos e de outras desigualdades. Uma das consequências da perda de autonomia financeira das mulheres é a restrição de sua liberdade e a qualidade de vida das crianças.

Na sociedade brasileira, pode-se afirmar que a raça informa a classe, de modo que a população negra está mais presente na base da pirâmide social e, consequentemente, sofre de forma mais acentuada a redução de direitos sociais. No contexto da pandemia, os reflexos ficam evidenciados nos números: de acordo com os dados do boletim epidemiológico especial (BRASIL, 2020), que analisou os casos até 12 de dezembro de 2020, entre as pessoas hospitalizadas pela Covid-19, 209.034 são negras (pardas e pretas), enquanto 202.482 são brancas. Nos números da mortalidade pelo vírus, essa diferença persiste: negros são 74.949, e brancos, 62.993. Em ambos os critérios, é necessário considerar ainda a subnotificação (que tende a ser superior nas camadas mais pobres), bem como a ausência de registro da informação quanto à raça em cerca de 6% do total de casos.

O índice de mortalidade tem uma diferença percentual entre negros e brancos superior ao de hospitalização, o que tem sido justificada pela presença de comorbidades na população negra. Pesquisadores ouvidos pela Associação Brasileira de Saúde Coletiva (ABRASCO) alertavam desde março de 2020 que as desigualdades sociais são relevantes para o agravamento de doenças, bem como para a possibilidade ou não de prevenção e de adoecimento, relacionando os impactos da pandemia com o racismo estrutural (MARTINS, 2020).

A vulnerabilidade econômica tem ligação direta com a dinâmica do mercado de trabalho. No terceiro trimestre de 2020, alcançamos os 14,6% de taxa de desemprego (desocupação), segundo dados do IBGE (2020-a). A desocupação, porém, atinge de forma diferenciada de acordo com o sexo e a raça. Entre as mulheres a desocupação foi de 16,8%, consideravelmente maior que a dos homens, de 12,8%. Na divisão por cor ou raça, 19,1% dos pretos e 16,5% dos pardos estão desocupados, enquanto os brancos têm 11,8% nessa situação.

No que se refere à desigualdade salarial, os homens, em maio de 2020, ganhavam em média R$ 2.588 e tiveram um decréscimo de R$ 92 (R$ 2.496) ao longo do ano. As mulheres perderam menos (R$ 36), mas continuam com rendimento mais modesto: R$ 2.103. Pessoas brancas tiveram queda de R$ 88 (de R$ 2.992 para R$ 2.904), enquanto pessoas negras perderam R$ 40 de seus salários (de R$ 1.854 caiu para R$ 1.814) (LOPES, 2020). As desigualdades, portanto, subsistem.

3. Trabalho reprodutivo na pandemia

A crise sanitária (social, política, econômica e ecológica) em que se insere a pandemia impôs a uma parcela da população o trabalho remoto (home office), que, nesta condição, (re)descobre que não é possível viver sem a preparação dos alimentos, a limpeza da casa, a lavagem das roupas e o cuidado de crianças, idosos e enfermos, mormente diante dos novos protocolos de higienização de todos os itens obtidos fora de casa. A quantidade de tempo dedicado a estas tarefas cotidianamente é enorme, mas a importância deste trabalho, naturalizado como sendo um atributo feminino, só é percebida na sua ausência, ou melhor, na ausência de quem o realize. Esta invisibilidade do trabalho dedicado à reprodução social, por vezes não remunerado, pois ligado ao âmbito dos afetos ("amor de mãe"), revela como nossa sociedade está organizada em torno da obtenção de lucro e não da promoção da vida. O trabalho que diretamente proporciona, possibilita e reproduz a vida parece não ter valor reconhecido no capitalismo, justamente por não ter valor de troca, de modo que ele se dá, em regra, de forma gratuita ou mal remunerada.

Uma face da desvalorização do trabalho reprodutivo é o trabalho não remunerado, que se distribui generificadamente de maneira desigual, observando a lógica da divisão sexual do trabalho. Em 2016, de acordo com dados do IBGE, homens e mulheres ocupado/as com mais de 14 anos dedicavam, respectivamente, 10,5 e 18,1 horas por semana aos cuidados de pessoas e/ou afazeres domésticos. A carga de trabalho remunerado somada ao trabalho doméstico e de cuidado representava 54,4 horas semanais para as mulheres, enquanto para os homens, 51,5 horas.

A partir desses dados não é difícil imaginar que a rotina das mulheres em trabalho remoto seja marcada pela (in)conciliação da tripla jornada e pela consequente sobreposição das cargas física, mental e psicológica, acentuada com o distanciamento social. De uma hora para outra, com o trabalho remoto colocaram-se diversas questões para serem ajustadas: a confusão entre o espaço público e privado, a retirada repentina da rede de apoio diário (escola, babá, trabalhadora doméstica, faxineira etc.), a responsabilidade pelo cuidado de crianças, idosos e doentes, a impossibilidade de contar com a ajuda de avós, a gestão das necessidades e rotinas de todos(as) que estão confinados(as) em um mesmo espaço residencial, além da organização e da realização de tarefas de limpeza em geral, do cuidado com as roupas, do preparo dos alimentos etc. Tudo isso somado ao indispensável asseio para controle da propagação do coronavírus. Na pandemia, as antigas demandas outrora terceirizadas para o mercado (escola, creche, restaurante, lavanderia) ou para outras mulheres (avó, babá, faxineira, empregada doméstica) chamam todas as trabalhadoras assalariadas de volta ao trabalho doméstico de seu próprio lar e de cuidado de sua própria família, exercido gratuitamente e acumulando com o trabalho remoto, o que dá a dimensão do quão pouco se avançou em termos de distribuição da responsabilidade pela reprodução social da vida.

No que se refere ao trabalho reprodutivo remunerado, é emblemático lembrar que Cleonice Gonçalves foi a primeira vítima fatal da Covid-19 no Rio de Janeiro. Ela trabalhava quatro dias por semana, dormindo na residência dos patrões. A patroa voltou infectada da viagem para a Itália e, apesar de ser recomendado o isolamento para todos os viajantes que de lá retornaram, não dispensou dona Cleo do trabalho. A patroa sobreviveu, Cleonice não. Ela faleceu em 17 de março de 2020.

Mirtes Renata Souza, empregada doméstica, também não foi dispensada do trabalho, embora as creches estivessem fechadas em Recife e, por isso, levou seu filho Miguel, 5 anos, para a residência dos patrões. Saiu para levar os cachorros deles para passear enquanto Miguel ficou aos cuidados da patroa. Os cachorros voltaram do passeio sãos e salvos; a patroa permitiu que Miguel pegasse o elevador sozinho, ele foi até o 9º andar do prédio, de onde caiu e faleceu no hospital, em 02 de junho de 2020. Enquanto Mirtes cuidava dos cachorros, ninguém cuidou do seu filho. A patroa Sari Corte Real foi indiciada por abandono de incapaz.

Uma senhora de 61 anos, cuja identidade não foi divulgada, foi resgatada em junho de 2020 em condições análogas à escravização em uma residência em Alto Pinheiros, zona nobre de São Paulo. Ela foi abandonada pelos patrões, trancada na residência, habitando um cômodo no fundo do terreno sem acesso a banheiro. Por 13 anos, contratada por Sônia Corazza, ela trabalhou sem registro em CTPS, férias e 13º salário. A partir de 2011, deixou de receber salário, pois foi morar de favor na casa da mãe da Sônia. Em 2017, passou a trabalhar para a filha de Sônia, Mariah Corazza Üstündag, no local onde foi resgatada. Os patrões haviam se mudado dias antes do resgate, sem avisá-la, e foram indiciados por redução à condição análoga de escravo, abandono de incapaz e omissão de socorro. Mariah foi dispensada do emprego de executiva da Avon.

Em novembro de 2020, Madalena Gordiano, 46 anos, foi resgatada de um apartamento na cidade de Patos de Minas/MG, onde trabalhava como doméstica escravizada pelo professor universitário Dalton César Milagres Rigueira. Ela foi explorada pela tradicional família mineira Milagres Rigueira por 38 anos sem nunca receber salário, sob justificativa de ser "da família", adotada por Maria das Graças Milagres Rigueira, mãe de Dalton. O caso envolveu ainda um insólito matrimônio entre Madalena com um idoso ex-combatente de guerra, parente por afinidade da família MR, que lhe teria dado direito a uma pensão por morte no valor de R$ 8,4 mil desde 2007, sem que nunca ela tivesse recebido o dinheiro, sempre controlado pelos patrões.

Estas trágicas histórias revelam como a elite brasileira não se desapegou do colonialismo para manter seu privilégio social, sem abrir mão de seu conforto em meio à grave crise sanitária. Além disso, estas histórias jogam luzes na chamada bipolarização do trabalho feminino. Mulheres da classe média avançaram no mercado de trabalho graças à transferência do trabalho doméstico e de cuidado para outra mulher, a empregada doméstica, pois as estruturas da família monogâmica e da divisão sexual do trabalho não se modificaram: a responsabilidade pela reprodução da vida ainda é vista como um encargo feminino. No entanto, o conflito de interesses entre patroas e empregadas, em polos marcados por classe e raça, disfarça a persistência do trabalho reprodutivo como atributo da feminilidade e, por isso, supostamente praticado por amor ou afeto, o que dispensa valorização ou uma justa remuneração, podendo ser exercido até mesmo gratuitamente.

Esta divisão/bipolarização, porém, oculta ou reduz a participação dos homens na reprodução social, como se a relação do trabalho doméstico fosse algo concernente apenas às mulheres. Como se os homens surgissem já criados, educados, saudáveis, limpos, alimentados, prontos para a vida pública e para o trabalho produtivo e não tivessem necessidade de ter um lar nem responsabilidade pela manutenção dele ou pelo cuidado com crianças, idosos e pessoas com doenças e deficiências físicas e mentais. A invisibilização da nossa interdependência como seres humanos é uma face da branquitude e da masculinidade, construções históricas e sociais hegemônicas na sociedade capitalista, que informam a ideologia da classe dominante. O patriarcado naturaliza os papéis de gênero, de modo que o fato de a mulher branca ter entrado no mercado de trabalho não a liberou do status de "rainha do lar". A colonialidade e o racismo naturalizam a classe trabalhadora como uma 2ª classe para fins de direitos, de modo que o distanciamento social não é para todos. A ideologia escravista nega a subjetividade jurídica à trabalhadora doméstica, tratando-a como mero equipamento da família, transmissível como parte da herança e descartável após o uso. Nesse sentido, a família do agente político emprega a mãe como doméstica em uma de suas casas e a filha em outra, pagando-as com dinheiro público, e enxerga o neto/filho dessas empregadas como um estorvo e não um ser humano em formação; ou simplesmente não paga salário algum, mantém-na em cárcere privado e ainda se apropria do valor de sua pensão.

4. Trabalhadoras na área da saúde

Maria José Rigotti Borges (2020) destaca que no Brasil, o trabalho feminino corresponde em torno de 80% do total de trabalhadores na área de saúde nas principais categorias diretamente envolvidas em ações de atendimento de saúde da população. Este percentual foi atingido pelo fenômeno da feminização das profissões da área de saúde, o que foi inversamente acompanhado pela queda da valorização, remuneração e prestígio social destas profissões. A autora pontua que "a área profissional de Medicina é a única categoria da saúde que não apresenta o mesmo quantitativo majoritário de mulheres, representando um pouco menos da metade (47,5%) do total de médicos no país", pois "as mulheres representam em torno de 85% do total de profissionais nos serviços de enfermagem (enfermeiros/as, técnicos/as e auxiliares)". Além disso, ressalta que "nas funções essenciais de apoio para os cuidados de manutenção dos ambientes de saúde, também as mulheres são maioria, muitas em sistema de terceirização em contratos precários e desvalorizados", destacando recepcionistas, atendentes e profissionais de limpeza na área da saúde também estão na linha de frente do combate à Covid-19.

Uma pesquisa realizada pela Escola de Administração de Empresas de São Paulo da Fundação Getulio Vargas (FGV EAESP) utilizou uma lente interseccional para avaliar os impactos da pandemia para os profissionais da saúde, observados os marcadores de gênero e raça. Segundo os dados da pesquisa, as profissionais mulheres negras têm sido as mais afetadas. O percentual de mulheres negras que sentiram medo (84%), desconfiança (28%) ou tristeza (53%), ou que declararam sensação de despreparo (59%) foi superior em relação ao de mulheres brancas, homens brancos e negros. Além disso, o percentual de mulheres negras que recebeu orientações da chefia (65%) e suporte dos supervisores (54%) foi menor se comparado com o de mulheres brancas, homens brancos e negros. A pesquisadora Gabriela Lotta, em entrevista ao Portal Gn (2020), explicou:

> Temos que olhar na dimensão da interseccionalidade. As mulheres negras que estão na base do sistema de saúde, são, em geral, técnicas de enfermagem ou agentes comunitárias de saúde, que são profissões menos valorizadas e com menor nível educacional. Por isso, elas estão mais expostas ao risco do contágio, recebem menos treinamento, orientação e equipamento de proteção. A pandemia exacerba uma desigualdade estrutural que já existe, e isso impacta na sensação de mais medo e despreparo em relação aos outros profissionais.

Nesse sentido, Lélia Gonzalez já ensaiava em 1979 algumas articulações com recorte de gênero – em sua obra, ela trata como "sexo" –, numa antecipação daquilo que viria a ser chamado de interseccionalidade: "Ora, na medida em que existe uma divisão racial e sexual do trabalho, não é difícil concluir sobre o processo de tríplice discriminação sofrido pela mulher negra (enquanto raça, classe e sexo), assim como sobre seu lugar na força de trabalho" (GONZALEZ, 2018, p. 42).

5. Violência racial no mundo do trabalho

As mortes de jovens e crianças negras (Ana Carolina Neves, João Vitor Moreira, Luiz Antônio, João Pedro Matos Pinto, Douglas Enzo Marinho, Kauã Vitor, Rayanne Lopes, Ítalo Augusto Amorim, Maria Alice de Freitas Neves, Leônidas Augusto da Silva de Oliveira, Emilly Victoria da Silva Moreira Santos e Rebecca Beatriz Rodrigues Santos) no Rio de Janeiro ocorreram durante todo o ano de 2020, sem que ninguém tenha sido responsabilizado. É bem triste admitir que para o Estado brasileiro há vidas que são "enlutáveis" e outras, não. De que se trata ser uma vida enlutável? A partir do luto, a filósofa Judith Butler enxerga uma hierarquização da vida: a humanidade do Outro está na sua capacidade de ser enlutado, o que conforma as questões da precariedade e da vulnerabilidade humana. Segundo ela:

> vidas são apoiadas e mantidas diferentemente, e existem formas radicalmente diferentes nas quais a vulnerabilidade física humana é distribuída ao redor do mundo. Certas vidas serão altamente protegidas e a anulação de suas reivindicações à inviolabilidade será suficiente para mobilizar as forças de guerra. Outras vidas não encontrarão um suporte tão rápido e feroz e nem sequer se qualificarão como "passíveis de ser enlutadas" (BUTLER, 2019).

Assim, as mortes de jovens negros nas periferias, muitas vezes sem rostos nem nomes, não passam pelo luto. A ausência de luto é o final de uma vida precária.

A hierarquização das vidas e das pessoas, a partir de uma lógica de gênero e raça, ainda organiza a sociedade e o Estado brasileiros. É a persistência da colonialidade do poder (QUIJANO, 2005), que permeia as desigualdades historicamente estabelecidas, contra as quais o enfrentamento se inicia ao revelá-las, desnaturalizando-as. É admitir que a subjetividade jurídica de toda pessoa natural ou a dignidade da pessoa humana, fundamento expresso da nossa República, não se realizam em sua plenitude no dia a dia, pois a sociedade está dividida entre humanos e não humanos, em zona do ser e zona do não ser.

> A categoria raça foi instrumentalizada para separar de forma incomensurável duas zonas: a do humano (zona do ser) e a do não humano (zona do não ser). O padrão de humanidade passou a ser determinador pelo perfil do sujeito soberano (homem, branco, cis/hetero, cristão, proprietário, sem deficiência), representativo do pleno, autônomo e centrado (PIRES, 2019, p. 70).

O filósofo camaronês Achille Mbembe desenvolveu o termo necropolítica para resgatar a ideia de biopoder de Michel Foucault, segundo o qual a soberania dos Estados nacionais se expressa no poder de decidir "fazer viver ou deixar morrer". A necropolítica vai além para dizer quem pode viver e quem deve morrer, em um exercício de violência e poder de morte (MBEMBE, 2018). No neoliberalismo, quem exerce o poder decide sobre corpos e vidas de "massas supérfluas", subjugando a vida ao poder de morte, como forma de gestão da sociedade. Vidas "dignas" são preservadas e protegidas. Vidas precárias são descartáveis. Ou nas palavras de Rubens Casara:

No Estado Pós-Democrático, o que importa é assegurar os interesses do mercado e da livre circulação do capital e das mercadorias, com o controle ou mesmo a exclusão dos indivíduos disfuncionais, despidos de valor de uso ou inimigos políticos. (CASARA, 2017, p. 133)

Nesse contexto, a população pobre e majoritariamente negra é encarada como "inimigo interno" pelo Estado necropolítico.

O racismo ganhou espaço no debate público em 2020 com vários exemplos lamentáveis que demonstram o quanto ainda estamos longe de viver no Brasil uma democracia racial. A democracia racial era refutada por Lélia Gonzalez para quem se tratava de um mito de dominação que impedia a consciência objetiva do racismo e o conhecimento direto de suas práticas concretas, uma narrativa historicamente construída sobre a miscigenação do povo brasileiro. A antropóloga advertia que:

> Na verdade, o grande contingente de brasileiros mestiços resultou de estupro, de violentação, de manipulação sexual da escrava. Por isso existem os preconceitos e os mitos relativos à mulher negra: de que ela é "mulher fácil", de que é "boa de cama" etc. (GONZALEZ, 2018, p. 110).

Ao se afirmar que o racismo é estrutural em nossa sociedade, enfatiza-se a concepção do racismo como processo histórico e político, que "cria as condições sociais para que, direta ou indiretamente, grupos racialmente identificados sejam discriminados de forma sistemática" (ALMEIDA, 2019, p. 51). A discriminação estrutural se verifica quando "a acumulação de desvantagens sociais causadas por diversas formas de discriminação concorre para a estratificação, o que coloca certos grupos em uma situação de subordinação durável ou permanente" (MOREIRA, 2017, p. 136). Com estes aportes teóricos, é possível relacionar os exemplos das faces do racismo estrutural que seguem.

Em 31 de julho, o contabilista Mateus Abreu Almeida Prado Couto, 31 anos, ofendeu e humilhou o entregador Matheus Pires, 19 anos, que estava trabalhando. "Moleque, escuta aqui. Você tem inveja disso aqui, rapaz. Você tem inveja dessas famílias. Você tem inveja disso aqui também." Ao dizer esta última frase, Couto apontou para sua pele, branca. Ele também chamou Pires de "semianalfabeto". O entregador manteve a calma durante os ataques, que foram filmados e circularam pela internet. Ele foi humilhado durante o trabalho.

João Alberto Silveira Freitas foi ao supermercado Carrefour no dia 19 de novembro de 2020 com sua companheira para fazer compras. Foi escoltado por dois seguranças da loja e uma atendente até o estacionamento, onde foi espancado até a morte. João Alberto e seus algozes eram negros. Eles mataram a trabalho. A terceirização, que reduz o trabalhador a mero insumo da empresa, desumaniza-o.

Os reflexos se espraiam país afora, de modo particularmente extremo no infame episódio gaúcho. Naquele caso, os efeitos nocivos da terceirização ultrapassaram o âmbito da precarização do trabalho, tornando-a um vetor de mazelas ainda mais profundas, como o racismo e violência. Assim, a terceirização do serviço de segurança do Carrefour contribuiu de forma importante para a barbárie de Porto Alegre, interferindo e se interligando aos demais problemas crônicos e graves que permearam esse trágico evento. A terceirização mata. (FONTENELLE, 2020)

Karina Carla da Conceição, de 35 anos, trabalhava como recepcionista em uma clínica médica na cidade de Nova Lima/MG. Em abril de 2020, ela voltou das férias usando tranças afro. O novo visual não agradou a clínica e a dispensou sem justa causa. Ela ingressou com reclamação trabalhista na Justiça do Trabalho e a empresa foi condenada a pagar indenização de R$ 30 mil. O juiz do trabalho Henrique Macedo fundamentou na sentença:

A escravidão no Brasil, que delimitava a pessoa negra como inferior à pessoa branca, atribuindo-lhe a feição de peça passível de compra e venda, ainda repercute na maneira como a sociedade se comporta. Essa noção de inferioridade cristalizou-se de tal maneira no pensamento coletivo que o negro e todos os signos que o individualizam e distinguem tendem a ser vistos como feios, sujos e inapropriados. Essa impressão se estende inclusive ao cabelo (e às tranças). Um outro fator que ressalta a maneira estrutural como racismo se apresenta é a interseccionalidade com a condição financeira do sujeito negro. A articulação da opressão racial com a de classe resulta na verificação de que o negro, em regra mais pobre do que branco, é duplamente inferior. Tal circunstância reforça a visão de subalternidade que se espraia por diversos aspectos da experiência da pessoa negra, relegando-a a um espaço de desprezo, objetificação e exclusão. (Processo 0010433-49.2020.5.03.0165)

Uma das formas de se combater o racismo estrutural é a tomada de ações afirmativas, que buscam reverter a estratificação social e as desvantagens materiais acumuladas historicamente. Nesse sentido, o anúncio do primeiro processo seletivo exclusivo para admissão de trainees negros pelo Magazine Luiza causou controvérsia e dividiu as redes sociais em setembro de 2020. Houve quem alegasse se tratar de racismo reverso, ou seja, uma discriminação indevida contra pessoas brancas. Vários juristas vieram a público esclarecer que tal medida não se configurava em ato discriminatório, pois, como toda ação afirmativa, visava a tentar eliminar desigualdades historicamente acumuladas, garantindo a igualdade material de oportunidades e tratamento. Ações como essa, do Magazine Luiza, cumprem o princípio de equidade de Aristóteles, que é tratar desigualmente os desiguais para que se possa promover a equidade. As insurgências contra a louvável iniciativa são expressões da branquitude, que identifica, mas não assume o seu lugar de privilégio social, ainda que dele não abdique.

6. Violência de gênero no mundo do trabalho

Conforme vimos no item 3, as mulheres, em média, trabalham mais horas por semana do que os homens, se somadas as cargas horárias de trabalho assalariado e do trabalho reprodutivo. As mulheres reverteram o hiato de gênero na educação: hoje elas são a maioria nos cursos universitários e de pós-graduação. Todavia, remanesce a desigualdade salarial e a reduzida participação das mulheres nos cargos de poder (o fenômeno do "teto de vidro"), o que indica o caráter estrutural do machismo. Outra assimetria de gênero no mundo do trabalho diz respeito à violência, ressaltando que a manifestação de violência e de assédio no mundo do trabalho reflete normalmente a violência no conjunto da sociedade.

Segundo o Anuário Brasileiro de Segurança Pública, 2019 foi um ano de tristes recordes: houve 66.123 vítimas de violência sexual (estupro e estupro de vulnerável) e 1.326 vítimas de feminicídio, os maiores números já registrados. O Relatório "Um vírus, Duas Guerras", elaborado por diversas entidades de mídia independente, aponta que desde o início da pandemia do coronavírus até agosto de 2020, ao menos 497 mulheres perderam suas vidas. Isso representa um feminicídio a cada nove horas entre março e agosto, com uma média de três mortes por dia. São Paulo, com 79 casos, Minas Gerais, com 64, e Bahia, com 49, foram os estados que registraram maior número absoluto de casos no período. Há elementos que permitem afirmar a subnotificação e mesmo a resistência em classificar homicídios de mulheres como feminicídios, em muitos Estados.

A cultura do patriarcado se expressa sob formas atenuadas pela religião, pelas piadas, pela suposta descontração, justificada pela "natureza biológica" masculina. Sob essas formas sutis (e outras nem tanto), o combate do machismo se torna ainda mais difícil. A linguagem nos ajuda a apreender comportamentos machistas ao nomeá-los: *manspreading* (o "espaçoso"), *mansplaining* (o "explica tudo"), *manterrupting* (o "intrometido"), *bropriating* (o "ladrão de ideias"), *gaslighting* (o "manipulador"), *male tears* (o "reclamão").

Mais contundente, porém, é a cultura do estupro que se verifica na tendência de naturalizar os comportamentos violentos de natureza sexual e culpabilizar a vítima; ou na justificativa do comportamento machista que enxerga a mulher como um ser humano de segunda classe (ou um objeto), cujo corpo deve estar à disposição do homem e que só merece respeito se estiver vinculada a outro homem. Fazem parte desse contexto o assédio sexual (inclusive na rua e no transporte público), a "interpretação" do consentimento (achar que "quem cala, consente"), a objetificação da mulher (supervalorização da beleza e do corpo feminino, como visto frequentemente nas propagandas em que mulheres surgem seminuas, muitas vezes até sem rosto), a justificação do comportamento do estuprador (uso de álcool, "excesso" de vigor sexual) e o julgamento da vítima, que sempre é interpelada em relação a seu comportamento moral, às roupas que usa, a sua maquiagem, ao fato de estar sozinha, como se fossem justificativas para a violência perpetrada.

Revitimização é a situação em que a vítima de violência sexual é obrigada a reviver a violência ou submetida a violação de seus direitos pelo sistema de justiça. Um episódio ilustra muito bem este conceito: a audiência criminal em que se apurava o crime de estupro que vitimou Mariana Ferrer. Como estratégia de defesa, o advogado do réu passou a questionar sobre a vida e o comportamento da vítima, de forma humilhante e ofensiva. Que mulher não sentiu o sofrimento de Mariana quando ela disse ao juiz: "Excelentíssimo, eu tô implorando por respeito, nem os acusados são tratados do jeito que estou sendo tratada, pelo amor de Deus, gente. O que é isso?".

Vale lembrar que Mariana estava trabalhando quando o crime ocorreu.

A Convenção n. 190 da OIT conceitua o termo "violência e assédio de gênero" como sendo violência e assédio dirigido a pessoas por causa de seu sexo ou gênero, ou afetando pessoas de um determinado sexo ou gênero de forma desproporcional, e inclui assédio sexual. Entretanto, nas relações de trabalho, muitas vezes é difícil identificar as situações de violência e assédio. A pesquisa publicada pelo Instituto Locomotiva e Instituto Patrícia Galvão em dezembro de 2020 revela que 36% das trabalhadoras dizem já haver sofrido preconceito ou abuso por serem mulheres; porém, quando perguntadas sobre diversas situações concretas, 76% reconhecem já ter passado por um ou mais episódios de violência e assédio no trabalho (vigilância excessiva do trabalho, xingamentos, convites para sair ou insinuações constrangedoras são as situações com maior índice de reconhecimento). No tratamento dispensado à vítima, o panorama é desalentador. Dos casos que foram denunciados, em apenas 34% a empresa ouviu o relato da vítima e puniu o agressor; em 12% a empresa sequer ouviu a vítima.

Em apenas 28% dos casos relatados, a vítima soube que o agressor sofreu alguma consequência. Em 39%, a vítima não soube o que houve com o agressor e em 36% nada aconteceu e ele não foi punido. E, como consequência, um quarto das mulheres que foram assediadas passou a desconfiar das pessoas com quem trabalham e/ou não tiveram mais vontade de ir trabalhar; 21% saíram da empresa.

Não é de se estranhar que as entidades que atuam no combate à violência de gênero apresentem um consenso: na realidade, os números absolutos devem ser muito superiores, em razão da subnotificação dos casos. A vítima sente vergonha, impotência, raiva e muitas vezes não vê como pode se proteger. Pode ser o chamado desamparo aprendido, situação em que a violência repetida ou a manipulação constante da vítima faz com que ela não se sinta capaz de lidar com a situação, ficando sem qualquer reação e, portanto, sem procurar ajuda. Por isso, pensar na violência de gênero no trabalho não pode passar ao largo do acolhimento adequado da vítima, da divulgação e do funcionamento eficiente dos canais de denúncia, da transparência da apuração, do diálogo e da conscientização.

Conclusão

O mundo do trabalho foi impactado pela pandemia, impondo novos desafios. Entretanto, se pandemia como uma tempestade em alto mar é a mesma para todas e todos, há quem esteja naufragando, quem esteja sobrevivendo com coletes salva-vidas ou em botes e barcos e, ainda, quem esteja confortavelmente aguardando a chuva passar em navios seguros. Tudo isso observando uma lógica de classe, gênero e raça.

Referências

ALMEIDA, Silvio. *Racismo estrutural.* São Paulo: Sueli Carneiro; Pólen, 2019.

ALVES, Giovanni. *Dimensões da reestruturação produtiva* — ensaios de sociologia do trabalho. Bauru: Canal 6. Londrina: Práxis, 2007.

BIROLI, Flávia. *Gênero e desigualdades:* limites da democracia no Brasil. São Paulo: Boitempo, 2018.

BORGES, Maria José Rigotti. 'Não somos soldados': mulheres e o cuidado na área de saúde. Disponível em: <https://www.cartacapital.com.br/blogs/sororidade-em-pauta/nao-somos-soldados-mulheres-e-o-cuidado-na-area-de-saude/>. Acesso em: 10 jan. 2021.

BOYER, Robert. Is a finance-led growth regime a viable alternative to fordism? A preliminary analysis. *Economy and Society*, v. 29, n. 1, p. 111-145, Feb. 2000.

BRASIL. Ministério da Saúde. *Boletim epidemiológico especial n. 41*. Publicado em 16 dez. 2020. Disponível em: <https://www.gov.br/saude/pt-br/media/pdf/2020/dezembro/17/boletim_covid_41_17dez20_final2.pdf>. Acesso em: 27 dez. 2020.

BUTLER, Judith. *Vida precária:* Os poderes do luto e da violência. Belo Horizonte: Autêntica, 2019.

CASARA, Rubens. *Estado Pós-Democrático:* neo-obscurantismo e gestão dos indesejáveis. Rio de Janeiro: Civilização Brasileira, 2017.

FERREIRA, Lola; SILVA, Vitória Régia da. 2020: o ano da pandemia e seu impacto nas mulheres, pessoas negras e LGBT+. *Portal Gn.* Disponível em: <http://www.generonumero.media/retrospectiva-2020/>. Acesso em: 27 dez. 2020.

FGV EAESP – Escola de Administração de Empresas de São Paulo da Fundação Getulio Vargas. A pandemia de Covid-19 e (os)as profissionais de saúde pública: uma perspectiva de gênero e raça sobre a linha de frente. Disponível em: <https://abori.com.br/wp-content/uploads/2020/12/relatorio_Genero_v2.pdf>. Acesso em: 10 jan. 2021.

FONTENELLE, Luis Eduardo Soares. Terceirização Mortal. *Portal Justificando*. Disponível em: <https://www.justificando.com/2020/11/26/terceirizacao-mortal/#:~:text=Os%20reflexos%20se%20espraiam%20pa%C3%ADs,como%20o%20racismo%20e%20viol%C3%AAncia>. Acesso em: 10 jan. 2021.

FÓRUM BRASILEIRO DE SEGURANÇA PÚBLICA. Anuário Brasileiro de Segurança Pública 2020. Disponível em: <https://forumseguranca.org.br/anuario-brasileiro-seguranca-publica/>. Acesso em: 1º dez. 2020.

GONZALEZ, Lélia. Democracia racial? Nada disso! (1981). *In*: GONZALEZ, Lélia. *Primavera para as rosas negras:* Lélia Gonzalez em primeira pessoa... Diáspora Africana: Filhos da África, 2018. p. 110.

______. A mulher negra na sociedade brasileira: uma abordagem político-econômica (1979). In: GONZALEZ, Lélia. *Primavera para as rosas negras:* Lélia Gonzalez em primeira pessoa... Diáspora Africana: Filhos da África, 2018. p. 42.

IBGE. *Estatísticas de Gênero — Indicadores sociais das mulheres no Brasil*. Ano 2016. Disponível em: <https://www.ibge.gov.br/estatisticas-novoportal/multidominio/genero/20163-estatisticas-de-genero-indicadores-sociais-das-mulheres-no-brasil.html?=&t=resultados>. Acesso em: 27 dez. 2020.

IBGE. PNAD Contínua Trimestral: desocupação cresce em 10 das 27 UFs no 3º trimestre de 2020. Disponível em: <https://agenciadenoticias.ibge.gov.br/agencia-sala-de-imprensa/2013-agencia-de-noticias/releases/29519-pnad-continua-trimestral-desocupacao-cresce-em-10-das-27-ufs-no-3-trimestre-de-2020>. Acesso em: 27 dez. 2020.

KANT, Immanuel. Primeira parte — primeiros princípios metafísicos da doutrina. In: KANT, Immanuel. *Metafísica dos costumes*. Tradução de Clélia Aparecida Martins. São Paulo: Universitária São Francisco, 2013. p. 120-121.

KARABARBOUNIS, Loukas; NEIMAN, Brent. The global decline of the labor share. *NBER Working Paper* 19136. Cambridge/MA: NBER, jun. 2013.

KERGOAT, Danièle. Relações sociais e divisão do trabalho entre os sexos. In: KERGOAT, Danièle. *Lutar, dizem elas...* Recife: SOS Corpo, 2018.

LAWSON, M. *et al*. *Tempo de cuidar*: o trabalho de cuidado não remunerado e mal pago e a crise global da desigualdade. Oxford: Oxfam GB, 2020.

LOPES, Marcos R. Pandemia foi pior para negros e mulheres no mercado de trabalho. *Portal R7*. Disponível em: <https://noticias.r7.com/economia/pandemia-foi-pior-para-negros-e-mulheres-no-mercado-de-trabalho-26122020>. Acesso em: 27 dez. 2020.

MAEDA, Patrícia. *Trabalho no capitalismo pós-fordista:* trabalho decente, terceirização e contrato zero hora. 2016. 264 f. Dissertação (Mestrado) – Faculdade de Direito, Universidade de São Paulo, São Paulo, 2016.

MARCO ZERO CONTEÚDO. Um vírus e duas guerras: uma mulher é morta a cada nove horas durante a pandemia no Brasil. Disponível em: <https://marcozero.org/um-virus-e-duas-guerras-uma-mulher-e-morta-a-cada-nove-horas-durante-a-pandemia-no-brasil/>. Acesso em: 27 dez. 2020.

MARTINS, Pedro. População negra e Covid-19: desigualdades sociais e raciais ainda mais expostas. *Especial ABRASCO sobre coronavírus*. Disponível em: <https://www.abrasco.org.br/site/noticias/sistemas-de-saude/populacao-negra-e-covid-19-desigualdades-sociais-e-raciais-ainda-mais-expostas/46338/>. Acesso em: 27 dez. 2020.

MARX, Karl. *O capital:* crítica da economia política. Livro I: o processo de produção do capital. Tradução de Rubens Enderle. São Paulo: Boitempo, 2013.

MASCARO, Alysson Leandro. *Estado e forma política*. São Paulo: Boitempo, 2013.

MBEMBE, Achille. *Necropolítica:* biopoder, soberania, estado de exceção, política de morte. 3. ed. São Paulo: n-1edições, 2018.

MOREIRA, Adilson J. *O que é discriminação?* Belo Horizonte: Letramento, 2018.

MUÑOZ, Lina G. Uma leitura feminista do austericídio. Tradução de Charlotth Back e Lúcia R. Matos. Disponível em: <http://www.justificando.com/2018/09/04/uma-leitura-feminista-do-austericidio/>. Acesso em: 1º out. 20. Publicação original: Uma lectura feminista del austericidio. *Revista de Economia Crítica*. N. 15. Sevilla, 2013.

PIRES, Thula. Direitos humanos e Améfrica Ladina: por uma crítica amefricana ao colonialismo jurídico. *LASA Forum*. v. 50:3. Verão, 2019.

QUIJANO, Aníbal. Colonialidade do poder, eurocentrismo e América Latina. In: *A colonialidade do saber:* eurocentrismo e ciências sociais. Perspectivas latino-americanas. Buenos Aires: CLACSO, Consejo Latinoamericano de Ciencias Sociales, 2005.

SABADELL, Ana L. *Manual de Sociologia Jurídica:* Introdução a uma leitura externa do direito. 7. ed. São Paulo: RT, 2017. p. 203.

Violência Contra a Mulher no Meio Ambiente de Trabalho: Da Voluntariedade ao Dever de Prevenção

Carolina Spack Kemmelmeier(1)
Olívia de Quintana Figueiredo Pasqualeto(2)

Introdução

O direito a um meio ambiente laboral livre de violência, inclusive da violência de gênero e sua articulação com a construção de uma cultura de prevenção por meio da *due diligence* em direitos humanos laborais, é o tema deste artigo.

Esse assunto foi escolhido por permitir contextualizar e compreender a evolução do debate sobre mulheres, trabalho e violência e sobre a interface entre direito do trabalho e direitos humanos, especialmente no que diz respeito à interpretação do direito à não discriminação fundada em gênero. A pergunta estruturante para seu desenvolvimento foi a seguinte: quais as contribuições da Convenção n. 190 da Organização Internacional do Trabalho (OIT) para a transformação de uma cultura de voluntariedade das empresas para outra fundada no dever de prevenção da violência de gênero no meio ambiente de trabalho?

Essa indagação se justifica diante da constatação de que a violência contra mulheres é a violação mais recorrente de direitos humanos, problema esse que se tornou mais visível após a epidemia de Covid-19. E mais, evidências coletadas entre 2019 e 2020 indicam que o assédio sexual no ambiente de trabalho afeta aproximadamente metade das mulheres no Brasil ao longo de sua trajetória profissional. A transformação dessa realidade requer transformações significativas na cultura empresarial e jurídica sobre a violência no mundo do trabalho e sobre como homens e mulheres vivenciam e são impactados de forma distinta por ela.

(1) Doutora em Direito do Trabalho e da Seguridade Social pela Faculdade de Direito da Universidade de São Paulo. Professora Adjunta do Curso de Direito da Universidade Estadual do Oeste do Paraná.

(2) Doutora e Mestra em Direito do Trabalho e da Seguridade Social pela Faculdade de Direito da Universidade de São Paulo. Graduada em Direito pela Faculdade de Direito de Ribeirão Preto da Universidade de São Paulo. Advogada. Professora na Escola de Direito de São Paulo da Fundação Getúlio Vargas. Pesquisadora sênior do Centro de Ensino e Pesquisa em Inovação da Fundação Getúlio Vargas. Atualmente realiza Pós-doutorado na Universidade de São Paulo.

Partindo dessa delimitação, optou-se pela estratégia metodológica da revisão de literatura no campo dos direitos humanos e empresas e da análise documental de recomendações do Alto Comissariado para Direitos Humanos da ONU e outros comitês relacionados.

O desenvolvimento do texto foi estruturado em três eixos. O primeiro deles tem como objeto a interface entre trabalho, mulheres e violência e se desenvolve de modo a contextualizar a violência de gênero e a sua inserção na formulação da Convenção n. 190 da OIT.

O segundo segmento é dedicado à análise da interface entre direito do trabalho e direitos humanos e suas contribuições para a questão central abordada nesse texto.

A parte final, por sua vez, tem como foco as contribuições do *due diligence* em direitos humanos para a transformação da cultura de voluntariedade das empresas para uma de prevenção mandatória e como esse debate repercutiu na estruturação da Convenção n. 190 da OIT e da prevenção da violência de gênero no meio ambiente laboral.

Espera-se que essa análise, em caráter exploratório, possa contribuir para o desenvolvimento de futuras pesquisas quanto as potencialidades do conceito de gênero e de *due diligence* em direitos humanos para a efetividade social dos *core labour rights* e para a proteção das mulheres no mundo do trabalho.

1. Mulheres, trabalho e o debate sobre a violência

Na América Latina as mulheres são mais afetadas pelo desemprego, trabalho precário e informalidade e se encontram em maior proporção em situação de pobreza. Esse cenário de vulnerabilidade se agravou em 2020 diante da crise associada ao Covid-19 e seus impactos em matéria de fechamentos de postos de trabalho em setores com alta ocupação feminina (comércio, restaurantes, hotéis e serviços domésticos) e da saída de mulheres do mercado de trabalho em razão das responsabilidades adicionais com o cuidado de crianças e idosos associadas aos desdobramentos da pandemia (CEPAL, OIT, 2020).

Pela perspectiva do rendimento e da formação (ensino médio e ensino superior) no Brasil, os rendimentos de homens brancos são superiores aos das mulheres, sendo que entre a população com ensino superior, os homens brancos têm média remuneratória 159% superior às mulheres negras com o mesmo nível de formação (INSPER, 2020). Essa significativa desigualdade salarial no Brasil é confirmada pela constatação de que, ainda que em idêntica ocupação, os homens brancos sempre recebem os maiores salários e, inversamente, as mulheres negras, os menores. (OXFAM BRASIL, 2018; OXFAM BRASIL, 2019).

Quando o tema é violência e trabalho, metade das mulheres brasileiras foram vítimas de assédio sexual no ambiente laboral durante sua trajetória profissional. As condutas vivenciadas pelas entrevistadas foram: solicitação de favores sexuais (92%); contato físico não solicitado (91%) e abuso sexual (60%). Essa violência é aumentada quando as entrevistadas são mulheres negras ou têm remuneração entre dois e seis salários mínimos, ou seja, raça e classe são fatores agravantes. (THINK EVA, 2020).

A alta ocorrência do assédio sexual, manifestação mais perceptível da violência contra mulheres no meio ambiente de trabalho, dialoga com constatação de que a violência de gênero é a violação de direitos humanos mais prevalente em termos mundiais (UNDURRAGA, NORKICKEL, 2020). A violência no mundo do trabalho, portanto, não é a mesma para homens e mulheres.

A relação entre violência e trabalho e sua incompatibilidade com o trabalho decente é tema relativamente recente no plano nacional e internacional do Direito do Trabalho. O marco temporal para o desenvolvimento de um debate público substancial e contínuo sobre a necessidade de criação de regulamentação abrangente e sistemática sobre esse assunto se localiza tão somente no início dos anos 2000.

Diferentemente, no campo da saúde pública, a violência é tema de significativa atenção desde os anos 1980. A Organização Mundial da Saúde (OMS) a considera como um problema global e a conceitua como: "[...] o uso da força física ou do poder, real ou em ameaça, contra si próprio, contra outra pessoa, ou contra um grupo ou uma comunidade, que resulte ou tenha qualquer possibilidade de resultar em lesão, morte, dano psicológico, deficiência de desenvolvimento ou privação." (OMS, 2002).

O desenvolvimento dos estudos sobre violência indicou a necessidade de ampliação de seu objeto, de modo a compreender manifestações da violência menos visíveis, sobretudo daquelas que se encontram naturalizadas. Uma categoria significativa para essa finalidade é a da violência estrutural, a qual remete ao papel das organizações e das instituições, inclusive o Direito, na conformação e naturalização da violência. Desse modo, passa-se a estudar "a origem de comportamentos violentos e da vulnerabilização de certos grupos e de determinados indivíduos tendo em vista as relações de poder características de um determinado sistema econômico, político e cultural" (MINAYO, 1994, p. 8).

Essa concepção de violência, portanto, analisa o uso do poder, tema este que é central para o Direito do Trabalho já que sua origem ontológica e histórica se encontra no reconhecimento da subordinação frente ao poder empregatício e, consequentemente, da vulnerabilidade dos trabalhadores e trabalhadoras.

Essa relação de poder é dupla para as mulheres no mundo do trabalho, diante da combinação da subordinação estrutural vivenciada pelos trabalhadores com a dinâmica da subordinação feminina nas sociedades patriarcais. Desse modo, incluir a dimensão de gênero na análise jurídica e o feminismo jurídico enquanto referencial teórico permite se distanciar da ficção normativa universalizante do empregado como homem, branco, maior de idade e heterossexual. (LERUSSI, 2020).

O Alto Comissariado para Direitos Humanos da ONU (2014, p. 35-36) informa que gênero é uma categoria de análise para dar visibilidade às relações de poder e dominação e identificar diferenciações entre pessoas que foram e são socialmente construídas e, portanto, não são inatas ou naturais. O Comitê CEDAW (2010, p. 2), no mesmo sentido, esclarece que a expressão sexo se refere às diferenças biológicas entre homens e mulheres. Gênero, por sua vez, abarca as identidades, atributos e papéis distintos atribuídos aos homens e mulheres e que são socialmente construídos. As relações de poder e subordinação associada ao gênero estão presentes em todas as sociedades e resultam em uma distribuição desigual de poder e oportunidades que favorecem os homens e prejudicam mulheres e pessoas que não se encaixam nos padrões de gênero, como a população LGTQIA+. A vedação à discriminação contra mulheres como direito humano compreende, portanto, comportamentos e práticas que tenham como fundamento concepções pautadas em estereótipos de gênero, não se limitando às diferenças com base no sexo.

A divisão sexual do trabalho associada a uma cultura patriarcal de gênero atribuiu aos homens o exercício de atividades voltadas para a produção e, às mulheres, o desempenho de tarefas de cuidado e uma tradição de submissão aos homens. A inserção das mulheres no mercado de trabalho com o capitalismo, portanto, se desenvolve em meio a esses estereótipos patriarcais e expõe as trabalhadoras a riscos aumentados de violência e de discriminação no mundo do trabalho, o que afeta sua empregabilidade, suas oportunidades de crescimento profissional e sua saúde (LLOYD; TALUC, 1999).

O campo jurídico, em um primeiro momento, compreendia a violência contra as mulheres como o comportamento desviante de certos indivíduos e como parte de culturas primitivas. Essa leitura tem sido substituída pela perspectiva da dimensão estrutural e multifatorial da violência de gênero, consubstanciada em discursos e práticas que permeiam instituições sociais, econômicas e culturais de modo a atribuir às mulheres uma posição de inferioridade ou de capacidade reduzida e a construir estereótipos quanto aos comportamentos desejados em uma "verdadeira masculinidade e feminilidade" (RIKKI, 2008).

A Corte Interamericana de Direitos Humanos (CIDH) reconhece esse caráter estrutural da violência de gênero e afirma a obrigação do Estado de garantir os direitos humanos das mulheres diante dos desdobramentos das atividades empresariais sobre esse tema. As ofensas de direitos humanos vivenciadas pelas mulheres em sua atuação profissional decorrem: da discriminação e violência de gênero nas sociedades, a qual é reproduzida no ambiente laboral; do desequilíbrio de poder entre atores empresariais e mulheres e da omissão dos Estados para a proteção e promoção dos direitos nessa área. E destaca: "Esto se agrava cuando tales prácticas y comportamientos hacen parte de un contexto social, político y normativo patriarcal que lo sostiene y oculta, por ejemplo, socavando su derecho a condiciones laborales justas y equitativas en comparación con los hombres [...]" (CIDH, 2020).

O debate sobre a violência de gênero e o Direito encontra um novo marco em 2019 com a aprovação da Convenção n. 190 da Organização Internacional do Trabalho (OIT). Esta reconhece, pela primeira vez no Direito Internacional, o direito a um mundo do trabalho livre de violência e assédio e uma série de deveres e responsabilidades para proteger e promover esse direito (art. 4, item 1).

O preâmbulo da Convenção n. 190 da OIT destaca como a violência por razão de gênero afeta desproporcionalmente mulheres. Desse modo, a erradicação da violência laboral demanda uma abordagem que contemple de modo inclusivo e integrado essa temática e inclua entre os fatores de risco para a violência laboral: os estereótipos de gênero, a multiplicidade e interseccionalidade presente na discriminação, bem como o abuso do poder por razão de gênero. (OIT, 2019)

Entre as definições presentes na Convenção, insere-se a expressão "violência e assédio baseado em gênero". Essa modalidade compreende comportamentos e práticas inaceitáveis que tenham como motivação o sexo ou gênero, bem como aqueles que afetem pessoas de um determinado sexo ou gênero desproporcionalmente e inclui o assédio sexual (art. 1, 1, b).

A terminologia violência e assédio baseado em gênero compreende toda ação, comportamento ou prática institucional que implique em abuso, desmerecimento e preconceito contra uma pessoa com base no gênero e que ocorra no mundo do trabalho. Essas práticas hostis abrangem, portanto, abusos que têm como fundamento o que se espera em termos de conduta e personalidade das mulheres e homens em uma determinada sociedade e em um específico contexto. Integram essa categoria, além do assédio sexual, práticas como a discriminação em razão da maternidade e o tratamento condescendente (UNDURRAGA, NORKICKEL, 2020).

Os deveres estatais centrais decorrentes da Convenção são o respeito, proteção e promoção do direito de todos a um mundo livre da violência e do assédio. Há, portanto, a adoção da tolerância zero em matéria de violência no mundo do trabalho, ou seja, da desnaturalização da violência como parte inerente das relações de trabalho, inclusive daquela que tenham como fundamento direto ou indireto uma cultura patriarcal. (art. 4, 1).

Para tanto, os Estados têm o dever de construir e implementar, com base no diálogo social, uma metodologia de ação inclusiva, sistemática e que leve em consideração a questão de gênero. Essa deve ser estruturada por: a) medidas legislativas para a proibição da violência laboral; b) inclusão da erradicação da violência laboral nas políticas públicas pertinentes, tais como trabalho e emprego; segurança e saúde do trabalho; equidade e não discriminação e segurança pública; c) adoção de estratégias e medidas para a prevenção e combate da violência laboral; d) criação e aperfeiçoamento de mecanismos de monitoramento, fiscalização e reparação; d) desenvolvimento de ações para a educação e treinamento de modo a gerar sensibilização quanto a esse tema em toda a sociedade (Convenção n. 190, art. 4, 2 e art. 2 da Recomendação 206).

Além disso, há o dever estatal de construção de um quadro jurídico nacional que atribua aos empregadores e tomadores de serviços a obrigatoriedade de medidas para a prevenção da violência e do assédio no mundo do trabalho, inclusive da violência de gênero. Essa prevenção se constitui pela elaboração e implementação, em consulta com os trabalhadores e seus representantes, de uma política corporativa para a eliminação da violência laboral em conformidade com o contexto e particularidades de cada setor e operação. A política corporativa tem como elementos estruturantes a identificação, avaliação e monitoramento dos riscos de violência laboral de modo integrado com a gestão dos riscos à segurança e saúde do trabalho, bem como a capacitação e treinamento das pessoas para uma cultura organizacional de zero tolerância quanto à violência no mundo do trabalho (art. 9 da Convenção n. 190).

A Recomendação n. 206 da OIT esclarece que a política corporativa deve se pautar em uma mensagem clara de não tolerância a práticas de violência. Além disso, para que essa não se limite a uma declaração vaga de boas intenções deve ser construída por meio de objetivos mensuráveis e da atribuição de direitos e responsabilidades dos trabalhadores e daqueles que desempenham encargos de gestão e controle. A efetividade dessa política requer, igualmente, a inclusão de informações acessíveis e claras sobre os procedimentos para a apresentação de denúncias e sobre como será conduzida a investigação. Além disso, devem ser adotadas medidas para que todas as denúncias sejam devidamente analisadas, com garantias quanto ao direito à privacidade e confidencialidade e adoção de providências para proteção das vítimas, testemunhas e denunciantes contra a retaliação e vitimização (art. 7 da Recomendação n. 206).

2. Gênero, trabalho e direitos humanos — Uma aproximação necessária

A violência de gênero ocorre nos mais diversos âmbitos: doméstico, laboral, escolar, dentre tantos outros. Neste texto, analisa-se a violência perpetuada no meio ambiente de trabalho, que assume diferentes formas — assédio moral, assédio sexual, discriminações diversas, agressões, etc. — e deve ser analisada por diferentes perspectivas, inclusive na seara jurídica.

Embora se trate de tema essencialmente interdisciplinar e que impacta a saúde das trabalhadoras, bem como o equilíbrio labor-ambiental, nem sempre a violência de gênero ocorrida no ambiente de trabalho é endereçada de forma interconectada pelo direito do trabalho e pelos direitos humanos, parecendo haver certo um distanciamento entre essas duas áreas do direito.

Segundo Leary, trata-se de um "paradoxo lamentável: o movimento dos direitos humanos e o movimento trabalhista correm em trilhas que às vezes são paralelas e raramente se encontram" (LEARY, 1996, p. 22), o que acarreta um enfraquecimento do arcabouço jurídico-protetivo da mulher no trabalho.

Nesse sentido, torna-se necessário destacar a imbricação entre direitos trabalhistas e direitos humanos, o que não significa exterminar um ou outro ramo do Direito (MANTOUVALOU, 2012, p. 172), mas reconhecer que tais direitos são intrínsecos à pessoa do trabalhador, o que pode ser benéfico para a promoção de melhoria e suas condições sociais.

Inicialmente, é possível perceber o entrelaçamento entre direitos trabalhistas e direitos humanos a partir de sua própria origem. Há uma afinidade histórica entre essas duas disciplinas: ambas possuem o objetivo comum de garantir e assegurar condições mínimas de dignidade às pessoas, protegendo-as contra excessos do Estado e abusos de terceiros.

A busca pela proteção da pessoa e de seus direitos, seja ela trabalhadora ou não, é o ponto de convergência entre os direitos humanos e o direito do trabalho. Essa proteção pode ser alcançada a partir da proibição de abusos — ou proibição de excesso (CANARIS, 2003), isto é, a proibição da prática de situações fáticas ou jurídicas que afrontem a condição humana da pessoa, enquanto sujeito de direito – e da proibição de insuficiência, em que é necessária uma conduta ativa para evitar lesões às pessoas e aos seus direitos. Pensadas originalmente para a relação particular-Estado, tais proibições passaram a fazer sentido para as relações havidas entre particulares.

Sobretudo a partir do século XVIII, auge da primeira Revolução Industrial, as condições de vida e trabalho eram degradantes: trabalho insalubre, penoso, desgastante, jornadas extenuantes, salários baixos, desigualdade de gênero, trabalho infantil, gestantes em trabalhos perigosos, etc. É nesse momento que se originam as primeiras normas com vistas a limitar o poder dos empregadores e assegurar direitos e garantias mínimas aos empregados das indústrias.

Há, assim, aproximação entre os direitos humanos e o direito do trabalho: ambos objetivam garantir direitos mínimos ao bom e salutar desenvolvimento da pessoa humana e barrar abusos cometidos nas relações fáticas e jurídicas havidas entre os particulares e entre os particulares e o Estado.

A raiz histórica se refletiu no direito internacional a partir do reconhecimento de direitos ligados trabalho – como saúde e segurança, liberdade, igualdade e não discriminação — como direitos humanos em diplomas internacionais que são símbolos para os direitos humanos, a exemplo da Declaração Universal de Direitos Humanos, Pacto Internacional de Direitos Civis e Políticos, Pacto Internacional de Direitos Econômicos, Sociais e Culturais.

Ademais, há normativas internacionais expressamente ligadas ao trabalho e à Organização Internacional do Trabalho que também reconhecem a essencialidade de determinados direitos no trabalho, isto é, reconhece direitos trabalhistas como fundamentais, com destaque para a Declaração da OIT sobre os Princípios e Direitos Fundamentais no Trabalho de 1998.

Em seu texto, a Declaração de 1988 reforça aos Estados que "no momento de incorporar-se livremente à OIT, todos os Membros aceitaram os princípios e direitos enunciados em sua Constituição e na Declaração de Filadélfia, e se comprometeram a esforçar-se por alcançar os objetivos gerais da Organização" (OIT, 1998, p. 2) e declara que todos os Estados-membros, "ainda que não tenham ratificado as convenções aludidas, têm um compromisso derivado do fato de pertencer à Organização de respeitar, promover e tornar realidade, de boa fé e de conformidade com a Constituição, os princípios relativos aos direitos fundamentais" (OIT, 1998, p. 2-3) que são objeto de tais convenções[(3)]: liberdade sindical e o reconhecimento efetivo do direito de negociação coletiva; eliminação de todas as formas de trabalho forçado ou obrigatório; abolição efetiva do trabalho infantil; e eliminação da discriminação em matéria de emprego e ocupação (direitos fundamentais que compõem os *core labour rights*).

---

(3) São oito convenções classificadas pela OIT como fundamentais: Convenção n. 29, sobre o trabalho forçado ou obrigatório, 1930; Convenção n. 87, sobre a liberdade sindical e a proteção do direito sindical (1948); Convenção n. 98, sobre o direito de organização e negociação coletiva (1949); Convenção n. 100, sobre a igualdade de remuneração, (1951); Convenção n. 105, sobre a abolição do trabalho forçado (1957); Convenção n. 111, sobre a discriminação em matéria de emprego e profissão (1958); Convenção n. 138, sobre a idade mínima para o trabalho (1973); Convenção n. 182, sobre as piores formas de trabalho das crianças (1999).

A Declaração de 1998, além de representar uma mudança nas estratégias regulatórias da OIT, se destacou por utilizar a gramática dos direitos fundamentais para se referir aos *core labour rights* (FUDGE, 2007). Ao considerar tais direitos trabalhistas como fundamentais, enquanto reforçava sua legitimidade, a OIT objetivou proteger esses direitos de questionamentos econômicos e políticos vindos de um contexto de globalização econômica (FUDGE, 2007; GOMES, 2014, p. 29), já que os direitos humanos são mais dificilmente confrontados quando comparados com direitos trabalhistas, pois estes, muitas vezes, são tidos como custos que tendencialmente oneram os empregadores e, portanto, o mercado.

Assim, segundo Gomes (2014), ao identificar os *core labour rights* como direitos fundamentais, a OIT reforçou a universalidade e essencialidade de tais direitos e sinalizou que direitos reconhecidamente fundamentais — não discriminação, por exemplo — não são flexionáveis a depender do contexto, isto é, continuam dotados de fundamentalidade inclusive no âmbito do trabalho.

O reforço à identificação de direitos trabalhistas como direitos humanos, portanto, parece ampliar estrategicamente a sua relevância, incluindo-os direta e mais facilmente nas agendas sobre direitos humanos e empresas (DHE), governança ambiental, social e corporativa[(4)] (ESG) e responsabilidade social das empresas (RSE).

3. Direitos humanos e empresas e o dever de prevenção da violência de gênero no meio ambiente laboral

Com base na revisão de literatura sobre violência de gênero no meio ambiente laboral e aproximação entre direito do trabalho e direitos humanos, um assunto a ser mais explorado são as convergências entre os Princípios Orientadores para Empresas e Direitos Humanos (ONU, 2011) da ONU e a Convenção n. 190 da OIT, com ênfase em suas possibilidades e desafios para a consolidação da cultura jurídica de prevenção na área dos direitos humanos e empresas.

Os deveres jurídicos de respeito, proteção e promoção que decorrem dos direitos humanos no Direito Internacional não se destinam apenas aos Estados, mas também a atores não estatais, como as empresas, inclusive em temas afetos ao Direito do Trabalho. Conforme salienta Cardia (2014), embora as empresas não tenham legitimidade para celebrar tratados internacionais no sentido formal, "não é mais possível negar a importância material dos acordos celebrados entre as empresas transnacionais e os Estados no plano global" (CARDIA, 2014, p. 40). As empresas, sobretudo transnacionais, influenciam sobremaneira as relações econômicas internacionais, desligando-se, muitas vezes, "da soberania dos Estados para garantir sua expansão econômica e fortaleceram a ideia de que os Estados não mais possuem poder para controlar individualmente suas próprias economias" (CARDIA, 2014, p. 40).

Assim, seja direta ou indiretamente, as organizações produtivas podem contribuir para a não concretização dos direitos humanos laborais e é necessário que o direito — internacional e interno — reconheça tal repercussão. Além disso, a presença dessas empresas

(4) No inglês, Environmental, Social, and Corporate Governance (ESG).

em determinados espaços geográficos também pode fornecer apoio econômico e político para governos que não promovam políticas públicas e marco regulatório compatível com aos parâmetros mínimos estabelecidos pela OIT por meio da categoria trabalho decente (STEINER; ALSTON; GOODMAN, 2007; AUVERGNON, 2020).

Tem-se assim o desenvolvimento do campo dos direitos humanos e empresas, com instrumentos jurídicos como os Princípios Orientadores para Empresas e Direitos Humanos (ONU). Uma categoria que interessa especialmente para o estudo que se propõe é a *due diligence* em direitos humanos para empresas (GIL Y GIL, 2020) e suas contribuições para a formulação e interpretação da Convenção n. 190 da OIT e para o desenvolvimento de uma cultura de prevenção substancial no Direito do Trabalho.

A *due diligenge* em direitos humanos, conforme o Alto Comissariado para Direitos Humanos da ONU (2012, p. 6), é expressão que designa "o processo contínuo de gestão que uma empresa razoável e prudente deve adotar, à luz das circunstâncias (setor de atuação, contexto de operação, tamanho e outros fatores) para cumprir sua responsabilidade de respeitar os direitos humanos".

Nesse mesmo sentido, segundo a Norma Internacional ISO 26.000, a *due diligence* envolve um processo amplo e ativo — baseado nos princípios da accountability[(5)], transparência, comportamento ético, respeito pelos interesses das partes interessadas, respeito pelo estado de direito, respeito pelas normas internacionais de comportamento e respeito pelos direitos humanos — para "identificar os impactos sociais, ambientais e econômicos negativos reais e potenciais das decisões e atividades de uma organização ao longo de todo o ciclo de vida de um projeto ou atividade organizacional visando evitar ou mitigar esses impactos" (FGV; GVces, 2011, p. 23).

Dessa forma, a *due diligence* em direitos humanos abarca um conjunto de objetivos, projetos e ações de monitoramento interno e externo que têm como finalidade a identificação, prevenção, mitigação e reparações de modo a eliminar ou reduzir ao máximo possível os impactos adversos, diretos ou indiretos, sobre direitos humanos decorrentes de uma determinada atividade empresarial. Esse processo de vigilância corporativa inclui as atividades imediatas da organização produtiva, bem como aquelas decorrentes de operações, produtos e serviços relacionados aos seus parceiros de negócios, como fornecedores, subcontratados e parceiros comerciais (Princípios 17 e 18 da Princípios Orientadores para Empresas e Direitos Humanos).

É por meio desse processo contínuo e sistêmico de *due diligence* que as empresas podem identificar e comprovar que respeitam os direitos humanos e que partes interessadas e a sociedade civil organizada podem ter acesso à informação consistente e exercer uma participação efetiva na identificação de problemas e construção de soluções transformadoras.

(5) Embora não haja uma tradução exata para o português, o termo compreende as noções de prestação de contas, responsabilização e expansividade (FGV; GVces, 2011).

Embora os Princípios Orientadores para Empresas e Direitos Humanos não sejam um instrumento jurídico imperativo de Direito Internacional, observa-se a tendência para a adoção mandatória da *due diligence* em direitos humanos em certas jurisdições, a exemplo da França, com a Lei n. 2017-399, que tem como objeto o dever de vigilância corporativa, e do debate na União Europeia sobre uma norma comunitária quanto a essa mesma matéria.

Essa concepção de responsabilidade empresarial e dever de prevenção associada à *due diligence* em direitos humanos foi uma influência significativa na estruturação da Convenção n. 190 da OIT. Um primeiro elemento dessa convergência se encontra na concepção extensiva de trabalhadores reconhecidos como titulares de direitos (empregados, pessoas que trabalhem independentemente de sua qualificação contratual, pessoas que trabalham como parte de sua formação, trabalhadores voluntários, candidatos a postos de trabalho, aqueles que já tiveram o vínculo laboral extinto e pessoas que exerçam cargos de gerência, direção e representação do tomador dos serviços), rompendo com a clássica dicotomia empregador e empregado (OIT, 2019, art. 2, 1) e associando ao campo do trabalho a característica da universalidade, já marcante nos diplomas internacionais de direitos humanos.

Essa opção pela ampliação na apreciação dos efeitos adversos da violência laboral também se reflete na delimitação dos setores de atividades abrangidos pela Convenção (privados, públicos, urbano e rural) e no uso da expressão "mundo do trabalho", a qual reconhece como violência laboral as condutas e comportamentos que ocorram não apenas no lugar de trabalho em sentido estrito, mas também alojamento, viagens, comunicações e atividades sociais (OIT, 2019, art. 3).

Sobre o caráter mandatório da *due diligence* em matéria de violência laboral, relembra-se, conforme exposto no item 1 deste artigo, que a Convenção determina que os Estados construam um marco regulatório em que as organizações produtivas tenham o dever de adotar medidas preventivas por meio de uma política corporativa constituída pela identificação, avaliação e monitoramento contínuo dos riscos de violência laboral (OIT, 2019, art. 9).

Essa identificação, avaliação e monitoramento são elementos estruturantes da *due diligence* em direitos humanos conforme o referencial teórico e os estudos de caso no campo dos direitos humanos e empresas. Especificamente quanto à eliminação da violência laboral e a perspectiva de gênero esse mecanismo de prevenção deve contemplar:

> a) realização de um levantamento de riscos sobre violações de direitos humanos que considere de modo sistemático a equidade de gênero em todas as fases do planejamento operacional;
>
> b) participação efetiva de todos os grupos que possam ter seus direitos afetados na construção dessa política empresarial e em todas as suas fases, como identificação dos riscos, monitoramento das ações e avaliação dos resultados;
>
> c) substituição de uma cultura de cumprimento mínimo de regras jurídicas relativas a direitos humanos laborais por uma política institucional voltada para a promoção da equidade de gênero e tolerância zero da violência de modo a transformar padrões e estereótipos presentes em determinada sociedade (MARTIGNONI; UMLAS, 2018).

Essas diretrizes são propícias para a efetividade social dos objetivos da Convenção n. 190 da OIT e dos *core labour rights*. E mais, a *due diligence* em direitos humanos laborais se mostra como mecanismo que contribui para a consolidação de uma cultura de prevenção e responsabilidade jurídica em substituição a perspectiva da voluntariedade, de monetização do risco, de cumprimento mínimo das normas trabalhistas e, principalmente, para a retomada da compreensão do Direito como instrumento de regulamentação do mercado e de imposição de limites à uma racionalidade de crescimento econômico sem limites e incompatível com os direitos humanos e com o desenvolvimento sustentável.

Conclusão

Considerando o contexto, sobretudo latino-americano, em que a violência de gênero se apresenta em grandes índices no ambiente laboral, em uma aproximação exploratória sobre o tema violência de gênero e trabalho, este texto buscou analisar quais foram ou quais são as potenciais contribuições da Convenção n. 190 da OIT para uma transformação na atuação das empesas em face dos direitos humanos, a fim de que migrem da cultura da voluntariedade para o âmbito do dever de prevenção.

A Convenção n. 190 da OIT, ao se direcionar a um tema sensível e central quando se trata de violações de direitos humanos no ambiente de trabalho (assédio e violência), salienta que o meio ambiente do trabalho pode ter o seu equilíbrio afetado por fatores psicossociais, o que, por vezes, dada a invisibilidade do tema, acaba sendo desconsiderado. Além de explicitar essa abordagem, a Convenção n. 190 se destaca por se desvencilhar do binarismo — empregados e não empregados — e adotar uma lógica universalista, considerando que os trabalhadores e outras pessoas no mundo do trabalho (independentemente do vínculo jurídico que possuem, isto é, podem ser empregados, trabalhadores autônomos, estagiários, aprendizes, voluntários, dentre outros) vem estar protegidos contra a violência e o assédio.

Pautando-se por tal abordagem abrangente, a Convenção n. 190 da OIT se aproxima da lógica universalizante dos direitos humanos – interface que, como visto ao longo deste texto, nem sempre ocorre – e inclui trabalhadores historicamente excluídos do guarda-chuva protetivo do direito do trabalho (a exemplo dos trabalhadores autônomos) no seu âmbito de proteção.

Ao estabelecer a obrigação dos Estados construírem um marco regulatório para definição do dever de as empresas adotarem uma política preventiva de identificação, avaliação e monitoramento dos riscos associados à violência laboral, a Convenção n. 190 dá um passo no sentido de alterar uma lógica muito enraizada e transformar a cultura da voluntariedade em dever de prevenção.

Referências

AUVERGNON, P. El establecimiento de un deber de vigilancia de las empresas transnacionales, o cómo no dejar que los zorros cuiden libremente del gallinero mundial. *Lex Social: Revista De Derechos Sociales*, v. 10, n. 2, p. 206-223, 2020.

CARDIA, Ana Cláudia Ruy. *Empresas, direitos humanos e gênero:* desafios e perspectivas na proteção e na emancipação da mulher pelas empresas transnacionais. 2014. 198 f. Dissertação (Mestrado em Direito) – Pontifícia Universidade Católica de São Paulo, São Paulo, 2014.

CANARIS, Claus-Wilhem. *Direitos fundamentais e direito privado.* Tradução de Ingo Wolfgang Sarlet e Paulo Mota Pinto. Coimbra: Almedia, 2003.

CEDAW. *General Recommentdation n. 28*, 2010. Disponível em: <https://documents-dds-ny.un.org/doc/UNDOC/GEN/G10/472/60/PDF/G1047260.pdf?OpenElement>.

CEPAL, OIT. *Coyuntura Laboral en América Latina y el Caribe:* la dinámica laboral en una crisis de características inéditas: desafíos de política. Santiago, 2020. Disponível em: <https://repositorio.cepal.org/handle/11362/46308>.

CIDH. *Compendio sobre derechos laborales y sindicales:* estándares interamericanos, 2020. Disponível em: <http://www.oas.org/es/cidh/informes/pdfs/DerechosLaboralesSindicales-es.pdf>.

FGV. GVces. *Contribuições do 1º grupo de trabalho do GVces sobre a ISO 26000:* a norma internacional de responsabilidade social. São Paulo: Vox Editora, 2011. Disponível em: <http://bibliotecadigital.fgv.br/dspace/bitstream/handle/10438/15391/Contribuições%20do%201º%20grupo%20de%20trabalho%20do%20GVces%20sobre%20a%20ISO%2026000%20-%20a%20norma%20internacional%20da%20responsabilidade%20social.pdf?sequence=1&isAllowed=y>. Acesso em: 19 jan. 2020.

FUDGE, Judy. The new discourse of labor rights: From social to fundamental rights. *Comparative Labor Law & Policy Journal*, v. 29, 2007, p. 29-66.

GIL Y GIL, J. L. La responsabilidad de las empresas multinacionales por vulneración de los estándares laborales. Una perspectiva global. *Lex Social: Revista de Derechos Sociales*, v. 10, n. 2, p. 6-70, 2020.

GOMES, Ana Virgínia Moreira. A Declaração da OIT de 1988: história, mudanças e desafios. In: GOMES, Ana Virgínia Moreira; FREITAS JÚNIOR, Antonio Rodrigues de. *A Declaração de 1988 da OIT sobre Princípios e Direitos Fundamentais no Trabalho* — análise do seu significado e efeitos. São Paulo: LTr, 2014. p. 19-38.

LEARY, Virginia. The paradox of workers' rights as human rights. In: COMPA, Lance A.; DIAMOND, Stephen F. (Orgs.). *Human rights, labor rights and international trade.* The University of Pennsylvania Press: Pennsylvania, 1996. p. 22-47.

LERUSSI, Romina Carla. Orientaciones feministas para un nuevo derecho del trabajo. *Rev. Direito Práx.*, Rio de Janeiro, v. 11, n. 4, p. 2725-2742, Dec. 2020. Disponível em: <http://www.scielo.br/scielo.php?script=sci_arttext&pid=S2179-89662020000402725&lng=en&nrm=iso>. Acesso em: 15 jan. 2021.

LLOYD, S.; TALUC, N. (1999). The effects of male violence on female employment. *Violence Against Women*, 5, 370-392. Disponível em: <https://doi.org/10.1177/10778019922181275>.

MANTOUVALOU, Virginia. Are labour rights human rights? *European Labour Law Journal*, v. 3, p. 151, 2012.

MARTIGNONI, Joanna Bourke; UMLAS, Elizabeth. *Gender responsive due diligence for business actors:* a human rights-based approaches. Geneva Academy, 2018.

MINAYO, Maria Cecília de Souza. A violência social sob a perspectiva da Saúde Pública. *Cadernos de Saúde Pública*, Rio de Janeiro, v. 10, Suplemento 1, 1994.

OHCHR. *The corporate responsibility to respect human rights*: an interpretative guide. New York and Geneva. 2012. Disponível em: https://www.ohchr.org/documents/publications/hr.pub.12.2_en.pdf

______. *Women's rights are human rights.* 2014. Disponível em: <https://www.ohchr.org/documents/events/whrd/womenrightsarehr.pdf>.

ORGANIZAÇÃO INTERNACIONAL DO TRABALHO — OIT. *Declaração da OIT sobre Princípios e Direitos Fundamentais no Trabalho*. 1998. Disponível em: <https://www.ilo.org/public/english/standards/declaration/declaration_portuguese.pdf>. Acesso em: 14 jan. 2021.

ONU. *Resolução n. 17/4 do Conselho de Direitos Humanos da ONU*. Adotada em 16 de junho de 2011.

OMS. *Relatório mundial sobre violência e saúde*. Brasília: OMS/OPAS, 2002.

OXFAM BRASIL 2018. *País estagnado*. Disponível em: <https://oxfam.org.br/um-retratodas-desigualdades-brasileiras/pais-estagnado/>. Acesso em: 31 jan. 2020.

OXFAM BRASIL 2019. *A distância que nos une*. Disponível em: <https://oxfam.org.br/umretrato-das-desigualdades-brasileiras/a-distancia-que-nos-une/>. Acesso em: 31 jan. 2020.

RIBEIRO, Beatriz Caroline; KOMATSU, Bruno Kawaoka; MENEZES-FILHO, Naercio. Diferenciais salariais por raça e gênero para formados em escolas públicas ou privadas. *Policy Paper*, n. 45, São Paulo, Insper, jul. 2020. Disponível em <https://www.insper.edu.br/wp-content/uploads/2020/07/Policy-Paper-45.pdf>.

STEINER, Henry J.; ALSTON, Philip; GOODMAN, Ryan. *International human rights in context:* law, politics, morals. 3. ed. Nova York: Oxford, 2007.

THINK EVA; LINKEDIN. *O ciclo do assédio sexual no ambiente de trabalho*. 2020. Disponível em <https://thinkeva.com.br/pesquisas/assedio-no-contexto-do-mundo-corporativo/>. Acesso em: 31 jan. 2020.

UNDURRAGA, Rosario; LOPEZ HORNICKEL, Natalia. Trayectorias Laborales de Mujeres y Violencia en el Trabajo: Una Cuestión de Género. *Psykhe*, Santiago ,v. 29, n. 2, p. 1-14, dic. 2020. Disponível em: <https://scielo.conicyt.cl/scielo.php?script=sci_arttext&pid=S0718-22282020000200105&lng=es&nrm=iso>. Acesso em: 14 jan. 2021.

Covid-19 e *"Lockdown Generation"*: Reflexões sobre Trabalho e Juventude no Brasil

Catharina Lopes Scodro[1]
Maria Hemília Fonseca[2]

Introdução

Em 2020, com a difusão do "novo Coronavírus" por dezenas de países, a comunidade internacional e, especialmente, organismos como a Organização Mundial da Saúde (OMS) e a Organização Internacional do Trabalho (OIT) passaram a monitorar a disseminação e os riscos do contágio.

Nesse cenário, por um lado, a OMS chegou a decretar que a disseminação do vírus constituía uma "emergência de saúde pública de importância internacional" (ESPII) e, posteriormente, uma "pandemia". Salienta-se que, a despeito de o "novo coronavírus" provocar uma crise de saúde pública, é importante considerar os seus impactos nas searas social e econômica.

Por outro lado, no monitoramento periódico realizado, a OIT chegou a vislumbrar que os efeitos da crise gerada pela pandemia atingiam a população jovem de maneira desproporcional (INTERNATIONAL LABOUR ORGANIZATION, 27 maio 2020). À vista disso, a Organização Internacional do Trabalho se posicionou no sentido de alertar quanto à possibilidade da emergência de uma "lockdown generation".

Assim, o estudo se propõe a analisar se já é possível vislumbrar possíveis impactos da pandemia de Covid-19 para a população jovem no mercado de trabalho do Brasil. Para tanto, a pesquisa se valeu do método dedutivo (MARCONI; LAKATOS, 2003, p. 91) e

(1) Mestranda em Direito pela Faculdade de Direito de Ribeirão Preto de Universidade de São Paulo, com bolsa pela Coordenação de Aperfeiçoamento de Pessoal de Nível Superior (Fundação CAPES). Bacharel em Direito pela Universidade Federal de Uberlândia.

(2) Professora e pesquisadora da Faculdade de Direito de Ribeirão Preto da Universidade de São Paulo, na área de Direito Internacional do Trabalho, Desenvolvimento e Sustentabilidade. Livre Docente da Faculdade de Direito de Ribeirão Preto da Universidade de São Paulo. Doutora em Direito (bolsista CNPq) e Mestra em Direito das Relações Sociais (Bolsista CAPES), na subárea de Direito do Trabalho, da Universidade Católica de São Paulo. Bacharel em Direito pela Universidade Federal de Uberlândia. Professora na área de Metodologia Científica. Visitor Research na Columbia University (EUA), Professora Visitante na Universidad de Salamanca (ES) e na PUC-Perú (PE). Realizou Doutorado Sanduíche na Universidad de Salamanca (Bolsista CNPq). Coordena o Grupo de Pesquisa: GEINT. Integra os grupos de Pesquisa: Smart Cities e Ambientes. Autora de artigos, livros e capítulos de livros na área jurídica.

das técnicas de pesquisa bibliográfica e documental, de sorte que abrangeu o panorama do contexto internacional de disseminação do "novo coronavírus" e dos seus efeitos, bem como as medidas trabalhistas adotadas pelo Estado brasileiro e o risco de emergência de uma *"lockdown generation"*.

1. O "novo Coronavírus" e o mundo do trabalho

Em 2020, a disseminação da pandemia de Covid-19 em escala global refletiu — para além da área de saúde pública — nas esferas política, econômica e social. Nesse sentido, para compreensão dos impactos, sobretudo no mundo do trabalho, é necessário verificar a trajetória de espraiamento do "novo Coronavírus" (1.1) e, posteriormente, as repercussões nas relações de trabalho e, especialmente, no grupo dos jovens (1.2).

1.1. Trajetória do "novo Coronavírus": dos primeiros casos à pandemia de Covid-19

Em 2019, na China, o surgimento dos primeiros casos de infecção por pneumonia de causa desconhecida despertou a atenção de organismos locais e internacionais, com destaque para a Organização Mundial da Saúde (OMS), que passou a responder as informações solicitadas pelos Estados (BRASIL, [s/a]).

Em relação à doença, causada pelo "novo coronavírus" (Sars-CoV-2) e intitulada Covid-19, a Organização Mundial da Saúde, no primeiro boletim epidemiológico publicado pela instituição, alertou que a disseminação do vírus era de "risco moderado", o que levou o Estado brasileiro a acionar o Comitê de Operações de Emergência (COE-nCoV) (BRASIL, [s/a]). Todavia, cerca de uma semana depois, a OMS retificou o posicionamento anterior e elevou o risco de disseminação para "alto" (BRASIL, [s/a]).

Em 30 de janeiro de 2020, a Organização Mundial da Saúde decretou a "emergência de saúde pública de importância internacional" (ESPII) que, de acordo com o *International Health Regulations* (Regulamento Sanitário Internacional) (2005), é definido como "um evento extraordinário que, nos termos do presente Regulamento, é determinado como: (i) constituindo um risco para a saúde pública para outros Estados, devido à propagação internacional de doença e (ii) potencialmente exigindo uma resposta internacional coordenada" (BRASIL, [s/a]; BRASIL, 10 jul. 2009, p. 14-15). Salienta-se que a ESPII é o nível mais elevado de alerta da OMS previsto o Regulamento Sanitário Internacional (BRASIL, 10 jul. 2009, p. 14-15).

No Brasil, em 03 de fevereiro de 2020, o Ministério da Saúde publicou a Portaria n. 188, a qual decretou a "emergência de saúde pública de importância nacional" (ESPIN) e efetivou o Comitê de Operações de Emergência (COE-nCoV) (BRASIL, [s/a]). Com previsão no Decreto n. 7.616/2011, a ESPIN pode ser declarada diante da intensa demanda por "medidas de prevenção, controle e contenção de riscos, danos e agravos à saúde pública" e nas situações de epidemia, de desastre ou de desassistência à população (arts. 2º e 3º, respectivamente) (BRASIL, [s/a]).

No âmbito interno, a decretação de "emergência de saúde pública de importância nacional" oportunizou a publicação da Lei n. 13.979, de 06 de fevereiro de 2020. Tal Lei, objetivando a "proteção da coletividade" (art. 1º, § 1º, Lei n. 13.979/2020), prevê medidas de enfrentamento ao coronavírus, como, por exemplo, o isolamento e a quarentena (art. 3º, Lei n. 13.979/2020).

Observa-se que, com o avanço da disseminação do "novo coronavírus", que atingiu mais de 114 (cento e quatorze) países em março de 2020, houve mais de 118 mil casos de infecções pela doença, com a perda de mais de 04 (quatro) mil vidas (BRASIL, [s/a]; OPAS, 2020). Nesse sentido, a Organização Mundial da Saúde decretou que a Covid-19 se caracterizava como uma "pandemia" (OPAS, 2020), em 11 de março de 2020 (BRASIL, [s/a]; OPAS, 2020).

Para a OMS, pandemia se refere à disseminação de uma nova doença em escala mundial, no qual um novo vírus surge e se espalha, a despeito de a maioria das pessoas possuírem qualquer imunidade (WORLD HEALTH ORGANIZATION, 24 fev. 2010). Assim, com a decretação do estado pandêmico, o Diretor Geral da OMS Tedros Adhanom Ghebreyesus alertou a população sobre a ameaça representada pelo vírus, bem como a necessidade de os países tomarem "medidas urgentes e agressivas" (WORLD HEALTH ORGANIZATION, 11 mar. 2020) (tradução nossa).

Para obstar a disseminação do "novo coronavírus", as medidas adotadas pelos Estados e as avaliações realizadas pelas organizações internacionais se propuseram a mitigar os impactos nas searas política, econômica e social.

1.2. Pandemia, relações de trabalho e população jovem

No cenário da pandemia de Covid-19, a Organização Internacional do Trabalho (OIT) se propôs a, periodicamente, publicar avaliações relacionadas à repercussão no mundo do trabalho (INTERNATIONAL LABOUR ORGANIZATION, 18 mar. 2020). Assim, em 18 de março de 2020, a OIT informou que a crise global gerada pelo Covid-19 possibilitou o "choque da economia e do mercado de trabalho" — afetando, por conseguinte, a quantidade de emprego no que concerne ao desemprego e ao subemprego e a qualidade do trabalho considerando a renda e a pobreza (INTERNATIONAL LABOUR ORGANIZATION, 18 mar. 2020).

Assim, a Organização pugnou pela necessidade de "respostas políticas rápidas e coordenadas", sobretudo ao se considerar os impactos intensificados sofridos por grupos especialmente vulneráveis, como as pessoas jovens, que já enfrentam as taxas mais elevadas de desemprego e subemprego, de sorte que seriam mais susceptíveis à queda da demanda do trabalho (INTERNATIONAL LABOUR ORGANIZATION, 18 mar. 2020).

Em relação à vulnerabilidade dos jovens no mundo do trabalho, a Organização Internacional do Trabalho verificou que a população jovem foi desproporcionalmente afetada pela crise e que majoritariamente está ocupada na economia informal (INTERNATIONAL LABOUR ORGANIZATION, 27 maio 2020). Nesse sentido, as consequências sociais e econômicas decorrentes do cenário pandêmico se relacionaram, sobretudo, à educação e treinamento, à perda de emprego e renda e às dificuldades de conseguir um emprego (INTERNATIONAL LABOUR ORGANIZATION, 27 maio 2020).

De acordo com a OIT, no período de 1999 e 2019, a despeito de a população de pessoas entre 18 e 24 anos ter subido de 1 bilhão para cerca de 1,3 bilhões, a quantidade de jovens inseridos no mercado de trabalho — na condição de empregados e desempregados — diminuiu de 568 milhões a 497 milhões, o que pode se relacionar com os indicadores de formação profissional, por exemplo (INTERNATIONAL LABOUR OFFICE, 2020, p. 13).

Observa-se que, dos jovens inseridos no mercado de trabalho, cerca de 429 milhões se encontravam empregados e por volta de 68 milhões estavam disponíveis e/ou procurando emprego (INTERNATIONAL LABOUR OFFICE, 2020, p. 13). Assim, em 2019, dos 776 milhões de jovens que estão fora do mercado de trabalho, cerca de 509 milhões se encontrava em situação de apenas estudo, sem emprego, e 267 milhões de jovens em situação de "nem emprego e nem educação", popularmente conhecidos como "nem-nem" no Brasil (em inglês, *"neither working nor studying"* ou *"NEET"*) (INTERNATIONAL LABOUR OFFICE, 2020, p. 13; INTERNATIONAL LABOUR ORGANIZATION, [s/a]).

Conjuntamente, em 2019, por volta de 77% da população jovem inserida no mercado de trabalho se ativava na economia informal e tão somente 23% na economia formal (INTERNATIONAL LABOUR OFFICE, 2020, p. 13). Em relação à renda, 71% se identificavam como "não pobres", 17% como "moderadamente pobres" e 13% como "extremamente pobres" (INTERNATIONAL LABOUR OFFICE, 2020, p. 13).

Destaca-se, sobre a situação dos jovens, que a população de 18 aos 24 anos possui menor possibilidade de se inserir no mercado de trabalho, de sorte que possuem três vezes mais chances de estarem em situação de desemprego do que os adultos que possuem de 25 anos ou mais (INTERNATIONAL LABOUR OFFICE, 2020, p. 13). Tal estimativa considera que, apesar da influência da diferenciação de experiência na comparação com adultos, os jovens enfrentam "maiores barreiras estruturais" (INTERNATIONAL LABOUR OFFICE, 2020, p. 13).

Contudo, no cenário pandêmico, os desafios da população jovem no mercado de trabalho passaram a se intensificar, sobretudo considerando os impactos da crise social e econômica causada. De acordo com a Organização Internacional do Trabalho, em 2020, um a cada seis jovens pararam de trabalhar por conta de despedida ou do fechamento de empresas e, dos jovens que continuaram empregados, 37% vivenciaram a redução da jornada de trabalho; cerca de 50% relataram grande probabilidade de atrasar os estudos; e 10% informaram que estão incapazes de concluí-los (INTERNATIONAL LABOUR ORGANIZATION, 27 maio 2020; OFICINA INTERNACIONAL DEL TRABAJO, 11 ago. 2020).

Considerando a pandemia de Covid-19, a OIT conjuntamente concluiu que os jovens de 18 a 24 anos possuem maior probabilidade de ter perdido o emprego, sobretudo quando comparados com as pessoas de 30 a 34 anos. Em relação à perda do emprego, os jovens com maior probabilidade de perda se ativavam, principalmente, nos setores de prestação de apoio administrativo, de serviços, de vendas, de trabalhos manuais e ofícios relacionados (OFICINA INTERNACIONAL DEL TRABAJO, 11 ago. 2020). Para a Organização, a probabilidade de perda de emprego nas atividades mencionadas se relaciona às medidas de isolamento e distanciamento social, bem como a redução do contato com os clientes (no caso de vendas) e o fechamento de empresas (OFICINA INTERNACIONAL DEL TRABAJO, 11 ago. 2020).

Nesse cenário, para a OIT, os impactos causados pela pandemia de Covid-19 — sobretudo considerando as searas social e econômica e a possibilidade de agravamento das desigualdades socioeconômicas – poderiam marcar a vida profissional dos jovens, com o risco do surgimento da "lockdown generation" (INTERNATIONAL LABOUR ORGANIZATION, 27 maio 2020).

Valendo-se da definição de *"lockdown"* como "situação na qual a pessoa não está permitida a entrar e/ou a deixar uma área livremente em razão de uma emergência" (CAMBRIGDE DICTIONARY, [s/a]), a expressão *"lockdown generation"* pode compreender a ideia de impossibilidade de ingresso e da movimentação de certo grupo no mercado de trabalho em razão de uma situação de emergência.

Observa-se, portanto, que a situação de emergência estaria relacionada à crise socioeconômica causada pela pandemia, com repercussão no âmbito local e global, a curto e longo prazo. Em relação à impossibilidade de ingresso e de movimentação no mercado de trabalho, a ideia se ampara, respectivamente, na dificuldade de conseguir um emprego e, portanto, se inserir no mercado de trabalho e, nos casos em que os trabalhadores já se encontram empregados, de melhorarem a situação de empregabilidade, por exemplo, com o acesso às funções que requerem maior qualificação e a transição das economias informais para as formais.

A despeito da incerteza quanto à concretização efetiva de uma *"lockdown generation"*, a Organização Internacional do Trabalho vislumbra a possibilidade de que os efeitos causados pela pandemia se consolidem, com repercussões já no presente.

2. Pandemia, Brasil e população jovem: reflexões a partir da *"Lockdown generation"*

Observa-se a possibilidade de os efeitos causados pela pandemia de Covid-19 pode se apresentar no presente. Nesse sentido, a fim de analisar as repercussões – e, por conseguinte, os possíveis indícios para a concretização de uma "lockdown generation" no Brasil –, a pesquisa irá abordar o cenário brasileiro, com destaque para as medidas trabalhistas durante a pandemia do "novo coronavírus" e o mercado de trabalho, com destaque para as dinâmicas afetas à população de jovens, no período compreendido entre o primeiro trimestre de 2017 ao terceiro trimestre de 2020[3] (IBGE, 27 nov. 2020; IBGE, 28 ago. 2020; IBGE, 15 maio 2020; IBGE, 14 fev. 2020; IBGE, 16 maio 2019; IBGE, 28 ago. 2019; IBGE, 19 set. 2019; IBGE, 17 maio 2018; IBGE, 16 ago. 2018; IBGE, 14 nov. 2018; IBGE, 22 fev. 2019; IBGE, [s/a]a; IBGE, [s/a]b; IBGE, [s/a]c; IBGE, [s/a]d).

(3) A pesquisa foi finalizada em 20 de janeiro de 2020, de sorte que o relatório referente à Pesquisa Nacional por Amostra de Domicílios Contínua do Quarto Trimestre de 2020 ainda não havia sido publicado.

2.1. Panorama da pandemia de Covid-19 no Brasil

No Brasil, a publicação da Portaria n. 188 do Ministério da Saúde decretou a "emergência de saúde pública de importância nacional" (ESPIN), de sorte que, posteriormente, a Lei n. 13.979/2020 foi publicada. Elencando medidas de enfrentamento à disseminação do "novo coronavírus", o art. 3º, § 8º (inserido pela MP n. 926 e não contemplado na sua conversão para a Lei n. 14.035/2020), dispõe sobre o resguardo do exercício e do funcionamento dos serviços públicos e das atividades essenciais.

Em relação aos serviços públicos e às atividades essenciais, os instrumentos legais posteriores à publicação da Lei se propuseram a regulamentá-los. Assim, os primeiros instrumentos foram o Decreto n. 10.282/2020, o Decreto n. 10.292/2020 e o Decreto n. 10.329/2020, que contemplaram atividades como, por exemplo, telecomunicações e internet; serviço de *call center*; e produção, distribuição, comercialização e entrega, realizadas presencialmente ou por meio do comércio eletrônico, de produtos de saúde, higiene, limpeza, alimentos, bebidas e materiais de construção.

Ademais, no âmbito da regulação das relações de trabalho, a situação de relevância e urgência causada pela pandemia de Covid-19 possibilitou intensa atividade normativa, sobretudo a partir da aprovação de Medidas Provisórias (MP). Nesse sentido, entre 22 de março de 2020 e 7 de abril de 2020, foram editadas seis Medidas Provisórias, com destaque para a MP n. 927 e a MP n. 936, bem como a Lei n. 13.982/2020.

Publicada em 22 de março de 2020, a Medida Provisória n. 927 elencou medidas trabalhistas que poderiam ser adotadas por empregadores, com a finalidade de preservação do emprego e da renda. No rol de medidas, a MP previu no art. 3º o teletrabalho, a antecipação de férias individuais, a concessão de férias coletivas, o aproveitamento e a antecipação de feriados, o banco de horas, a suspensão de exigências administrativas em segurança e saúde no trabalho, o direcionamento do trabalhador para qualificação e o diferimento do recolhimento do Fundo de Garantia do Tempo de Serviço (FGTS).

No que tange à possibilidade de direcionamento do trabalhador para qualificação, o art. 18, ao contrariar o art. 476-A da Consolidação das Leis do Trabalho, possibilitou a suspensão do contrato para participação do empregado em curso ou programa de qualificação profissional por até quatro meses, a despeito de qualquer negociação coletiva, foi revogado pela MP n. 928.

Já a Medida Provisória n. 936 — publicada em 1º de abril de 2020 e convertida na Lei n. 14.020/2020 — instituiu o Programa Emergencial de Manutenção do Emprego e da Renda, o qual possui como objetivos "I – preservar o emprego e a renda; II – garantir a continuidade das atividades laborais e empresariais; e III – reduzir o impacto social decorrente das consequências do estado de calamidade pública e de emergência de saúde pública". Para tanto, o Programa possibilita a redução proporcional de jornada de trabalho e de salários e a suspensão temporária do contrato de trabalho, bem como o pagamento de Benefício Emergencial de Preservação do Emprego e da Renda, cuja base de cálculo seria o valor do seguro-desemprego a que o trabalhador teria direito.

Por um lado, a MP previu a redução proporcional de jornada de trabalho e de salários e, como requisitos, "I – preservação do valor do salário-hora de trabalho; II – pactuação por acordo individual escrito entre empregador e empregado, que será encaminhado ao empregado com antecedência de, no mínimo, dois dias corridos; e III – redução da jornada de trabalho e de salário, exclusivamente, nos seguintes percentuais: a) vinte e cinco por cento; b) cinquenta por cento; ou c) setenta por cento". Salienta-se que a redução poderá ser pactuada por negociação coletiva e por acordo individual, os quais poderão variar a depender do salário do empregado e do nível de formação.

Por outro lado, a MP previu a suspensão temporária do contrato de trabalho pelo prazo máximo de 60 dias, a qual poderia ser pactuada por acordo individual e por negociação coletiva, considerando o salário do empregado, o nível de formação e o valor do benefício. Com a conversão da MP n. 936, a redação conferida pela Lei n. 14.020/2020 possibilitou a prorrogação do prazo pelo Poder Executivo.

Por fim, em 2 de abril de 2020, a Lei n. 13.982/2020 foi publicada e estabeleceu o auxílio-emergencial, usualmente conhecido como "coronavoucher", com o pagamento do valor de R$ 600,00 (seiscentos reais) mensais. Inicialmente, com previsão para o pagamento por 03 (três) meses, o auxílio-emergencial foi prorrogado por mais 04 (quatro) meses e prevê, como requisitos cumulativos:

> I – seja maior de 18 (dezoito) anos de idade;
>
> II – não tenha emprego formal ativo;
>
> III – não seja titular de benefício previdenciário ou assistencial ou beneficiário do seguro-desemprego ou de programa de transferência de renda federal, ressalvado, nos termos dos §§ 1º e 2º, o Bolsa Família;
>
> IV – cuja renda familiar mensal per capita seja de até 1/2 (meio) salário-mínimo ou a renda familiar mensal total seja de até 3 (três) salários mínimos;
>
> V – que, no ano de 2018, não tenha recebido rendimentos tributáveis acima de R$ 28.559,70 (vinte e oito mil, quinhentos e cinquenta e nove reais e setenta centavos); e
>
> VI – que exerça atividade na condição de:
>
> a) microempreendedor individual (MEI);
>
> b) contribuinte individual do Regime Geral de Previdência Social que contribua na forma do caput ou do inciso I do § 2º do art. 21 da Lei n. 8.212, de 24 de julho de 1991; ou
>
> c) trabalhador informal, seja empregado, autônomo ou desempregado, de qualquer natureza, inclusive o intermitente inativo, inscrito no Cadastro Único para Programas Sociais do Governo Federal (CadÚnico) até 20 de março de 2020, ou que, nos termos de autodeclaração, cumpra o requisito do inciso IV.

Tais instrumentos, ao possibilitarem a adoção de medidas trabalhistas, a redução proporcional de jornada de trabalho e de salários e a suspensão temporária do contrato de trabalho e o recebimento do auxílio-emergencial, provocaram impactos no mercado de trabalho brasileiro. De acordo com o a Pesquisa Nacional por Amostra de Domicílios — PNAD Covid-19, realizada especialmente para o mapeamento do cenário pandêmico pelo Instituto Brasileiro de Geografia e Estatística (IBGE), a taxa de desocupação da força de trabalho de 3 de maio de 2020 a 19 de setembro de 2020 variou de 10,4 a 14,4 pontos percentuais, de sorte que o mais elevado se deu na semana de 13 a 19 de setembro de 2020 (IBGE, [s/a]e).

Em relação ao afastamento do trabalho, por conta do distanciamento social, o IBGE acusou o decrescimento gradual da quantidade de pessoas afastadas desde 3 de maio de 2020 (IBGE, [s/a]e). À época (3 de maio de 2020 a 9 de maio de 2020), a pesquisa constatou o afastamento de 16,589 milhões de trabalhadores (IBGE, [s/a]e).

Conforme o Instituto Brasileiro de Geografia e Estatística, o percentual de domicílios que receberam auxílio-emergencial se concentra nos estados do Amapá (70,1% dos domicílios receberam, com média de rendimento de R$ 706,00), do Pará (61,1% dos domicílios receberam, com média de rendimento de R$ 549,00), do Maranhão (60,2% dos domicílios receberam, com média de rendimento de R$ 551,00), do Alagoas (58,4% dos domicílios receberam, com média de rendimento de R$ 691,00) e do Piauí (57,5% dos domicílios receberam, com média de rendimento de R$ 522,00) (IBGE, [s/a]e).

Em novembro de 2020, 879 mil pessoas foram afastadas e deixaram de receber remuneração (IBGE, [s/a]e). No período, 19,6% das pessoas ocupadas auferiram rendimento menor do que o normal, de sorte que 4,2% tiveram rendimento maior e 76,2% não sofreram alteração (IBGE, [s/a]e).

Nesse sentido, é possível vislumbrar impactos da crise social e econômica gerada pela pandemia nos indicadores relacionados à taxa de desocupação, ao afastamento do trabalho decorrente do distanciamento social e aos índices de rendimento.

2.2. (Re)pensando a pandemia, as relações de trabalho e a população jovem

Em relação à crise social e econômica causada pela pandemia do "novo Coronavírus" no Brasil, é importante se atentar aos indicadores coletados em 2020, bem como nos anos anteriores. Para tanto, a taxa de desocupação geral, que se refere ao "percentual de pessoas desocupadas em relação às pessoas na força de trabalho" (IBGE, 15 maio 2020), é calculada considerando a razão das pessoas que estão "sem trabalho em ocupação nessa semana [de referência] que tomaram alguma providência efetiva para consegui-lo no período de referência de 30 dias, e que estavam disponíveis para assumi-lo na semana de referência" (IBGE, 15 maio 2020) e que "não tomaram providência efetiva para consegui-lo no período de referência de 30 dias porque já o haviam conseguido e iriam começá-lo em menos de quatro meses após o último dia da semana de referência" (IBGE, 15 maio 2020) (pessoas desocupadas) sobre as pessoas ocupadas e desocupadas (IBGE, 15 maio 2020) (pessoas na força de trabalho), as quais estão em idade de trabalhar, isto é, possuam 14 (quatorze) anos ou mais de idade no período de referência (IBGE, 15 maio 2020).

Nesse sentido, ao se comparar os dados coletados trimestralmente, a contar do primeiro trimestre de 2017 até o terceiro trimestre de 2020 (IBGE, 27 nov. 2020; IBGE, 28 ago. 2020; IBGE, 15 maio 2020; IBGE, 14 fev. 2020; IBGE, 16 maio 2019; IBGE, 28 ago. 2019; IBGE, 19 set. 2019; IBGE, 17 maio 2018; IBGE, 16 ago. 2018; IBGE, 14 nov. 2018;

IBGE, 22 fev. 2019; IBGE, [s/a]a; IBGE, [s/a]b; IBGE, [s/a]c; IBGE, [s/a]d), é possível verificar que o último período analisado abrigou a maior taxa de desocupação do intervalo.

Gráfico 01: Taxa de desocupação no Brasil (2017 - 2020)

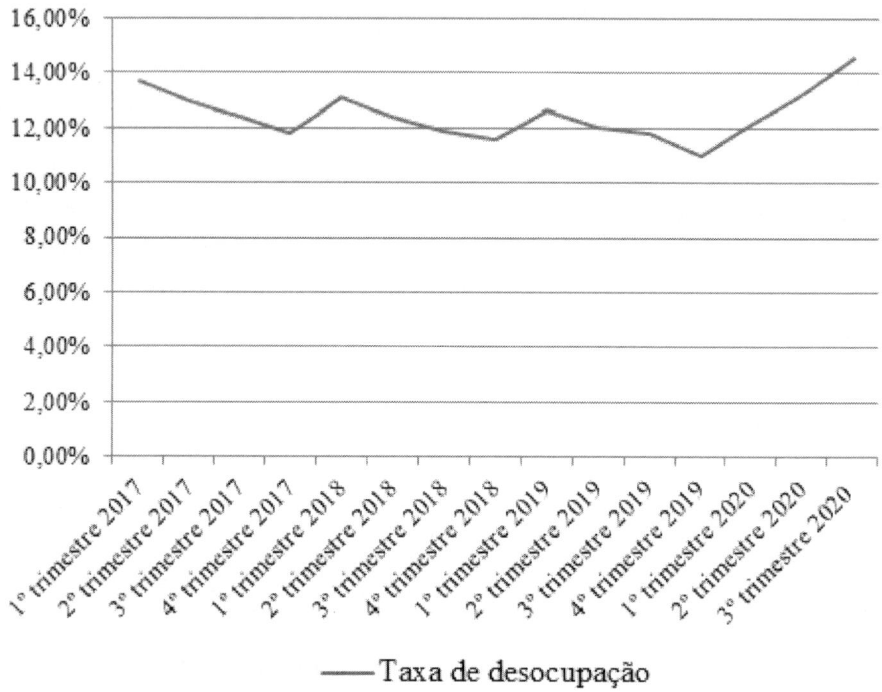

Fonte: IBGE. Elaboração própria.

Já ao se considerar as pessoas na força de trabalho, as pessoas ocupadas, na semana de referência, "trabalharam pelo menos uma hora completa em trabalho remunerado em dinheiro, produtos, mercadorias ou benefícios (moradia, alimentação, roupas, treinamento etc.), ou em trabalho sem remuneração direta em ajuda à atividade econômica de membro do domicílio ou parente que reside em outro domicílio" (IBGE, 15 maio 2020). Conjuntamente, as pessoas ocupadas podem ter sido "temporariamente afastadas [do trabalho remunerado] nessa semana [...] durante pelo menos uma hora completa na semana de referência por motivo de férias, folga, jornada variável ou licença remunerada (em decorrência de maternidade, paternidade, saúde ou acidente da própria pessoa, estudo, casamento, licença-prêmio etc.)" e/ou por motivo diferente, desde que o "afastamento fosse inferior a quatro meses, contados até o último dia da semana de referência" (IBGE, 15 maio 2020).

De acordo com os levantamentos do Instituto Brasileiro de Geografia e Estatística (IBGE, 27 nov. 2020; IBGE, 28 ago. 2020; IBGE, 15 maio 2020; IBGE, 14 fev. 2020; IBGE, 16 maio 2019; IBGE, 28 ago. 2019; IBGE, 19 set. 2019; IBGE, 17 maio 2018; IBGE,

16 ago. 2018; IBGE, 14 nov. 2018; IBGE, 22 fev. 2019; IBGE, [s/a]a; IBGE, [s/a]b; IBGE, [s/a]c; IBGE, [s/a]d), os índices referentes à ocupação da população jovem de 18 (dezoito) a 24 (vinte e quatro) anos acusaram que, do primeiro trimestre de 2017 até o terceiro trimestre de 2020, o último período analisado apresentou o menor percentual de jovens ocupados na semana de referência, isto é, abaixo dos 11% (onze por cento).

Gráfico 02: Distribuição percentual das pessoas de 18 a 24 anos de idade, ocupadas, na semana de referência no Brasil

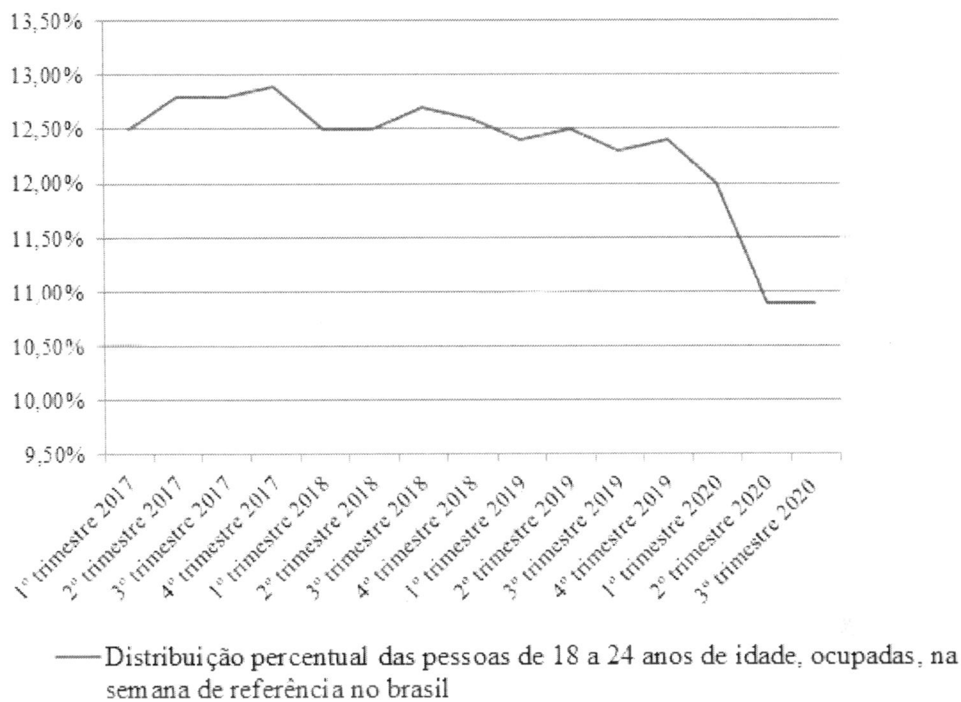

Fonte: IBGE. Elaboração própria.

Ademais, ao se considerar as pessoas desocupadas, os dados do IBGE acusaram que o percentual entre a população jovem apresentou redução percentual – chegando a 10,9% – em 2020, quando comparado com os períodos/trimestres anteriores (IBGE, 27 nov. 2020; IBGE, 28 ago. 2020; IBGE, 15 maio 2020; IBGE, 14 fev. 2020; IBGE, 16 maio 2019; IBGE, 28 ago. 2019; IBGE, 19 set. 2019; IBGE, 17 maio 2018; IBGE, 16 ago. 2018; IBGE, 14 nov. 2018; IBGE, 22 fev. 2019; IBGE, [s/a]a; IBGE, [s/a]b; IBGE, [s/a]c, IBGE, [s/a]d).

Gráfico 03: Distribuição percentual das pessoas de 18 a 24 anos de idade, desocupadas, na semana de referência no brasil

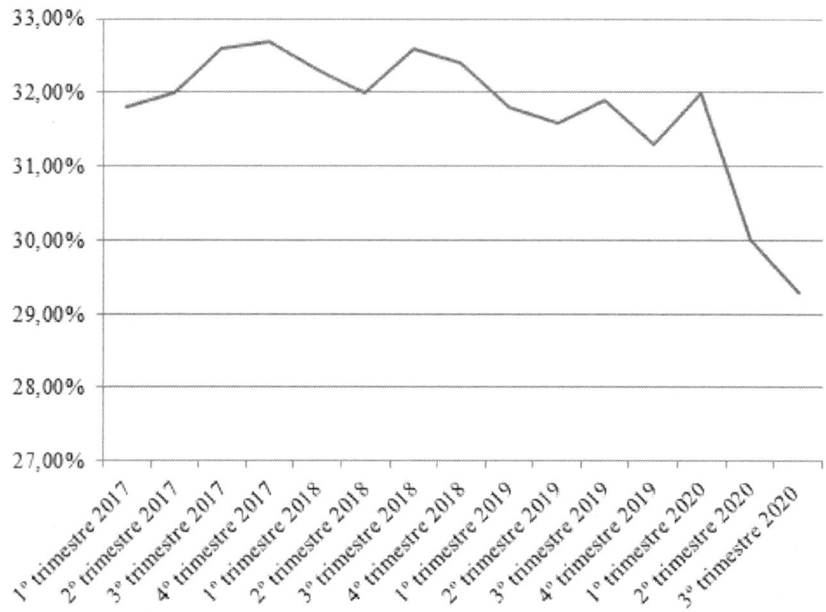

—Distribuição percentual das pessoas de 18 a 24 anos de idade, ocupadas, na semana de referência no brasil

Fonte: IBGE. Elaboração própria.

Assim, nas análises realizadas a respeito dos jovens ocupados e desocupados, foi possível observar em ambas a diminuição dos percentuais, sobretudo nos últimos trimestres de 2020 (IBGE, 27 nov. 2020; IBGE, 28 ago. 2020; IBGE, 15 maio 2020; IBGE, 14 fev. 2020; IBGE, 16 maio 2019; IBGE, 28 ago. 2019; IBGE, 19 set. 2019; IBGE, 17 maio 2018; IBGE, 16 ago. 2018; IBGE, 14 nov. 2018; IBGE, 22 fev. 2019; IBGE, [s/a]a; IBGE, [s/a]b; IBGE, [s/a]c; IBGE, [s/a]d). Esses indicadores, quando associados, podem sugerir o aumento das pessoas fora da força de trabalho, isto é, aquelas que "na semana de referência [...] não estavam ocupadas nem desocupadas" (IBGE, 15 maio 2020).

Gráfico 04: Percentual de pessoas de 18 a 24 anos fora da força de trabalho, na semana de referência, no Brasil

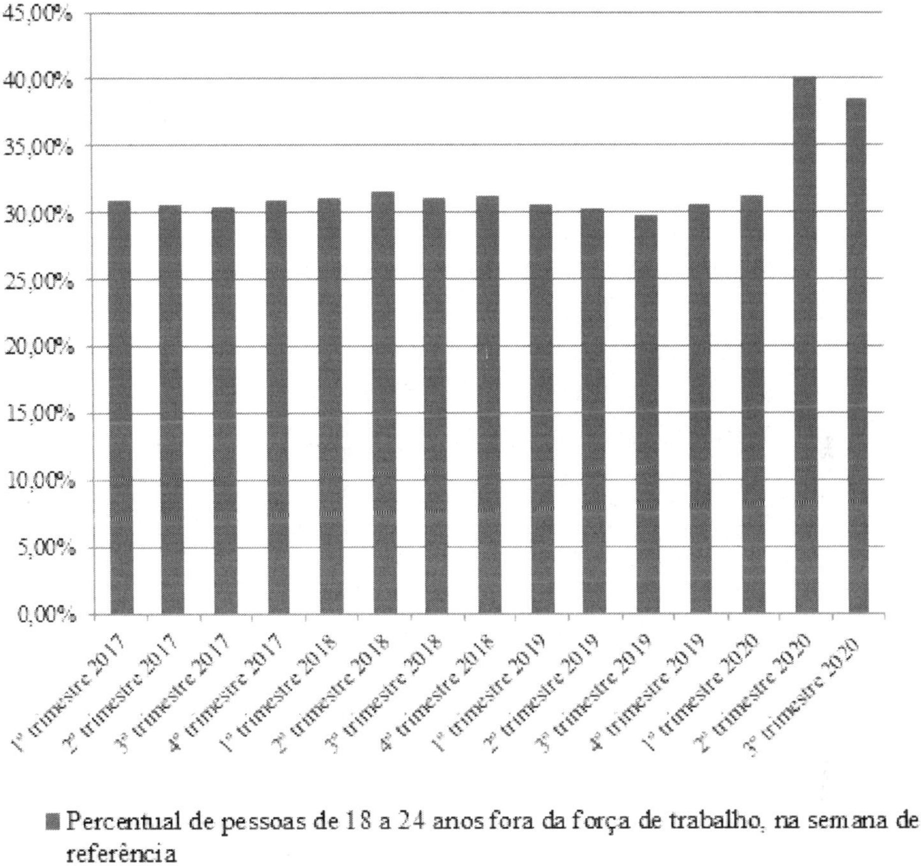

Fonte: IBGE. Elaboração própria.

Nesse sentido, especialmente no segundo e no terceiro trimestre de 2020, os índices percentuais de pessoas de 18 a 24 anos fora da força de trabalho assistiu a aumentos substanciais, de sorte que os períodos indicaram, respectivamente, 40,1% e 38,4%.

No que tange às pessoas fora da força de trabalho, é importante considerar "força de trabalho potencial" — a qual inclui as pessoas que "não estão na força de trabalho, mas possuem um potencial para serem integradas a esta força" (IBGE, [s/a]a), de sorte que buscaram trabalho na semana de referência mas não estavam disponíveis e/ou não buscaram trabalho mas estavam disponíveis — e "fora da força de trabalho potencial", que inclui pessoas que não possuem interesse e/ou condições de trabalhar, a exemplo do jovem universitário que se dedica exclusivamente ao estudo (IBGE, [s/a]a). Salienta-se que, conjuntamente com outras divisões do mercado de trabalho, a força de trabalho potencial representa a subutilização da força de trabalho (IBGE, [s/a]a).

Observa-se que, para se analisar o comportamento da população jovem no mercado de trabalho, a pesquisa deve considerar a maior susceptibilidade dos jovens à "intensa transição de situações ocupacionais" que mesclam o desemprego e a inatividade de forma mais frequente do que se visualiza entre os adultos, bem como a ocorrência de situações relacionadas às mudanças da condição domiciliar e familiar, por exemplo (GUIMARÃES; BRITO; COMIN, set./dez. 2020, p. 475-476). Nesse cenário, o estudo realizado propõe suscitar reflexões pertinentes aos possíveis impactos da crise social e econômica gerada pela pandemia de Covid-19 à população jovem no mercado de trabalho.

Em relação à diminuição, nos últimos trimestres de 2020, dos jovens ocupados, os dados podem indicar a redução da população jovem empregada (seja no setor público ou privado, na condição de celetista ou não), autônoma, empregadora, doméstica e que exerce atividade não remunerada no meio familiar, como, por exemplo, o trabalho de cuidado (IBGE, [s/a]a).

Já a diminuição, nos últimos trimestres de 2020, dos jovens desocupados pode revelar a redução de pessoas que não estão exercendo atividade laborativa, apesar de terem buscado trabalho e se encontrarem disponíveis para assumi-lo (IBGE, [s/a]a).

Por fim, os dados referentes à ocupação e à desocupação, quando associados, podem indicar o aumento das pessoas que podem integrar a força de trabalho a despeito de não o fazer – buscaram trabalho e não estavam disponíveis e/ou não buscaram trabalho e estavam disponíveis – e das pessoas que não possuem interesse e/ou condições de trabalhar. Assim, no que tange aos que buscaram trabalho e não estavam disponíveis e/ou não buscaram trabalho e estavam disponíveis, é possível vislumbrar possíveis efeitos da pandemia de Covid-19, a partir, por exemplo, das medidas de isolamento e de distanciamento social adotadas, e no que concerne aos que não possuem interesse e/ou condições de trabalhar, os dados podem indicar a ampliação do grupo de jovens que não estudam e não trabalham ("nem-nem") e/ou dos jovens que se dedicam única e integralmente aos estudos.

Inclusive, pelos indicadores, é possível vislumbrar que a desocupação das pessoas na força de trabalho e a força de trabalho potencial das pessoas fora da força de trabalho representam a subutilização da força de trabalho (IBGE, [s/a]a).

Assim, a incompatibilidade da busca e da disponibilidade dos jovens para o trabalho pode indicar a impossibilidade de ingresso no mercado de trabalho, o que pode se relacionar ao cenário pandêmico e às medidas adotadas. Nesse sentido, apesar da incerteza da Organização Internacional do Trabalho quanto à efetiva concretização da "lockdown generation", já é possível perceber os possíveis impactos da pandemia de Covid-19 no mercado de trabalho para a população jovem.

Conclusão

Com a difusão do "novo coronavírus" em escala global, os organismos internacionais passaram a monitorar os impactos da pandemia, como, por exemplo, a Organização Internacional do Trabalho. A OIT vislumbrou, com o cenário pandêmico, a emergência de uma crise global que afetou a quantidade de empregos e a qualidade do trabalho.

No que tange aos grupos mais vulneráveis, como as pessoas jovens, a Organização alertou quanto à maior susceptibilidade à queda da demanda do trabalho, à perda de emprego e à intensificação dos desafios no mercado de trabalho. Assim, como marco para a vida profissional, a OIT advertiu quanto à possibilidade de surgimento de uma *"lockdown generation"*.

Tal ideia, ao compreender a impossibilidade de ingresso e de movimentação de certo grupo no mercado de trabalho em razão de uma situação de emergência, se relaciona à crise socioeconômica causada pela pandemia, com repercussões diversas (local e global, a curto e longo prazo). Assim, a *"lockdown generation"* se relacionaria à dificuldade de conseguir um emprego (sobretudo, na economia formal) e de melhorar a situação de empregabilidade, por exemplo.

Na análise do período compreendido do primeiro trimestre de 2017 até o terceiro trimestre de 2020, foi possível verificar que o último período analisado abrigou a maior taxa de desocupação da população em idade para trabalhar do intervalo, com percentual superior a 14% (quatorze por cento) (Gráfico 01).

Em relação às pessoas na força de trabalho, a ocupação da população jovem apresentou o menor percentual de jovens ocupados na semana de referência, com percentual abaixo dos 11% (onze por cento) (Gráfico 02). Já no que concerne às pessoas desocupadas, os percentuais da população jovem apresentaram redução no segundo e no terceiro trimestre de 2020 (Gráfico 03).

No último, os percentuais de jovens ocupados e desocupados se apresentaram diminutos no segundo e no terceiro trimestre de 2020. Assim, no que tange às pessoas de 18 a 24 anos fora da força de trabalho, o segundo trimestre de 2020 e o terceiro trimestre de 2020 presenciaram o aumento dos percentuais (Gráfico 04).

Salienta-se que os dados indicam que, em 2020, a população jovem ocupada foi reduzida, o que pode sugerir a redução da população jovem empregada, autônoma, empregadora, doméstica e/ou que exerce atividade não remunerada no meio familiar. Conjuntamente, a redução da população jovem desocupada preconiza a diminuição percentual dos jovens que não estão exercendo atividade laborativa, apesar de terem buscado trabalho e se encontrarem disponíveis para assumi-lo.

Ademais, no que tange à ampliação das pessoas fora da força de trabalho, o aumento percentual pode indicar o aumento das pessoas que podem integrar a força de trabalho a despeito de não o fazerem e das pessoas que não possuem interesse e/ou condições de trabalhar, o que pode se relacionar a múltiplos fatores, como, por exemplo, a pandemia de Covid-19.

Observa-se, portanto, que apesar da incerteza da Organização Internacional do Trabalho quanto à concretização da *"lockdown generation"*, os efeitos da pandemia para a população jovem já podem ser percebidos. Nesse sentido, é imperioso garantir a atuação institucional para viabilizar a inserção e a permanência dos jovens no mercado de trabalho, reconhecendo, por conseguinte, a vulnerabilidade da população jovem, sobretudo diante dos possíveis efeitos — a curto e a longo prazo — da pandemia do "novo Coronavírus".

Referências

BRASIL. *Regulamento Sanitário Internacional:* RSI – 2005. 10 jul. 2009. Disponível em: <https://www.gov.br/anvisa/pt-br/assuntos/paf/regulamento-sanitario-internacional/arquivos/7181json-file-1>. Acesso em: 13 jan. 2020.

______. *Resposta nacional e internacional de enfrentamento ao novo coronavírus.* [s/a]. Disponível em: <https://coronavirus.saude.gov.br/resposta-brasileira-a-emergencia>. Acesso em: 13 jan. 2020.

CAMBRIDGE DICIONARY. *Lockdown.* [s/a]. Disponível em: <https://dictionary.cambridge.org/pt/dicionario/ingles/lockdown>. Acesso em: 13 jan. 2020.

GUIMARÃES, Nadya Araujo; BRITO, Murillo Marschner Alves de; COMIN, Alvaro Augusto. Trajetórias e transições entre jovens brasileiros: pode a expansão eludir as desigualdades? *Novos Estudos CEBRAP*, São Paulo, v. 39, n. 03, p. 475-498, set./dez. 2020.

IBGE. *Desemprego.* [s/a]a. Disponível em: <https://www.ibge.gov.br/explica/desemprego.php>. Acesso em: 18 jan. 2020.

______. *Indicadores IBGE:* Pesquisa Nacional por Amostra de Domicílios Contínua – Terceiro Trimestre de 2020. 27 nov. 2020. Disponível em: <https://biblioteca.ibge.gov.br/visualizacao/periodicos/2421/pnact_2020_3tri.pdf>. Acesso em: 15 jan. 2020.

______. *Indicadores IBGE:* Pesquisa Nacional por Amostra de Domicílios Contínua – Segundo Trimestre de 2020. 28 ago. 2020. Disponível em: <https://biblioteca.ibge.gov.br/visualizacao/periodicos/2421/pnact_2020_2tri.pdf>. Acesso em: 15 jan. 2020.

______. *Indicadores IBGE:* Pesquisa Nacional por Amostra de Domicílios Contínua – Primeiro Trimestre de 2020. 15 maio 2020. Disponível em: <https://biblioteca.ibge.gov.br/visualizacao/periodicos/2421/pnact_2020_1tri.pdf>. Acesso em: 15 jan. 2020.

______. *Indicadores IBGE:* Pesquisa Nacional por Amostra de Domicílios Contínua – Quarto Trimestre de 2019. 14 fev. 2020. Disponível em: <https://biblioteca.ibge.gov.br/visualizacao/periodicos/2421/pnact_2019_4tri.pdf>. Acesso em: 15 jan. 2020.

______. *Indicadores IBGE:* Pesquisa Nacional por Amostra de Domicílios Contínua – Primeiro Trimestre de 2019. 16 maio 2019. Disponível em: <https://biblioteca.ibge.gov.br/visualizacao/periodicos/2421/pnact_2019_1tri.pdf>. Acesso em: 15 jan. 2020.

______. *Indicadores IBGE:* Pesquisa Nacional por Amostra de Domicílios Contínua – Segundo Trimestre de 2019. 28 ago. 2019. Disponível em: <https://biblioteca.ibge.gov.br/visualizacao/periodicos/2421/pnact_2019_2tri.pdf>. Acesso em: 15 jan. 2020.

______. *Indicadores IBGE:* Pesquisa Nacional por Amostra de Domicílios Contínua – Terceiro Trimestre de 2019. 19 set. 2019. Disponível em: <https://biblioteca.ibge.gov.br/visualizacao/periodicos/2421/pnact_2019_3tri.pdf>. Acesso em: 15 jan. 2020.

______. *Indicadores IBGE:* Pesquisa Nacional por Amostra de Domicílios Contínua – Primeiro Trimestre de 2018. 17 maio 2018. Disponível em: <https://biblioteca.ibge.gov.br/visualizacao/periodicos/2421/pnact_2018_1tri.pdf>. Acesso em: 15 jan. 2020.

______. *Indicadores IBGE:* Pesquisa Nacional por Amostra de Domicílios Contínua – Segundo Trimestre de 2018. 16 ago. 2018. Disponível em: <https://biblioteca.ibge.gov.br/visualizacao/periodicos/2421/pnact_2018_2tri.pdf>. Acesso em: 15 jan. 2020.

______. *Indicadores IBGE:* Pesquisa Nacional por Amostra de Domicílios Contínua – Terceiro Trimestre de 2018. 14 nov. 2018. Disponível em: <https://biblioteca.ibge.gov.br/visualizacao/periodicos/2421/pnact_2018_3tri.pdf>. Acesso em: 15 jan. 2020.

______. *Indicadores IBGE:* Pesquisa Nacional por Amostra de Domicílios Contínua – Terceiro Trimestre de 2018. 22 fev. 2019. Disponível em: <https://biblioteca.ibge.gov.br/visualizacao/periodicos/2421/pnact_2018_4tri.pdf>. Acesso em: 15 jan. 2020.

______. *Indicadores IBGE:* Pesquisa Nacional por Amostra de Domicílios Contínua – Quarto Trimestre de 2017. [s/a]a. Disponível em: <https://biblioteca.ibge.gov.br/visualizacao/periodicos/2421/pnact_2017_4tri.pdf>. Acesso em: 15 jan. 2020.

______. *Indicadores IBGE:* Pesquisa Nacional por Amostra de Domicílios Contínua – Primeiro Trimestre de 2017. [s/a]b. Disponível em: <https://biblioteca.ibge.gov.br/visualizacao/periodicos/2421/pnact_2017_1tri.pdf>. Acesso em: 15 jan. 2020.

______. *Indicadores IBGE:* Pesquisa Nacional por Amostra de Domicílios Contínua – Segundo Trimestre de 2017. [s/a]c. Disponível em: <https://biblioteca.ibge.gov.br/visualizacao/periodicos/2421/pnact_2017_2tri.pdf>. Acesso em: 15 jan. 2020.

______. *Indicadores IBGE:* Pesquisa Nacional por Amostra de Domicílios Contínua – Terceiro Trimestre de 2017. [s/a]d. Disponível em: <https://biblioteca.ibge.gov.br/visualizacao/periodicos/2421/pnact_2017_3tri.pdf>. Acesso em: 15 jan. 2020.

______. *Trabalho:* desocupação, renda, afastamentos, trabalho remoto e outros efeitos da pandemia no trabalho. [s/a]e. Disponível em: <https://covid19.ibge.gov.br/pnad-covid/trabalho.php>. Acesso em: 13 jan. 2020.

INTERNATIONAL LABOUR OFFICE. *Global Employment Trends for Youth 2020:* Technology and the future of jobs. Geneva: ILO, 2020.

INTERNATIONAL LABOUR ORGANIZATION. *ILO Monitor:* COVID-19 and the world of work. 1st Edition. 18 mar. 2020. Disponível em: <https://www.ilo.org/wcmsp5/groups/public/---dgreports/---dcomm/documents/briefingnote/wcms_738753.pdf>. Acesso em: 13 jan. 2020.

______. *ILO Monitor:* COVID-19 and the world of work. 4th Edition. 27 maio 2020. Disponível em: <https://www.ilo.org/wcmsp5/groups/public/---dgreports/---dcomm/documents/briefingnote/wcms_745963.pdf>. Acesso em: 13 jan. 2020.

______ ______. *Neither working nor studying:* Youth "NEET" rates in the European Union, 2000-10. [s/a]. Disponível em: <https://www.ilo.org/global/research/global-reports/youth/2012/WCMS_180871/lang--en/index.htm>. Acesso em: 13 jan. 2020.

MARCONI, M. A.; LAKATOS, E. M. *Metodologia científica.* São Paulo: Atlas, 2003.

OFICINA INTERNACIONAL DEL TRABAJO. *Los jóvenes y la pandemia de la Covid-19:* efectos en los empleos, la educación, los derechos y el bienestar mental. 11 ago. 2020. Disponível em: <https://www.ilo.org/wcmsp5/groups/public/---ed_emp/documents/publication/wcms_753054.pdf>. Acesso em: 13 jan. 2020.

OPAS. *OMS afirma que Covid-19 é agora caracterizada como pandemia.* 11 mar. 2020. Disponível em: <https://www.paho.org/bra/index.php?option=com_content&view=article&id=6120:oms-afirma-que-covid-19-e-agora-caracterizada-como-pandemia&Itemid=812>. Acesso em: 13 jan. 2020.

WORLD HEALTH ORGANIZATION. *What is a pandemic?* 24 fev. 2010. Disponível em: <https://www.who.int/csr/disease/swineflu/frequently_asked_questions/pandemic/en/>. Acesso em: 13 jan. 2020.

______. *WHO Director General's opening remarks at the media briefing on Covid-19 – 11 March 2020.* 11 mar. 2020. Disponível em: <https://www.who.int/dg/speeches/detail/who-director-general-s-opening-remarks-at-the-media-briefing-on-covid-19---11-march-2020>. Acesso em: 13 jan. 2020.

Trabalho Infantil: A Distância entre a Lei e a Realidade

Eliana dos Santos Alves Nogueira[1]

"Nem tudo o que se enfrenta pode ser modificado,
mas nada pode ser modificado até que seja enfrentado."
James Baldwin

Introdução

O trabalho infantil, ainda hoje, permanece um grave problema de ordem social e econômica, que deita raízes nas constantes violações dos mais elementares direitos de crianças e adolescentes.

O III Plano Nacional de Prevenção e Erradicação do Trabalho Infantil e Proteção ao Adolescente Trabalhador (2019-2022), elaborado no âmbito da Comissão Nacional de Erradicação do Trabalho Infantil (CONAETI), que tem por objetivo implementar as disposições das Convenções ns. 138 e 182 da Organização Internacional do Trabalho (OIT) no Brasil, define que o *"[...] trabalho infantil refere-se às atividades econômicas e/ou atividades de sobrevivência, com ou sem finalidade de lucro, remuneradas ou não, realizadas por crianças ou adolescentes em idade inferior a 16 (dezesseis) anos, ressalvada a condição de aprendiz a partir dos 14 (quatorze) anos, independentemente da sua condição ocupacional"*.[2]

A Constituição Federal Brasileira garante às crianças e adolescentes o direito à prioridade absoluta, prevendo em seu art. 227 que "é *dever da família, da sociedade e do Estado*

---

(1) Doutora em Direito do Trabalho pela *Sapienza Universitá di Roma*/Itália. Mestre em Direito pela FCHS/Unesp de Franca/SP. Professora Assistente junto ao Departamento de Direito Privado, de Processo Civil e do Trabalho da Faculdade de Ciências Humanas e Sociais — Unesp/Franca/SP; Membro do Comitê de Erradicação do Trabalho Infantil do TRT da 15ª Região e Gestora Regional do TRT15 no Programa de Combate ao Trabalho Infantil e Estímulo a Aprendizagem do Tribunal Superior do Trabalho.

(2) O Plano na íntegra está disponível em: <https://www.gov.br/mdh/pt-br/assuntos/noticias/2018/novembro/lancado-3o-plano-nacional-de-prevencao-e-erradicacao-do-trabalho-infantil>.

assegurar à criança, ao adolescente e ao jovem, com absoluta prioridade, o direito à vida, à saúde, à alimentação, à educação, ao lazer, à profissionalização, à cultura, à dignidade, ao respeito, à liberdade e à convivência familiar e comunitária, além de colocá-los a salvo de toda forma de negligência, discriminação, exploração, violência, crueldade e opressão".

Já o Estatuto da Criança e do Adolescente, em seu art. 4º, reitera a garantia de proteção prioritária, e estabelece em seu parágrafo único que tal garantia de prioridade compreende, dentre outras, a precedência de atendimento nos serviços públicos ou de relevância pública, bem como a preferência na formulação e na execução das políticas sociais públicas e a destinação privilegiada de recursos públicos nas áreas relacionadas com a proteção à infância e à juventude.

Ademais, crianças e adolescentes possuem a garantia constitucional, inscrita no art. 7º, inciso XXXIII, da Constituição Federal, de permanecerem a salvo do trabalho até a idade de 16 (dezesseis) anos de idade. Tal limitação tem por objetivo, dentre outros, o de garantir sua saúde integral. Somando-se a isso, é proibido o trabalho noturno, perigoso ou insalubre antes dos 18 (dezoito) anos de idade.

A única exceção para referidas restrições etárias encontra-se na possibilidade de contratação de adolescentes com 14 (quatorze) anos completos na condição de aprendiz e nos termos da lei, que será objeto de análise mais adiante.

E muito embora a legislação exista e defina parâmetros objetivos para a garantia dos direitos de crianças e adolescentes à plena cidadania e para resguardá-las de qualquer tipo de violência, o trabalho infantil continua sendo uma triste realidade, notadamente para crianças e adolescentes pobres e em situação de vulnerabilidade.

Dados do Instituto Brasileiro de Geografia e Estatística (IBGE), relacionados à Pesquisa Nacional de Amostra de Domicílios (Pnad) e à Pesquisa Nacional por Amostra de Domicílios Contínua (Pnad Contínua), divulgados em 17 de dezembro de 2020, relativos ao ano de 2019, apontam a existência de 1.768.476 crianças em situação de trabalho infantil no Brasil.(3)

Importante salientar esse assombroso número sequer chega a refletir a realidade. Em razão de uma alteração metodológica implementada no ano de 2016, deixaram de ser computadas, para fins de estatística sobre o trabalho infantil, as crianças ocupadas na produção e/ou construção para o próprio consumo e as que se dedicam a afazeres domésticos e cuidados de pessoas.

Por outro lado, o gráfico abaixo, formulado pela Fundação Abrinq(4), deixa evidente, que se analisarmos as estatísticas desde 2002, houve evolução no sentido da redução do número de crianças encontradas em situação de trabalho infantil.

(3) Disponível em: <https://biblioteca.ibge.gov.br/index.php/biblioteca-catalogo?view=detalhes&id=2101777>.

(4) Quadro exibido durante o *Webinar "Combate à violência e ao trabalho infantil:* realidade atual e desafios a serem enfrentados". Canal do *Youtube* da Fundação Abrinq, em 15 fev. 2021. Disponível em <https://www.youtube.com/watch?v=R-meAa6LU_w>.

Não há dúvidas de que a mobilização social e as políticas públicas implementadas nos diversos níveis da federação foram fundamentais para a redução do número de crianças em referida situação, ao menos no período pré pandemia SARS-COV-2. A redução do trabalho infantil, no período, deve-se às iniciativas implementadas em rede pelos entes que compõe o Sistema de Garantia de Direitos, à luz do Estatuto da Criança e Adolescente e da Resolução n. 113 do Conselho Nacional dos Direitos da Criança e do Adolescente.

Não obstante, tais iniciativas não têm sido suficientes para a garantia do direito à proteção integral e prioritária de crianças e adolescentes.

A pandemia SARS-COV-2, reconhecida pela Organização Mundial de Saúde no início de 2020, exigiu a adoção de medidas sanitárias para contenção do vírus que acabaram por agravar a crise econômica em curso e, como reflexo imediato, provocaram o aumento do trabalho infantil no mundo todo, conforme denunciou a OIT recentemente. No Brasil, dados estatísticos evidenciam que os esforços da ultima década, para redução do trabalho infantil, foram praticamente perdidos.

A realidade demonstra que abordar a temática do trabalho de crianças e adolescentes desde a tenra idade ainda não é tarefa fácil em nosso país.

Sistematicamente é possível encontrar quem defenda a permanência de crianças e adolescentes, inclusive nas piores formas de trabalho infantil, sob o falso discurso de que ela estaria "protegida". Este pensamento permeia nossa cultura e é constantemente defendido e divulgado, inclusive por mandatários escolhidos para cargos eletivos e pelos meios de comunicação em massa. São constantes os discursos que "romantizam" o trabalho precoce como forma de auxiliar na renda da família.

Inverter a lógica de que cabe à família, ao Estado e à sociedade a manutenção das crianças, mantendo-as a salvo de qualquer violência, afronta os mais básicos princípios legais e morais.

O discurso que defende o trabalho infantil invariavelmente é dirigido a crianças e adolescentes pobres, já que às classes mais abastadas reserva-se o direito à educação integral e em tempo integral, permeada por atividades lúdicas, culturais e esportivas, cujos custos extraordinários podem ser absorvidos pelas famílias de melhor poder aquisitivo.

A ausência da articulação dos poderes públicos e da sociedade no desenvolvimento de políticas públicas que garantam às crianças e aos adolescentes o desenvolvimento de atividades complementares à educação básica e possibilitem a educação integral, atua como fator que acentua enormemente o risco de sua permanente exclusão social.

Desta forma, o discurso que defende o trabalho infantil é dos mais desonestos que se pode encontrar e por isso mesmo deve ser duramente combatido.

O debate sobre o tema deve ser feito com a seriedade que merece, aliando a ele honestidade e comprometimento com o futuro de nossas crianças e adolescentes.

Ninguém, em sã consciência, defende a ideia de que nossas crianças devem ficar à mercê de exploradores de plantão, nem que a elas seja dado o direito de praticar atos criminosos. É necessário evoluir para muito além desta visão maniqueísta, segundo a qual às crianças e adolescentes pobres estão reservadas apenas duas opções: o mundo do crime e o mundo do trabalho.

É preciso que políticas públicas sejam implementadas em maior grau, amplitude e profundidade, visando atender prioritariamente as crianças e adolescentes que se encontram em situação de vulnerabilidade.

Nossa legislação evoluiu de uma época na qual a criança e o adolescente pobre recebiam atenção apenas pelo viés higienista, estampado no primeiro Código de Menores(5), para a legislação atual que prevê que a mesma é considerada pessoa com direitos e deveres, próprios e adequados para cada faixa etária. Hoje a legislação lhes garante proteção especial, prioritária e especializada.

Reavivar o discurso higienista que destina crianças e adolescentes vulneráveis ao trabalho, apenas serve para vitimizar, uma vez mais aqueles que já sofrem a violência da falta de reconhecimento das condições plenas para exercício da cidadania.

A infância, permeada pelo descobrimento do novo, das brincadeiras e do lúdico, necessariamente faz parte do desenvolvimento saudável de qualquer indivíduo. Além disso, a possibilidade da dedicação plena aos estudos durante a idade escolar garante melhores condições de acesso adequado à vida adulta.

O direito ao não trabalho das crianças e adolescentes, que está incorporado à nossa legislação internacional e nacional, precisa ser garantido por meio de ações efetivas que visem garantir-lhes o direito à formação integral, à educação e à profissionalização, através da implementação de políticas públicas adequadas.

Ao fim, é importante realçar que a Assembleia Geral da ONU declarou o ano de 2021 como o Ano Internacional para a Eliminação do Trabalho Infantil. A defesa e a mobilização de toda a sociedade são essenciais para que o trabalho infantil seja efetivamente eliminado.

E o presente estudo tem por objetivo analisar a legislação nacional que garante às crianças e adolescentes o direito à proteção integral e prioritária, sob a perspectiva do direito a não ingressar precocemente no mercado de trabalho, bem como quais políticas públicas podem ser adequadas para que tal direito seja efetivado.

---

(5) Lei n. 6.697, de 10.10.1979. Conhecido como Código de Menores, estabelecia a figura do "menor em situação irregular", referindo-se àqueles com idade inferior a 18 anos em situação de abandono material, vítima de maus-tratos, em perigo moral, desassistido juridicamente, com desvio de conduta e autor de infração penal. Restava evidenciado o caráter discriminatório com o qual eram tratadas crianças e adolescentes vulneráveis, eis que associava pobreza à delinquência, já que legitimava a atuação estatal por meio do juiz de "menores" que podia definir como e onde ficariam, sem qualquer garantia legal.

1. Do direito ao não trabalho para crianças e adolescentes: motivação legal

No Brasil, considera-se criança todo indivíduo com idade inferior a 12 (doze) anos e adolescente aquele que se encontra na faixa etária entre 12 (doze) anos e 18 (dezoito) anos de idade.

O Estatuto da Juventude, promulgado pela Lei n. 12.852/2013, considera jovens os indivíduos com idade entre 15 (quinze) e 29 (vinte e nove) anos de idade, conforme art. 1°, § 1°, estabelecendo, contudo, que aos indivíduos entre 15 (quinze) e 18 (dezoito) anos se aplica prioritariamente o ECA. Para esta faixa etária, o Estatuto da Juventude apenas pode ser aplicado quando suas normas não conflitarem com as normas de proteção ao adolescente previstas no ECA.

É considerado trabalho infantil, conforme já apontado, aquele desenvolvido por crianças e adolescentes com idade inferior a 16 (dezesseis) anos, salvo se o trabalho for desenvolvido na condição de aprendiz, autorizado a partir da idade de 14 (catorze) anos, desde que o adolescente esteja devidamente inscrito em programa de aprendizagem legalmente reconhecido.

No entanto, desde que o Brasil ratificou a Convenção n. 182 da OIT, o Decreto n. 6.481/2008, que a regulamentou, trouxe em anexo a lista TIP, que elenca 93 atividades consideradas como sendo as piores formas de trabalho infantil, em razão dos riscos e agravamentos a saúde física e moral e, por isso, proibidas aos indivíduos com idade inferior a 18 (dezoito) anos.

Na primeira parte da lista TIP, tem-se as atividades desenvolvidas nos setores da agricultura, pecuária, silvicultura e exploração florestal; pesca; indústria extrativa; indústria da transformação; produção e distribuição de eletricidade, gás e água; construção; comércio (reparação de veículos automotores objetos pessoais e domésticos); transporte e armazenagem; saúde e serviços sociais; serviços coletivos, sociais, pessoais e outros; serviço doméstico e outras que envolvem riscos em quaisquer situações.

Na segunda parte, são enumerados 4 itens descrevendo atividades prejudiciais à moralidade, a saber: aquelas prestadas de qualquer modo em prostíbulos, boates, bares, cabarés, danceterias, casas de massagem, saunas, motéis, salas ou lugares de espetáculos obscenos, salas de jogos de azar e estabelecimentos análogos; de produção, composição, distribuição, impressão ou comércio de objetos sexuais, livros, revistas, fitas de vídeo ou cinema e CDs pornográficos, de escritos, cartazes, desenhos, gravuras, pinturas, emblemas, imagens e quaisquer outros objetos pornográficos que possam prejudicar a formação moral; de venda, a varejo, de bebidas alcoólicas; e com exposição a abusos físicos, psicológicos ou sexuais.

A título exemplificativo, a lista considera o trabalho doméstico como uma das piores formas de trabalho infantil. Por este motivo, nenhum trabalho em âmbito doméstico poderá ser exercido por crianças e adolescentes com idade inferior a 18 (dezoito) anos, incluindo-se cuidados integrais com a casa, jardinagem, serviços de babá, cuidadores de idosos, limpeza e cuidado de ranchos e sítios de lazer, entre outros similares.

A Lista TIP é importante porque, partindo do mesmo exemplo acima, relaciona quais são os principais riscos aos quais se submete o trabalhador em âmbito doméstico, a saber: esforços físicos intensos, isolamento, abuso físico, psicológico e sexual; longas jornadas de trabalho, trabalho noturno, calor, exposição ao fogo, posições antiergonômicas e movimentos repetitivos; tracionamento da coluna vertebral, e sobrecarga muscular.

Esses riscos podem levar a inúmeras consequências: afecções musculoesqueléticas (bursites, tendinites, dorsalgias, sinovites, tenossinovites), contusões, fraturas, ferimentos, queimaduras, ansiedade, alterações na vida familiar, transtornos do ciclo vigília-sono, DORT/LER, deformidades da coluna vertebral (lombalgias, lombociatalgias, escolioses, cifoses, lordoses), síndrome do esgotamento profissional e neurose profissional; traumatismos, tonturas e fobias.

Além da regulamentação da Convenção n. 182 da OIT, a Consolidação das Leis do Trabalho proíbe o trabalho noturno a quem ainda não completou a idade de 18 anos de idade, considerado este o trabalho urbano realizado entre 22h de um dia e 5h do outro na zona urbana e, para o trabalho desenvolvido na zona rural, aquele que se desenvolve das 21h às 5h se for na lavoura e das 20h às 4h se for na pecuária. Igualmente, a criança ou o adolescente não pode desempenhar trabalho insalubre, perigoso ou penoso.

A fixação de uma idade adequada para a inserção do adolescente no mundo do trabalho atende à necessidade de garantir a todos o acesso à educação e à adequada formação, física e psicológica.

É fato que todo e qualquer indivíduo, durante seu crescimento, deve passar por diversas fases, desde a infância até a idade adulta e, em cada uma, receber a atenção adequada da família e do Estado, possibilitando-lhe plena inserção na vida em sociedade. Em cada fase o indivíduo adquire conhecimentos e habilidades para enfrentar a fase seguinte.

É preciso pontuar que o desenvolvimento de atividades relacionadas ao trabalho, de cunho intelectual ou manual, depende de um "aprender fazer", não sendo competências e habilidades inatas. Apenas o homem pode trabalhar, no sentido de desenvolver atividades voltadas para a transformação do mundo que o cerca (produção de bens, prestação de serviços ou qualquer outra atividade voltada ao incremento da economia). Nenhum animal, por mais laborioso que seja, desenvolve atividade conscientemente voltada para a transformação da natureza. Pode fazê-lo por instinto de sobrevivência, mas não de modo consciente.

E, sendo uma atividade que precisa ser aprendida, não se pode exigir que indivíduos ainda muito jovens possam inserir-se no mercado de trabalho sem a adequada aprendizagem.

O desenvolvimento de atividades relacionadas ao trabalho, de modo precoce provoca danos irreparáveis ao organismo humano, conforme nos demonstra o estudo realizado por Celso Lacerda de Azevedo Neto. Ele analisa os principais riscos aos quais estão submetidos crianças e adolescentes que ingressam no mundo do trabalho antes do desenvolvimento ideal de seus organismos e, em razão da minuciosa descrição, merece ser transcrito na íntegra:

> **Trabalho pesado e/ou posturas inadequadas:**
>
> A realização de trabalhos carregando pesos muito acima da sua capacidade e a permanência por longas horas na posição em pé, sentado erroneamente ou

curvado provocam danos irreparáveis aos ossos longos do corpo em crescimento, à coluna vertebral e aos músculos em geral.

Até os 21 anos no homem e 18 anos na mulher não existe a ossificação completa, o que contraindica a realização de esforços, pois podem influir nos discos epifisários, deformando os ossos.

É muito comum nestes jovens trabalhadores a ocorrência de Cifose Juvenil de Scheüermann, geralmente associada à escoliose, a coxa-vara do adolescente e as fraturas por estresse.

As hérnias inguinais e escrotais ocorrem frequentemente, consequência da fragilidade da parede e dos músculos abdominais em suportar excesso de pesos.

O sistema muscular ainda imaturo e em desenvolvimento entra em fadiga muito mais rapidamente que no adulto, mesmo que o jovem aparente ter uma massa muscular desenvolvida, uma vez que na criança e no adolescente massa muscular não significa força.

Temperatura corporal

As crianças e adolescentes ao realizar esforços produzem uma maior quantidade de calor que os adultos. Talvez a explicação esteja no fato de terem a superfície corporal menor que a dos adultos.

Some-se a esta produção diferenciada de calor o fato de que o tecido celular subcutâneo de crianças e adolescentes tem menor vascularização, o que dificulta que o sangue circule na superfície do corpo, impedindo que o mesmo chegue até a superfície para trocar calor com o ambiente.

Outro fator a ser considerado é a menor atividade das glândulas sudoríparas. Produzindo menos suor, dificulta a perda de calor pelo corpo por evaporação do suor. Além desses fatos, como tem um menor leito plasmático, qualquer perda por suor é significativamente mais importante do que em adultos.

Como consequência desses fatores, as crianças e adolescentes estão muito mais sujeitas à elevação da temperatura corporal, as desidratações, ao cansaço, a fadiga e as câimbras de calor.

Sistema neurológico

Até a adolescência, uma série de aptidões motoras continuam a ser desenvolvidas, assim como a precisão e velocidade dos movimentos, a coordenação muscular e automatismo motor.

É uma fase favorável à aquisição de técnicas, em que o aprendizado produz melhores resultados do que se realizado na fase adulta.

A inteligência é desenvolvida, assim como a afetividade e a imaginação.

O sistema nervoso parassimpático predomina nas crianças, traduzindo-se na intensidade das reações emotivas que incluem as vasculares periféricas, palpitações, marcada queda na pressão arterial, etc.

Nos adolescentes predomina o sistema simpático. Frequentes quadros de sintomas digestivos e cardiovasculares são encontrados em adolescentes e a questão que surge é se que a origem dos mesmos é mental, o que poderia se originar no trabalho: fadiga, monotonia, ritmo de trabalho, medo, pouca adaptação como maiores causas.

Diversos agentes químicos e físicos, como ruído e vibrações, interferem no desenvolvimento do sistema nervoso, tanto central como periférico.

Pele

A pele com suas diversas camadas é um órgão extremamente importante na proteção do organismo humano contra a ação de agentes químicos, físicos e biológicos.

Quando a pele está lesada, o ingresso de produtos químicos e biológicos é facilitado. Existe uma camada córnea que não está completamente desenvolvida em crianças e adolescentes, tornando-os mais sensíveis a esses agentes, ou seja, os agentes citados lesam a pele e ingressam no organismo humano mais facilmente do que nos adultos.

Aparelho digestivo

O aparelho gastrintestinal de crianças e adolescentes tem uma capacidade de absorção de tóxicos muito maior do que em adultos, o que o torna uma rota de ingresso de agentes químicos e biológicos. Estima-se que 50% do chumbo ingerido por crianças é absorvido enquanto apenas 5% é absorvido pelos adultos.

Aparelho respiratório

Além de participar na hematose, o aparelho respiratório é importante entrada de tóxicos no organismo de crianças e adolescentes. Como estes têm grande demanda de oxigênio, precisam ventilar muito mais por unidade de peso corporal que os adultos. Logo, tóxicos inalados penetram muito mais no organismo de crianças e adolescentes que em adultos respirando a mesma concentração do agente tóxico.

Metabolização de produtos químicos

Após a entrada dos produtos químicos no organismo humano ocorre uma série de reações bioquímicas que tentam manter o organismo íntegro.

Ocorre a biotransformação quando substâncias tóxicas sofrem modificações para que mais facilmente sejam eliminadas, surgindo elementos menos tóxicos ou atóxicos.

> A biotransformação ocorre no fígado, nos pulmões, intestinos, sistema nervoso central e sangue. Os processos são enzimáticos.
>
> Em crianças e adolescentes estes sistemas enzimáticos não estão bem amadurecidos, o que dificulta a transformação destes produtos, que permanecem mais tempo no organismo.
>
> Logo, crianças e adolescentes expostos as mesmas concentrações de determinado produto químico que os adultos serão mais afetados que estes" (NETO, 2002).

Com isso, os riscos da atividade profissional na vida de crianças e adolescentes, quando se concretizam, mais cedo ou mais tarde, podem se materializar em graves acidentes de trabalho, desenvolvimento de doenças físicas ou transtornos mentais relacionados ao trabalho, que vão desde a incapacidade temporária e parcial para o trabalho até a perda da vida.

A legislação que veda o trabalho até a idade de 14 (quatorze) anos e o possibilita apenas em condições de proteção especial a partir desta idade, está fundamentada em amplos estudos científicos que evidenciam os malefícios para a saúde física e mental, parcialmente expostos acima.

Crianças e adolescentes precisam de amadurecimento para a percepção adequada do mundo à sua volta, para o desenvolvimento de capacidade de atenção mais acurada e para que seja possível identificar os riscos iminentes do trabalho, tomando decisões eficazes e no momento adequado.

O ingresso no mercado de trabalho exige o desenvolvimento de tais habilidades, que não são inatas e precisam ser aprendidas, conforme já apontado.

A inserção no mundo do trabalho apenas pode ser efetuada com a formação profissional que permita ao adolescente, além de adquirir os conhecimentos básicos da atividade que irá desenvolver, o amadurecimento necessário para o conhecimento dos riscos do ambiente de trabalho. Além disso, a aprendizagem adequada lhe garante inserção no mundo do trabalho de modo formal, legalizado e com as garantias mínimas que todo cidadão tem quando se disponibiliza a prestar serviços por conta de outrem.

Quanto à alegação corrente de que "trabalho não mata ninguém", dados do Sistema de Informação de Agravos de Notificação (Sinan) do Ministério da Saúde evidenciam que no Brasil, entre 2007 e 2019, 279 crianças e adolescentes de 5 (cinco) a 17 (dezessete) anos morreram e 27.924 sofreram acidentes graves enquanto trabalhavam. No mesmo período, 46.507 meninos e meninas sofreram algum tipo de agravo à saúde em razão do trabalho (FNPETI, 2020).

Apenas no estado de São Paulo, no período de 2006 a 2013, os acidentes de trabalho vitimaram 8.179 crianças e adolescentes entre 10 e 17 anos. Deste total 28 morreram e três desenvolveram transtornos mentais, segundo dados da Secretaria Estadual de Saúde. Ainda segundo o estudo nacional, São Paulo é o estado que apresenta o maior número de acidentes notificados com menores de 18 anos, em diversas atividades, com maior foco no comércio de alimentos e fabricação de calçados.

As cidades de São Paulo, Franca e São José do Rio Preto, todas no Estado de São Paulo, foram as que apresentaram o maior número de notificações de acidentes de trabalho com crianças e adolescentes. Tais dados foram divulgados pelo Centro de Referência em Saúde do Trabalhador e da Divisão de Saúde do Trabalhador da Vigilância Sanitária Estadual do estado de São Paulo (REDE BRASIL ATUAL, 2013).

Estudos da Associação Nacional de Medicina do Trabalho indicam que 08 (oito) em cada 10 (dez) crianças e adolescentes que foram encontradas trabalhando, pela fiscalização do trabalho, entre janeiro de 2011 e setembro de 2013, exerciam atividades em trabalhos perigosos ou insalubres, atividades que são proibidas aos menores de 18 (dezoito) anos. Em números exatos, foram encontrados 12.813 crianças e adolescentes trabalhando, dentre estas 10.568 em atividades de risco.

Mais grave ainda é o fato de que a maior parte dos encontrados tinha entre 10 (dez) e 15 (quinze) anos, mesmo sendo expressamente vedada toda e qualquer forma de trabalho antes dos 14 (quatorze) anos de idade.

Foram localizadas crianças em várias atividades de risco, como produção de carvão vegetal, transporte de cargas e camelôs em grandes cidades. Do total encontrado, 43 (quarenta e três) crianças tinham menos de cinco anos de idade (ANMT, 2013).

Necessário ressaltar que a parte dos acidentes não é notificada, já que parte das crianças e jovens permanece de modo irregular no mercado de trabalho. Ainda, há reiterada omissão das famílias em informar, no momento do atendimento médico, que a lesão decorreu de doenças e/ou acidentes do trabalho, por receio de punição ao empregador que, segundo elas, ainda presta um favor à família quando emprega de modo irregular a criança e o adolescente.

Tais evidências apenas servem para confirmar a necessidade de garantir que as crianças possam ter o direito à infância, acesso à educação e, sobretudo, direito ao não trabalho.

2. Atuar na realidade para vencer o trabalho infantil: educação em tempo integral e a aprendizagem com formação técnico-profissional metódica

O ingresso precoce de crianças e adolescentes no mundo do trabalho, que na maioria das vezes ocorre em razão das necessidades materiais das famílias empobrecidas, diminui substancialmente a possibilidade de que elas possam romper o ciclo da pobreza no qual estão inseridos.

Tal ciclo da pobreza se evidencia quando as crianças e adolescentes, em situação de trabalho infantil, possuem pais ou cuidadores que também foram vítimas dessa forma de trabalho. Diante disso, os pais ou cuidadores permaneceram alijados do sistema educacional, não conseguiram qualificação minimamente adequada para o mercado de trabalho e submeteram-se a empregos precários ou trabalhos mal remunerados.

Chegam à vida adulta com rendimentos muito reduzidos ou, em parte dos casos, em valores abaixo da linha da pobreza. Via de regra, tal situação empurra seus filhos para o trabalho precoce com o objetivo de melhorar as condições materiais de vida da família, ainda que com remuneração ínfima e submetidos às piores formas de trabalho.

Outro fator que por vezes empurra crianças e adolescentes ao trabalho infantil, nas mesmas famílias empobrecidas, decorre do desejo de consumo emergente, seja de bens de consumo ou atividades de lazer, custos com os quais as famílias empobrecidas não podem suportar em razão dos baixos rendimentos familiares.

Nesse sentido, o Relatório V da Conferência Internacional do Trabalho em 2012, denominado *"A crise do emprego jovem: tempo de agir"*, já evidenciava que em razão da pobreza ser transmitida dentro do ciclo de vida, de geração em geração, ela também se caracteriza como causa do trabalho infantil e dos insucessos no mercado de trabalho durante a juventude e a vida adulta (OIT, 2012, p. 27).

A realidade mostra que a inserção precoce de crianças e adolescentes no mercado de trabalho, sem qualificação adequada, também dificulta sobremaneira que, posteriormente, elas possam retomar o tempo perdido e efetivamente estabelecer-se de modo profissionalmente adequado, de modo que possam vencer a barreira da pobreza e alcançar níveis mais adequados de vida

A proteção adequada de crianças e adolescentes em situação de vulnerabilidade passa pela atuação adequada e coordenada dos atores sociais que tem o dever de atuar para tornar realidade o princípio da proteção integral e prioritária.

É fato que o direito precisa estar adequado à realidade, sob pena de tornar-se letra morta. A situação de trabalho infantil exige uma atuação especializada e efetiva.

Exatamente em razão desta constatação, a Resolução n. 113 do CONANDA estabelece como "espinha dorsal" da atuação do Sistema de Garantia de Direitos a especialização de cada órgão de proteção.

A realidade das famílias é complexa. O trabalho infantil pode ser encontrado em diversos ambientes de produção de bens e serviços, mas sobretudo nas pontas das cadeias de suprimento, em atividades que são desenvolvidas em situação de absoluta precariedade, a exemplo do trabalho desenvolvido em carvoarias, na área rural, nas pequenas oficinais artesanais, no pequeno comércio familiar ou nas ruas e logradouros públicos.

Com isso, as ações de busca ativa, desenvolvidas pelos órgãos especializados no âmbito do Serviço Social especializado, visam identificar as crianças e adolescentes em situação de trabalho e conhecer a realidade de cada uma. Devem buscar soluções minimamente adequadas para o atendimento delas e de seus núcleos de pertencimento (quando existentes), envolvendo a necessidade de agrupamento de serviços e equipamentos públicos que, nem sempre, encontram-se operantes ou adequados.

O maior desafio, após a identificação das situações de exploração de trabalho infantil consiste em localizar programas minimamente coordenados que apresentem alternativas viáveis para o resgate da criança, do adolescente e de suas famílias.

Para crianças em idade inferior a 14 (quatorze) anos de idade a única opção de garantia do direito à plena realização de seus direitos fundamentais consiste na educação integral, inclusiva e diversificada, em tempo integral, que possibilite o desenvolvimento amplo de todo o seu potencial nas mais diversas áreas do saber, através de atividades culturais, desportivas e de lazer, para além do ensino metódico.

Políticas públicas que garantam educação integral e em tempo integral, que tenham por objetivo garantir que elas acessem os demais direitos constitucionalmente garantidos, como a saúde, o lazer, a cultura, dentre tantos outros.

A educação integral, para além do currículo escolar previamente estabelecido pelo Sistema de Ensino, deve conter atividades diversas que possam garantir o desenvolvimento das competências e habilidades nos diferentes domínios do saber.

À míngua da instalação de escolas em regime de tempo integral na quantidade necessária (uma realidade brasileira, sem exceção), uma alternativa adequada é a de que a iniciativa seja capitaneada pelos Municípios, e, para tal, é perfeitamente possível a utilização de recursos destinados ao Fundo Municipal da Infância e Adolescência (FIA).

O FIA é gerido pelo Conselho Municipal dos Direitos da Criança e do Adolescente (CMDCA). Cabe ao CMDCA criar estratégias adequadas para a ativação das fontes de receitas, atuando diretamente na mobilização de recursos das diversas fontes possíveis, seja através de dotações orçamentárias, doações de pessoas ou empresas, transferências de valores referentes à multas aplicadas em Ações Civis Públicas pelo Poder Judiciário, destinações oriundas das Declarações de Imposto de Renda (pessoa física e pessoa jurídica), dentre outras.

Ao CMDCA compete ainda mapear as condições de vida das crianças e adolescentes do município, inteirando-se dos problemas que afligem esta população e traduzindo estes problemas em estratégias adequadas para seu enfrentamento.

Cabe ao CMDCA apresentar propostas de criação ou aprimoramento de projetos a serem executados por organizações governamentais ou não governamentais, podendo defender junto à sociedade e em parceria com ela, projetos e iniciativas diversificados que visem ampliar medidas que garantam a proteção adequada à realidade local, notadamente que garantam o acesso à educação integral e em tempo integral como medida de combate eficaz ao trabalho infantil.

Além disso é importante alinhar as Leis Orçamentárias Municipais (PPA — Plano Plurianual, LDO — Lei de Diretrizes Orçamentárias e LOA — Lei Orçamentária Anual), a fim de que elas também tenham previsão de recursos para implementação das iniciativas diagnosticadas como prioritárias pelo CMDCA.

O combate efetivo ao trabalho infantil passa pela necessária criação de iniciativas que possibilitem o aumento do acesso das crianças e adolescentes inseridos no ciclo da pobreza à educação de qualidade.

Uma das maiores deficiências encontradas nos adolescentes que buscam o mercado de trabalho é a ausência de desenvolvimento de habilidades conhecidas como *soft skils*, ou seja, habilidades comportamentais cotidianas relacionadas à inteligência emocional, que não são inatas e precisam ser apreendidas desde a infância, como escuta ativa, trabalho em equipe, colaboração, flexibilidade, resiliência, como atuar sob pressão, comunicação eficaz, proatividade, liderança, dentre tantas outras.

A participação da criança e do adolescente em atividades diversas, além daquelas previstas no currículo escolar, tem o potencial de auxiliar no desenvolvimento destas competências e habilidades, a exemplo do desenvolvimento do espírito de equipe colaborativo em um jogo, ou da sensibilidade que pode advir de atividades lúdicas como o teatro e a dança.

Ao final, é importante frisar que crianças e adolescentes em situação de grave vulnerabilidade, via de regra, passaram a vida alijados de iniciativas culturais e de lazer. Por vezes, vivendo em bairros periféricos ou em situação de rua, sequer conhecem o que este mundo lúdico significa e tal se traduz em grave violação do seu direito ao lazer e à cultura.

Para além da educação integral e em tempo integral, o adolescente com idade superior a 14 (quatorze) anos pode ser encaminhado à aprendizagem profissional, entendida como política pública adequada de inserção de adolescentes no mercado de trabalho.

O contrato de aprendizagem é um contrato especial, previsto em lei. Deve ser realizado de forma escrita e tem prazo determinado de no máximo dois anos. Sua principal finalidade é de assegurar ao aprendiz a formação técnico-profissional metódica, ou seja, deve haver método que alie trabalho e educação, com aumento progressivo da complexidade das atividades, para qualificação profissional do aprendiz.

A aprendizagem pode ter início aos 14 (quatorze) anos e a idade máxima permitida é de 24 (vinte e quatro) anos, exceto se o aprendiz for pessoa com alguma deficiência, casos nos quais esse limite pode ser ultrapassado, bem como a aprendizagem pode ter duração superior a dois anos.

O aprendiz deve, em regra, frequentar a escola até concluir o ensino médio e, apenas onde este ensino não seja oferecido, terminar o ensino fundamental. A qualificação do aprendiz pode ser efetuada por inscrição em programa de aprendizagem (com conteúdo pedagógico) desenvolvido sob orientação de entidade qualificada em formação técnico-profissional metódica, aliando teoria e prática. Referida formação deve ser compatível com o desenvolvimento físico, moral e psicológico do aprendiz.

As empresas que possuem mais de sete trabalhadores têm obrigatoriedade de contratar, como aprendizes, pelo menos 5% do total dos trabalhadores existentes em cada estabelecimento, cujas funções demandem formação profissional, não excedendo o total de 15%.

Nossa legislação, infelizmente, dispensou da obrigação da contratação de aprendizes as microempresas e as empresas de pequeno porte (Lei n. 9.841/99, art. 11; art. 14, I, do Decreto 5.598/2005), bem como o art. 429 da CLT excepciona as entidades sem fins lucrativos que tenham por objetivo a educação profissional (§ 1º). Isso porque, no caso brasileiro, grande parte da atividade produtiva e da área de serviços é desenvolvida por pequenas e médias empresas. No entanto, tal dispensa não equivale a vedação, ou seja, toda e qualquer empresa, mesmo enquadrada como micro e pequena pode, se o quiser, manter aprendizes em seu quadro.

É importante frisar que para as atividades consideradas inadequadas para os indivíduos com idade inferior a 18 (dezoito) anos, como as que estão na lista TIP e as que sujeitem o empregado a insalubridade ou periculosidade, o aprendizado pode ter início apenas após referida idade.

Tal aprendizagem, em regra, é ministrada pelas entidades integrantes do Sistema Nacional de Aprendizagem, o conhecido sistema "S". São elas: Serviço Nacional de Aprendizagem Industrial (SENAI), Serviço Nacional de Aprendizagem Comercial (SENAC), Serviço Nacional de Aprendizagem Rural (SENAR), Serviço Nacional de Aprendizagem de Transportes (SENAT) e Serviço Nacional de Aprendizagem de Cooperativismo (SESCOOP).

Contudo, normalmente referidas entidades não possuem as vagas necessárias para absorver a quantidade de aprendizes dispostos a ingressarem no sistema. Neste caso, a aprendizagem pode ser ministrada por Escolas Técnicas de Educação (inclusive agrotécnicas) ou, no caso dos adolescentes, por entidades sem fins lucrativos, que tenham por objetivo a assistência ao adolescente e à educação profissional, desde que registradas no Conselho Municipal dos Direitos da Criança e do Adolescente.

Além disso, a lei autoriza que as entidades sem fins lucrativos atuem como empregadoras dos aprendizes, anotando, inclusive, o contrato na CTPS. Nesse caso, não haverá vínculo de emprego com o tomador de serviços, que, no entanto, poderá utilizar os aprendizes a seu serviço para o preenchimento das cotas. O tomador terá responsabilidade subsidiária em caso de eventual frustração dos direitos dos aprendizes.

Quanto à jornada de trabalho, os aprendizes que não completaram o ensino fundamental têm jornada diária de trabalho limitada a seis horas, sendo proibidas a prorrogação e a compensação de horários (art. 432 da CLT). Se já completado o ensino fundamental, o limite diário é de oito horas. Na jornada deverá estar compreendido o tempo destinado às aulas teóricas.

Quanto a estas, devem ser ministradas "*em ambiente físico adequado ao ensino, e com meios didáticos apropriados*". A teoria, conforme permite o Decreto que regulamenta a aprendizagem (Decreto n. 5.598/2005, art. 22, § 1º), pode ser dada "*sob a forma de aulas demonstrativas no ambiente de trabalho*", sendo vedada, porém, na hipótese, qualquer atividade laboral durante as aulas. Além disso, é vedado ao tomador dos serviços do aprendiz cometer lhe atividades diversas daquelas previstas no programa de aprendizagem em desenvolvimento.

Já as aulas práticas podem ocorrer na própria entidade qualificada em formação técnico-profissional metódica, sendo mais comum que sejam ministradas na empresa, hipótese em que ela deve designar formalmente empregado monitor, responsável pela coordenação de exercícios práticos e acompanhamento das atividades do aprendiz, de acordo com o programa de aprendizagem, nos termos do art. 23, § 1º, do Decreto n. 5.598/2005.

É preciso levar em conta que o trabalho das crianças e dos adolescentes encontrados em nossa realidade social, na maior parte das vezes, não tem o condão de garantir ou melhorar o sustento das famílias pobres, eis que feito em precárias condições, sobretudo do ponto de vista remuneratório.

É por isso que a aprendizagem, quando realizada de acordo com a legislação, é á única hipótese adequada para preparação de nossos jovens ao mercado de trabalho.

O direito ao não trabalho visa, exatamente, garantir às crianças uma infância saudável e uma adolescência na qual seja possível adquirir as habilidades necessárias para exercício de trabalho em condições adequadas de remuneração e profissionalização.

O direito à plena infância apenas pode ser garantido com medidas eficazes, através da educação integral e em tempo integral a todas as crianças e adolescentes, prioritariamente àquelas em situação de vulnerabilidade socioeconômica.

A chegada dos adolescentes no mercado de trabalho apenas pode ser permitida de modo protegido e através do regular contrato de aprendizagem na idade adequada e com a preparação que o possibilite avançar profissionalmente para carreiras que lhe permitam a vida com dignidade.

O direito ao não trabalho deve ser uma opção a ser plenamente garantida pelo Estado, bem como defendida e respeitada pela família e pela sociedade.

Conclusão

A criança e o adolescente precisam, efetivamente, receber de todos, da família, do Estado e da sociedade a proteção adequada, tal qual preconizado pela Constituição Federal.

Isso apenas será possível se todos os atores sociais, sem qualquer distinção, atuarem para previsão programática e execução de políticas públicas voltadas para a população de baixa renda, adequadas para garantia do direito fundamental à prioridade absoluta de crianças e adolescentes.

O trabalho infantil precisa ser verdadeiramente enfrentado pela organização em rede dos entes do Sistema de Garantia de Direitos, criando-se uma agenda conjunta, propositiva e efetiva, que chame à responsabilidade cada um dos seus membros, e exija, incondicionalmente, a realização da legislação protetiva.

A distância entre a lei e a realidade apenas poderá ser reduzida se, no plano da vida concreta de cada criança e adolescente, for possível garantir a realização plena do direito à educação, que, repise-se uma vez mais, depende da implantação de um sistema de educação integral e em tempo integral, que lhes garanta proteção efetiva e educação inclusiva.

A eliminação do trabalho infantil é medida que se impõe imediatamente e, para tal, todos tem o dever de cooperar. Garantir às crianças e adolescentes o direito a ter direitos é o primeiro passo. Mas essa realização depende do quanto sociedade, estado e família estiverem dispostos a reduzir o abismo econômico, social e cultural que ainda impera em nosso meio, com estratégias que sejam adequadas e efetivas para implementação de direitos já consagrados legalmente, cujo objetivo é garantir cidadania a todos, principalmente às nossas crianças e adolescentes inseridas no perverso ciclo da pobreza.

Referências

ASSOCIAÇÃO NACIONAL DE MEDICINA DO TRABALHO. *Proibido e Perigoso*. Disponível em: <http://www.anamt.org.br/site/noticias_detalhes.aspx?notid=2556>. Acesso em: 13 jun. 2014.

FÓRUM NACIONAL DE PREVENÇÃO E ERRADICAÇÃO DO TRABALHO INFANTIL. *Mais de 46 mil crianças e adolescentes sofreram acidentes de trabalho e agravos na saúde nos últimos 12 anos no país*. Disponível em: <https://fnpeti.org.br/noticias/2020/04/28/mais-de-46-mil-criancas-e-adolescentes-sofreram-acidentes-de-trabalho-e-agravos-saude-nos-ultimos-12-anos-no-pais/>. Acesso em: 15 jan. 2021.

MINISTÉRIO DA MULHER, DA FAMÍLIA E DOS DIREITOS HUMANOS. *Lançado o III Plano Nacional de Prevenção e Erradicação do Trabalho Infantil*. Disponível em: <https://www.gov.br/mdh/pt-br/assuntos/noticias/2018/novembro/lancado-3o-plano-nacional-de-prevencao-e-erradicacao-do-trabalho-infantil>. Acesso em: 15 fev. 2020.

O GLOBO. *A cada mês uma criança ou adolescente morre trabalhando no país.*. Disponível em: <http://oglobo.globo.com/economia/a-cada-mes-uma-crianca-ou-adolescente-morre-trabalhando-no-pais-12522923>. Acesso em: 13 jun. 2014.

ORGANIZAÇÃO INTERNACIONAL DO TRABALHO. *Relatório V – A crise no emprego jovem: tempo de agir*. Disponível em: <http://www.ilo.org/public/portugue/region/eurpro/lisbon/pdf/relatorio_empregojovem_2012.pdf>. Acesso em: 2 jun. 2014.

REDE BRASIL ATUAL. *Acidentes de trabalho atingem 8 mil crianças e adolescentes*. Disponível em: <http://www.redebrasilatual.com.br/trabalho/2013/10/acidentes-de-trabalho-atingem-8-mil-criancas-e-adolescentes-em-sp-desde-2006-9778.html>. Acesso em: 13 jun. 2014.

SMART LABOR. *Acidente de Trabalho*. Disponível em: <https://smartlabbr.org/>. Acesso em: 4 nov. 2020.

UNIVERSIDADE FEDERAL DE PERNAMBUCO. *Medidas de Proteção do Trabalho do Menor.* Monografia de conclusão de curso de pós graduação em Medicina do Trabalho. Sociedade Universitária Estácio de Sá. Disponível em: <http://www.ufpe.br/ce/images/Graduacao_pedagogia/pdf/2005.2/efeitos%20perversos%20do>. Acesso em: 30 nov. 2020.

O Trabalho Infantil Doméstico de Meninas: A Urgência de Enfrentar a Divisão Sexual do Trabalho e a Sobrecarga da Função de Cuidado Feminina Desde a Infância

Thaís Nascimento Dantas[1]

"Que prazeres podiam ser espremidos entre as tarefas infinitas? O talento das crianças para aguentar as coisas vem da ignorância sobre as alternativas."

ANGELOU, 2018

Introdução

É histórico e crescente o debate, acadêmico e político, acerca da função de cuidado não remunerada desempenhada por mulheres e a divisão sexual do trabalho. No entanto, nesse tema, frequentemente crianças e adolescentes[2] são vistos como meros objetos, aqueles a quem mulheres dispendem atenção, tempo e, especialmente, trabalho. Não por acaso, por

(1) Advogada. Vice-Presidente da Comissão de Defesa dos Direitos da Criança e do Adolescente da Ordem dos Advogados do Brasil da Seccional de São Paulo (OAB-SP). Coordenadora do Núcleo de Direitos da Criança e do Adolescente da Escola Superior de Advocacia de São Paulo (ESASP). Ex-Conselheira do Conselho Nacional dos Direitos da Criança e do Adolescente (Conanda). Graduada pela Faculdade de Direito da Universidade de São Paulo. Pós-graduada em Políticas Públicas para a Igualdade na América Latina pelo Conselho Latino Americano de Ciências Sociais (Clacso). Bolsista do Master em Estado de Direito e Democracia Constitucional, da Universidade de Genova. Mestranda do programa de pós-graduação Integração da América Latina da Universidade de São Paulo (Prolam USP). Estuda a construção da desigualdade de gênero desde a infância e os mecanismos para sua superação.

(2) Pela legislação brasileira, é considerada criança a pessoa com idade inferior a 12 anos de idade, e adolescente aquela com idade entre 12 e 18 anos, conforme art. 2º da Lei n. 8.069 de 1990 (Estatuto da Criança e do Adolescente). Destaque-se que, no direito internacional, é considerada criança toda pessoa com até 18 anos de idade, por força da Convenção sobre os Direitos da Criança, da qual o Brasil é signatário e incorporou ao seu ordenamento jurídico por meio do Decreto n. 99.710 de 1990.

exemplo, há inúmeros estudos que tratam da necessidade — urgente — de políticas de licença parental (ANDRADE, 2018).

O presente artigo reconhece a extrema relevância da temática, e traz outro enfoque, também urgente e necessário: olhar para crianças e adolescentes, no caso meninas, na condição de sujeitos, também intricadas no dever de cuidado e sobrecarregadas pela injusta divisão sexual do trabalho, especialmente em decorrência do trabalho infantil doméstico, seja dentro de suas próprias casas, seja na de terceiros.

Assim, neste artigo, apresenta-se o conceito de trabalho infantil doméstico, seus impactos no desenvolvimento infantil e a legislação concernente ao tema, para a seguir indicar diretrizes que devem guiar estratégias voltadas à superação de tal problema social, especialmente considerando a necessidade de uma abordagem interseccional e com enfoque de direitos humanos.

1. Um ponto de partida: limites legais ao trabalho infantil no país

No Brasil, conforme previsões constitucionais, a proibição ou permissão ao trabalho infantil varia de acordo com determinadas faixas etárias, a saber: (i) proibição total até os 14 anos; (ii) proibição com exceção para aprendizes entre 14 e 16 anos; (iii) permissão parcial entre 16 e 18 anos, exceto atividades noturnas, insalubres, perigosas ou penosas.

A Constituição prevê, em seu art. 7º, inciso 33, a proibição de trabalho noturno, perigoso ou insalubre a menores de 18 anos e de qualquer trabalho a pessoas com idade inferior a 16 anos, salvo na condição de aprendiz, a partir de 14 anos, o que é reafirmado e detalhado pelo capítulo "Do Direito à Profissionalização e à Proteção no Trabalho" do Estatuto da Criança e do Adolescente.

Fundamental considerar o porquê de tal restrição legal, é dizer, o motivo pelo qual o trabalho infantil é vedado:

> A exploração do trabalho infantil foi proibida porque se verificou que o trabalho precoce põe em risco a educação e compromete todo o desenvolvimento físico e psicológico de uma criança. Isso ocorre devido à competição que se estabelece entre as atividades de trabalho e as atividades escolares, de esporte e lazer, essenciais para a saudável formação do indivíduo (diminuição do tempo disponível para brincar, conviver com familiares e comunidade, impossibilidade da criança ou adolescente se dedicar adequadamente às atividades educativas dentro e fora do horário escolar). As pesquisas também identificaram danos potenciais: prejuízos ao desenvolvimento biopsicossocial, atraso ou mesmo abandono escolar, impossibilidade de dedicação às atividades extracurriculares, possibilidade de ocasionar transtornos de sono, maior risco de doenças ocupacionais e acidentes (CAVALCANTE, 2013).

Sobre o trabalho infantil doméstico, cabe explicitar que o termo contempla toda prestação de serviços continuada, remunerada ou não, realizada para terceiros ou para a própria família que, pelas condições em que é executada, viola direitos de crianças e adolescentes à vida, à saúde, à educação, ao brincar, ao lazer, à profissionalização, ao desenvolvimento integral e a viver uma vida livre de violência.(3)

Ressalta-se, ainda, que o trabalho infantil doméstico é considerado uma das piores formas de trabalho infantil, por força da Convenção 182 da Organização Internacional do Trabalho (OIT).

Vale lembrar, por fim, que crianças e adolescentes são, constitucionalmente, a prioridade absoluta da nação, nos termos do Art. 227, o qual garante que seus direitos sejam assegurados de maneira prioritária, sendo esta uma responsabilidade compartilhada do Estado, da família e sociedade. Nesse contexto, é inaceitável que crianças e adolescentes possam ter sua mão de obra explorada de maneira contrária à legislação vigente.

2. Trabalho infantil doméstico e desigualdade de gênero: imposições sobre o que deve ser uma mulher desde a infância

Desde a infância, meninas são imbuídas de tarefas e padrões sobre trabalhos domésticos, o que gera uma assimilação carregada por toda a vida sobre o que significa — ou deve significar — ser mulher isso. Assim, meninas, desde o início da vida, são relegadas ao ambiente doméstico e responsabilizadas pelo cuidado e pela manutenção de condições básicas para o bom funcionamento e desenvolvimento individual dos companheiros, filhos e familiares. Essa partilha desigual de responsabilidades domésticas tem impactos extremamente negativos nas oportunidades educacionais e empregatícias que meninas acessam, bem como na percepção de seu papel na sociedade (GAUTO, 2018).

Nesse contexto, verifica-se que as expectativas tradicionais de gênero são fundantes para a sua ocorrência. Em decorrência do trabalho infantil doméstico, meninas são relegadas à domesticidade excludente: ficam confinadas a uma vida privada, em seus lares ou nos de outros, e com atividades produtivas estritamente ligadas ao cuidado doméstico e de terceiros, o que lhes nega outras possibilidades de vivências subjetivas, comunitárias, sociais e políticas (GAUTO, 2018).

Ademais, desigualdades e discriminações de gênero acompanham a vivência laboral de meninas e mulheres em todas as suas etapas de vida. As consequências do trabalho infantil doméstico são gravíssimas para o crescimento saudável das crianças, tanto fisicamente quanto emocionalmente. Além disso, elas estão expostas a violência e é alto o nível defasagem escolar destas crianças, devido à dificuldade em conciliar trabalho doméstico, afazeres domésticos e atividades escolares (FNPETI, 2017).

O trabalho infantil doméstico, infelizmente, é um problema brasileiro e de todo o continente americano.

No Brasil, quase 18% das meninas que trabalham exercem o trabalho doméstico de caráter profissional na casa de terceiros e o mesmo trabalho é realizado em suas próprias residências por 94% delas, ou seja, quase a totalidade das meninas que trabalham, sendo em

(3) Conforme definição do Fórum Nacional de Prevenção e Erradicação do Trabalho Infantil (FNPETI).

sua maioria meninas negras.(4) É também relevante o dado de que o número médio de horas semanais dedicadas por crianças e adolescentes aos afazeres domésticos e aos cuidados de pessoas no país, em 2016, foi de 8,4 horas (FNPETI, 2015).

Embora haja avanços na região latino-americana em relação ao enfrentamento ao trabalho infantil(5), os desafios ainda permanecem especialmente em relação ao trabalho infantil doméstico, majoritariamente feminino. Hoje, na América, a maior parte do trabalho infantil ocorre dentro de unidades familiares, o que indica que o trabalho doméstico merece atenção (OIT, 2017, p. 11).

Ainda, a OIT reconhece que meninas são mais propensas a se envolver em formas de trabalho infantil doméstico. As meninas representam dois terços dos 54 milhões de crianças e adolescentes de 5 a 14 anos da América que realizam tarefas domésticas por pelo menos 21 horas semanais(6). São, também, cerca de dois terços dos 29 milhões de crianças e adolescentes de 5 a 14 anos fazendo tarefas domésticas familiares que excedem o limite de 28 horas por semana, bem como dos quase 7 milhões crianças que realizam essas tarefas por 43 horas semanais ou mais (OIT, 2017, p. 12).

Também é relevante considerar que, embora haja avanços na redução do trabalho infantil, a redução do trabalho infantil feminino, no período de 2012 a 2016, é metade da redução do trabalho infantil masculino, o que evidencia que a diferença de gênero no trabalho infantil não diminuiu (OIT, 2017, p. 12). Ainda, como a maioria das meninas está ocupada no trabalho doméstico, é possível inferir que este segmento laboral não teve grandes avanços.

A Organização Internacional do Trabalho já reconheceu que "a erradicação do trabalho infantil doméstico está diretamente relacionada com o combate à pobreza na América Latina e Caribe" e, no início dos anos 2000, estimou — reconhecendo a incerteza sobre o número real diante da dificuldade de apuração — que mais de dois milhões de meninas e meninos estão submetidos a esse tipo de trabalho, sendo que mais de 90% são meninas (OIT, 2011).

Verifica-se, assim, que o trabalho infantil doméstico é uma realidade não só brasileira, mas presente em todo o contexto latino-americano, afinal, a questão de fundo desse problema

(4) A título de exemplo, o índice de meninas negras ocupadas no trabalho infantil doméstico soma 73,4% (FNPETI, 2015).

(5) "En América Latina y el Caribe se hicieron avances significativos en la lucha contra el trabajo infantil. Durante el período 2012-2016, el trabajo infantil experimentó una disminución en América Latina y el Caribe (el grupo regional para el que hay estimaciones comparables correspondientes a 2012); esto se debe, en particular, a las políticas específicas implementadas por los gobiernos de la región a fin de combatir este flagelo". [ORGANIZAÇÃO INTERNACIONAL DO TRABALHO. *Hoja de datos regional de las Américas:* ESTIMACIÓN MUNDIAL SOBRE EL TRABAJO INFANTIL Y LA ESCLAVITUD MODERNA DE 2017. Genebra: Organização Internacional do Trabalho, 2017. Disponível em: <https://www.ilo.org/wcmsp5/groups/public/@ed_norm/@ipec/documents/publication/wcms_597881.pdf>. Acesso em: 06 jan. 2021. p. 3]

(6) Segundo a pesquisa, esta é a quantidade de horas em que o trabalho doméstico começa a interferir na capacidade infantil de ir à escola e aprender.

social é algo presente em toda a América: a desigualdade de gênero. Nesse sentido, inclusive, é o que explicita relatório da Organização dos Estados Americanos, ao afirmar:

> "Nas Américas, desde sua primeira infância, as mulheres estão expostas a estereótipos de gênero — os modelos masculinos e femininos tradicionais — que comunicam a inferioridade, a coisificação, e a exploração das mulheres como uma realidade em vez de uma construção social. Esses papeis são inculcados, em maior ou menor medida, pela família, escola, igreja e múltiplas outras instituições sociais que estruturam a vida desde a infância." (IIN-OEA, 2019, p. 15)

Ao lado de outros fenômenos que impactam a infância, como o casamento infantil, a gravidez precoce e a violência sexual(7), o trabalho infantil doméstico evidencia a inegável e profunda relação entre gênero e vulnerabilidade na infância, dado que tem maior incidência sobre meninas, e pode se agravar com sobreposição de marcadores sociais, especialmente aqueles relacionados a raça e etnia, sendo importante a construção de soluções pautadas por tais aspectos.

3. A função de cuidado atribuída a mulheres desde a infância e seus impactos econômicos

Para além de uma violação gravíssima aos direitos de crianças e adolescentes a ser combatida, que impõe prejuízos ao desenvolvimento infantil e limita as possibilidades de existência de tais sujeitos, especialmente meninas, é relevante analisar o trabalho infantil doméstico considerando sua relação com a função feminina de cuidado e a divisão sexual do trabalho no atual sistema capitalista.

Nesse sentido, estudo aponta que, na base da pirâmide econômica, mulheres e meninas dedicam gratuitamente 12,5 bilhões de horas todos os dias ao trabalho de cuidado e outras incontáveis horas recebendo uma baixíssima remuneração por essa atividade, e que esse trabalho essencial à sociedade agrega pelo menos US$ 10,8 trilhões à economia. O mesmo estudo afirma que o capitalismo explora e impulsiona, por meio de crenças sexistas tradicionais que desempoderam mulheres e meninas, esse grupo para fazer tal trabalho, ao mesmo tempo em que se recusa a valorizá-las por isso (OXFAM, 2020).

Assim, é urgente reconhecer que o trabalho doméstico — especialmente por meio da função de cuidado e de limpeza — está a serviço da manutenção do sistema capitalista e da exploração de meninas e mulheres, especialmente negras(8), seja por ser invisibilizado e naturalizado como responsabilidade feminina, seja por ser precarizado e mal remunerado(9).

(7) Os casos de matrimônios e gravidez precoces, por exemplo, os quais já foram objeto de meu estudo anteriormente, são fortes exemplos da desigualdade de gênero na infância. DANTAS, Thaís Nascimento. *The importance of human rights approach on public policies focused on gender equality since the childhood:* reflections based on cases of child marriage, early pregnancy and domestic child labor in Brazil. 2020.

(8) Nesse sentido, relevante a compreensão de que "o trabalho de cuidado e limpeza é indispensável e necessário ao funcionamento do patriarcado e do capitalismo racial e neoliberal; contudo, embora indispensável e necessário, ele deve permanecer invisível, marcado pelo gênero, racializado, mal pago e subqualificado" e de que ele está a serviço, como alerta a mesma autora, do "proprietário do corpo eficiente, que tem como medida o corpo branco e masculino". [VERGÈS, Françoise. *Um feminismo decolonial*. São Paulo: Ubu Editora, 2020. p 19].

(9) O racismo faz com que a pobreza seja incorporada quase que como uma condição "biológica" de negros e indígenas, naturalizando a inserção no mercado de trabalho de grande parte das pessoas identificadas com estes grupos sociais

Desse modo, ao debruçar-se sobre o estudo do trabalho infantil doméstico de meninas, salienta-se a importância de uma abordagem interseccional para este problema social, partindo do entendimento de que as opressões são múltiplas e complexas e de que não é possível compreender as desigualdades quando se analisa uma variável isoladamente. É, portanto, preciso considerar os diversos marcadores sociais (BIROLI; MIGUEL, 2015) além de quais e como condições estruturais atravessam corpos que desempenham esse trabalho(10).

Ademais, se entende-se que lutar por um salário pelo trabalho doméstico é lutar para destruir o papel que o capitalismo outorgou a mulheres(11), erradicar o trabalho infantil doméstico é abrir alternativas de existência livre às meninas nessa sociedade que as limita — o que é urgente para um país que se comprometeu com assegurar a vivência plena da infância e a garantia absolutamente prioritária dos direitos de crianças e adolescentes.

Conclusões

Considerando que o trabalho infantil doméstico de meninas é reflexo da divisão sexual do trabalho e da imposição da função de cuidado não remunerada a meninas e mulheres, parece urgente que se atente a essa questão no campo das políticas públicas.

Isso é especialmente urgente porque o trabalho doméstico impõe violações aos direitos de meninas desde o começo da vida, impondo-lhes graves violações. Ademais, é necessário considerar a responsabilidade estatal frente a tal problema social: esse tipo de trabalho, tão precarizado e invisibilizado, está a serviço não só da economia de mercado, pois representa a disponibilização de mão de obra barata e gratuita, mas também do Estado, dado que meninas e mulheres estão prestando cuidados que deveriam ser oferecidos pelo setor público. (OXFAM, 2020)

É importante ressaltar que, para mudar questões estruturais, como as relacionadas a desigualdade de gênero, como é o caso do trabalho infantil doméstico, é importante não apenas superar as ideias culturais ou empreender ações de maneira individual. São necessárias políticas públicas de enfrentamento ao trabalho infantil doméstico, as quais identifica-se que

---

com salários menores e condições de trabalho precárias". [ALMEIDA, Silvio Luiz de. *Racismo Estrutural.* São Paulo: Ed. Pólen, 2019. p. 170-171].

(10) "A interseccionalidade impede aforismos matemáticos hierarquizantes ou comparativos. Em vez de somar identidades, analisa-se quais condições estruturais atravessam corpos, quais posicionalidades reorientam significados subjetivos desses corpos, por serem experiências modeladas por e durante a interação das estruturas, repetidas vezes colonialistas, estabilizadas pela matriz de opressão, sob a forma de identidade. [AKOTIRENE, C. Interseccionalidade. São Paulo: Ed. Pólen, 2019].

(11) "(...) Quando lutamos por um salário, não lutamos para entrar na lógica das relações capitalistas, porque nós nunca estivemos fora delas. Nós lutamos para destruir o papel que o capitalismo outorgou às mulheres, que é um momento essencial da divisão do trabalho e do poder social dentro da classe trabalhadora, por meio do qual o capital tem sido capaz de manter sua hegemonia. Salários para o trabalho doméstico são, então, uma demanda revolucionária, não porque destroem por si só o capitalismo, mas porque forçam o capital a reestruturar as relações sociais em termos mais favoráveis para nós e, consequentemente, mais favoráveis à unidade de classe. Na verdade, exigir salários para o trabalho doméstico não significa dizer que, se formos pagas, seguiremos realizando esse trabalho. Significa exatamente o contrário. Dizer que queremos salários pelo trabalho doméstico é o primeiro passo para recusá-lo" Salários contra o trabalho doméstico". [FEDERICI, Silva. *O ponto zero da revolução:* trabalho doméstico, reprodução e luta feminista. São Paulo: Elefante, 2019. p. 47].

devem ter três focos principais: conscientização sobre desigualdade de gênero e divisão desigual de tarefas, aplicação da legislação vigente e denúncia de violações, e geração de renda para meninas e famílias em situação de vulnerabilidade (GAUTO, 2018).

Urgente, também, que as soluções sejam construídas a partir de um enfoque de direitos humanos (BENITEZ, 2007), caracterizado, em linhas gerais, pelos seguintes elementos e pressupostos: (i) toda política pública deve ter os direitos humanos como base, porque é sua razão legitimadora; (ii) os direitos humanos devem ser considerados indivisíveis, interdependentes e não hierarquizados; (iii) os direitos humanos devem ser considerados em uma concepção progressista e aberta, ou seja, não se pode aceitar retrocessos e quando a interpretação e o alcance dos direitos são ampliados por órgãos internacionais, isso deve ser considerado nacionalmente nas políticas públicas; (iv) os cidadãos devem ter poderes para reconhecer a importância de sua participação e as formas de participação; (v) os mecanismos de participação devem ser assegurados para assegurar a participação social durante a elaboração, implementação e avaliação de políticas públicas e a decisão popular deve ter um efeito vinculante; (vi) transparência, prestação de contas, dados do desempenho público e indicadores devem ser assegurados para viabilizar o controle social; (vii) a abordagem de gênero precisa ser considerada para assegurar a paridade, os direitos sexuais e reprodutivos, a conciliação entre vida profissional e pessoal e uma vida livre de violência; e (viii) uma abordagem interseccional, o que significa que a desigualdade de gênero deve ser considerada em conjunto com outras vulnerabilidades, como raça, etnia, classe, idade, deficiência, questões LGBTI e assim por diante. A abordagem dos direitos humanos deve ser introduzida em todas as políticas públicas, durante todo o processo, desde a elaboração até a implementação e avaliação, como pressuposto que orienta todas as escolhas e estratégias públicas.

Como conclusão, entende-se que é preciso ter em mente que, para superar desigualdades e pobreza, é fundamental atentar para a infância e começar a construir caminhos mais igualitários desde o começo da vida de meninas e meninos. O Estado deve assegurar políticas públicas com disponibilidade orçamentária focadas na construção da igualdade de gênero, atentando para a educação, para a construção de meios de acesso igualitário a serviços e direitos, e para o combate a violações. Garantir igualdade de gênero e direito a meninas somente será possível com o enfrentamento ao trabalho infantil.

Referências

ANGELOU, Maya. *Eu Sei Por que o Pássaro Canta na Gaiola.* Trad. Regiane Winarrski. Bauru: Astral Cultural, 2018.

AKOTIRENE, C. Interseccionalidade. São Paulo: Ed. Pólen, 2019.

ALMEIDA, Silvio Luiz de. *Racismo Estrutural.* São Paulo: Ed. Pólen, 2019.

ANDRADE, Luiza Lobato. *Gênero, trabalho e bem-estar social na América Latina:* um estudo das políticas de licenças maternidade, paternidade e parentais no Brasil, Chile e Uruguai. 2018. Dissertação (Mestrado em Ciências Sociais). Brasília: Universidade de Brasília, 2018.

BENITEZ, W.G.J. *El Enfoque de los Derechos Humanos y las Políticas Públicas.* Univ. Sergio Arboleda. 2007.

BERNALES BALLESTEROS, E. *Las políticas públicas desde la perspectiva de los derechos humanos.* En: Garretón, R. *et. al.* El enfoque de los derechos humanos en las políticas públicas, Lima, Comisión Andina de Juristas. 2004.

BIROLI, F.; MIGUEL, L. F. Gênero, raça, classe: opressões cruzadas e convergências na reprodução das desigualdades. In: *Dossiê Desigualdades e Interseccionalidades.* 2015. Disponível em: <http://www.uel.br/revistas/uel/index.php/mediacoes/article/viewFile/24124/G%C3%AAnero%2C%20ra%C3%A7a%2C%20classe%3A%20opress%C3%B5es%20cruzadas%20e%20cconverg%C3%AAncias%20na%20reprodu%C3%A7%C3%A3o%20das%20desigualdades>. Acesso em: 06 abr. 2020.

BLAY, Eva A.; AVELAR, Lúcia. *50 anos de feminismo:* Argentina, Brasil e Chile: a construção das mulheres como atores políticos e democráticos. São Paulo: Editora da Universidade de São Paulo, 2017.

CARNEIRO, Sueli. Mulheres em movimento. *Estud. av.*, São Paulo, v. 17, n. 49, p. 117-133, Dec. 2003. Disponível em: <http://www.scielo.br/scielo.php?script=sci_arttext&pid=S0103-40142003000300008&lng=en&nrm=iso>. Acesso em: 08 jan. 2021.

CAVALCANTE, S. R. Trabalho Infantil Artístico: Conveniência, Legalidade e Limites. Brasília: *Revista do Tribunal Superior do Trabalho*, 2013. Disponível em: <http://aplicacao.tst.jus.br/dspace/bitstream/handle/1939/38639/014_cavalcante.pdf?sequence=1>. Acesso em: 11 fev. 2021.

DANTAS, Thaís Nascimento. *The importance of human rights approach on public policies focused on gender equality since the childhood:* reflections based on cases of child marriage, early pregnancy and domestic child labor in Brazil. 2020.

FEDERICI, Silva. *O ponto zero da revolução:* trabalho doméstico, reprodução e luta feminista. São Paulo: Elefante, 2019.

FÓRUM NACIONAL DE PREVENÇÃO E ERRADICAÇÃO DO TRABALHO INFANTIL. *Trabalho infantil nos ODS.* Brasília: out. 2017.

______. *Trabalho infantil e trabalho infantil doméstico no Brasil. Avaliação a partir de microdados da Pnad/IBGE (2012-2013).* Brasília: outubro de 2015.

GAUTO, Maitê Fernandes (Coord.). *Trabalho infantil doméstico de meninas:* construindo soluções a partir de um enfoque de gênero. Open Master: Soluções para a implantação dos Objetivos de Desenvolvimento Sustentável, 2018. Disponível em: <https://drive.google.com/file/d/1Q4I0mNcyX5ASWap8Br-snorCx1jMecVe/view>. Acesso em: 06 jan. 2021.

INSTITUTO INTERAMERICANO DEL NIÑO, LA NIÑA Y ADOLESCENTES DE LA ORGANIZACIÓN DE LOS ESTADOS AMERICANOS (IIN-OEA). *Infância y género:* un encuentro necesario. Montevidéu, 2019.

ORGANIZAÇÃO INTERNACIONAL DO TRABALHO. *Estimaciones mundiales sobre el trabajo infantil.* Genebra: Organização Internacional do Trabalho, 2017. Disponível em: <https://www.ilo.org/wcmsp5/groups/public/@ed_norm/@ipec/documents/publication/wcms_596481.pdf>. Acesso em: 06 jan. 2021.

______. *Hoja de datos regional de las Américas:* ESTIMACIÓN MUNDIAL SOBRE EL TRABAJO INFANTIL Y LA ESCLAVITUD MODERNA DE 2017. Genebra: Organização Internacional do Trabalho, 2017. Disponível em: <https://www.ilo.org/wcmsp5/groups/public/@ed_norm/@ipec/documents/publication/wcms_597881.pdf>. Acesso em: 06 jan. 2021.

______. *Notas OIT:* O trabalho doméstico remunerado na América Latina e Caribe. Erradicar o trabalho infantil doméstico. 2011. Disponível em: <http://www.oit.org/wcmsp5/groups/public/---americas/---ro-lima/---ilo-brasilia/documents/publication/wcms_233908.pdf>. Acesso em: 06 jan. 2021.

OXFAM. *Tempo de cuidar.* 2020. Disponível em: <https://rdstation-static.s3.amazonaws.com/cms/files/115321/1579272776200120_Tempo_de_Cuidar_PT-BR_sumario_executivo.pdf>. Acesso em: 06 jan. 2021.

VERGÈS, Françoise. *Um feminismo decolonial.* São Paulo: Ubu Editora, 2020.

Reflexões a Respeito da Transgressão do Direito Fundamental ao Desenvolvimento Integral por Meio da Violência Dirigida às Crianças

Carla Liliane Waldow Esquivel[(1)]
Héctor Luis Lovena Esquivel[(2)]
Maria Goretti Dal Bosco[(3)]

Introdução

Ao se proceder à pesquisa a respeito da violência destinada às crianças no Brasil, verifica-se que os dados são assustadores. São informações como a liderança do país em violência contra as pessoas em especial processo de desenvolvimento, na América Latina (BRASIL, 2018), de que há o registro de pelo menos 233 (duzentas e trinta e três) agressões infanto-juvenis diárias, não se contabilizando, nesse número, outras espécies de violência (BRASIL, 2019) e de que o Brasil registrou 32 (trinta e dois) mil casos de abuso sexual contra crianças e adolescentes só em 2018, não se considerando, ademais, as subnotificações que revelam que essa criminalidade é ainda maior do que a que aparece nas estatísticas (MINISTÉRIO DA SAÚDE, 2020).

Diante desse cenário, surgiu a necessidade de investigar o tema, de perquirir a respeito de suas causas e consequências e, principalmente, formular proposições que permitam aos leitores refletir a respeito desse modelo de *vis*.

Porém, antes de avançar na análise a respeito da violência dirigida às crianças e aos adolescentes, as motivações especiais dos agentes e os efeitos dessas condutas no desenvolvimento

---

(1) Doutora em Direito do Estado pela Universidade Federal do Paraná (UFPR). Mestre em Direito Penal pela Universidade Estadual de Maringá (UEM). Professora Adjunta de Direito Penal na Universidade Estadual do Oeste do Paraná (UNIOESTE). Coordenadora pedagógica do Núcleo de Estudos e Defesa dos Direitos da Infância e da Juventude – NEDDIJ/MCR. Líder do Grupo de Pesquisa em Primeira Infância – GEPEPI/MCR.

(2) Especialista em Direito Penal e Processo Penal pela Universidade Estadual do Oeste do Paraná-UNIOESTE, Especialista em Segurança Pública, Cidadania e Direitos pela UNIOESTE; Graduado em Direito pela Faculdade Integrado de Campo Mourão e em Segurança Pública, pela Academia de Polícia Militar do Estado do Paraná.

(3) Doutora em Direito pela Universidade Federal de Santa Catarina (UFSC). Mestre em Direito pela Universidade do Estado de São Paulo (UNESP). Professora Adjunta da Faculdade de Direito da Universidade Federal da Paraíba (UFPB). Pesquisadora. Extensionista. Membro do Conselho Deliberativo da Transparência Brasil.

infanto-juvenil, é preciso definir a própria violência, à vista das diferentes concepções formuladas por autores de áreas distintas do saber. Esse exame será realizado no primeiro capítulo desse manuscrito.

Na sequência, particularmente nos capítulos dois, três e quatro, objetiva-se ingressar efetivamente na questão da violência dirigida contra as crianças e examinar como esse comportamento, que expressa um verdadeiro abuso de poder por parte dos adultos, pode afetar o desenvolvimento destas.

Por fim, proceder-se-á a análise da previsão legislativa correspondente ao direito humano fundamental ao desenvolvimento integral e saudável das pessoas em especial processo de desenvolvimento. Nesse momento final do trabalho, tenciona-se proporcionar elucubrações a respeito de possíveis formas de alterar, ainda que no longo prazo, o atual e nefasto cenário de violência infanto-juvenil.

Para tanto, a metodologia a ser utilizada para realização do presente trabalho será a exploratória, realizando-se o levantamento de dados a respeito da violência infanto-juvenil nas plataformas digitais de órgãos oficiais, além de informações a respeito dessa espécie de violência e seus desdobramentos em livros, revistas científicas e legislação pertinente.

1. Violência: perscrutando a terminologia

A violência, em suas múltiplas dimensões, já foi alvo de estudo das mais variadas áreas do conhecimento, como antropologia, biologia, neurofisiologia, sociologia, ciência política, criminologia, economia, etologia, psicologia, psicanálise entre outros. Estudos que vão desde análises genéticas, endocrinológicas, passando por fatores indutores e inibidores, variáveis socioeconômicas e culturais, pulsões de vida e de morte, até abordagens holísticas que angariam conhecimentos elaborados em diversas áreas.

De forma a possibilitar melhor compreensão da violência e transcender a mera esfera jurídica do termo, se faz necessário um raso aprofundamento em estudiosos que já trilharam o caminho em busca das origens, significados e consequências dela decorrentes. Mas antes mesmo da largada, mister se faz percorrer as palavras de Zygmunt Bauman para constatar que os caminhos não foram trilhados com flores, expondo a dificuldade em se alcançar um conceito, além de sua variedade.

> Praticamente todos os autores que tentaram lidar com o fenômeno da violência acharam o conceito sub ou sobredefinido, ou ambos. Eles também relatam encontrar em outros autores (se não apresentam em si mesmos) uma surpreendente relutância ou inépcia para resolver a confusão e equacionar as coisas de modo correto. Acima de tudo, encontram nos textos que leem muitas reduções e meias verdades, vários silêncios embaraçosos e outros sinais de pudor. Deve haver algo sobre a violência que faz com que ela escape de toda e qualquer rede conceitual, por mais habilmente composta que seja. E há, a saber, nossa ambivalência moderna entre poder, força e coerção (BAUMAN, 2011, p. 112).

Yves Michaud, ao analisar os dicionários franceses a define como:

> a) o fato de agir sobre alguém ou de fazê-lo agir contra a sua vontade empregando a força ou a intimidação; b) o ato através do qual se exerce a violência; c) uma disposição natural para a expressão brutal dos sentimentos; a força irresistível de uma coisa; o caráter brutal de uma ação (1989, p. 7).

Etimologicamente, *violentia*, do latim, deve ser referido a *vis*(4), que significa força, vigor, potência, algo que se verá, serve de substrato para muitos autores delinearem suas teorias, significa ainda abundância, essência, a força em ação, o recurso de um corpo para exercer sua força. O *vis* latino corresponde ao *is* grego, que vem a ser músculo, força, vigor, e estaria ligado ao termo *j(i)ya*, do sânscrito, "que significa predominância, potência, dominação que prevalece" (MICHAUD, 1989, p. 8).

Percebe-se que na origem e significado léxico, invariavelmente, violência e poder aparecem juntos e que uma possível primeira definição seria da violência como força, poder exercido sobre alguém ou alguma coisa, e encerrando juízo de valor, esta força se torna violência ao passar da medida ou perturbar uma ordem, normas que variam no tempo e no espaço(5) (MICHAUD, 1989, p. 8), reforçando que o objeto da análise é sempre determinado pelo tempo e pelo espaço, embora se tente lhe dar uma universalidade (FOUCAULT, 2006(a), p. 267).

Deve-se dizer que há um consenso entre muitos autores, de que a violência seria a mais flagrante manifestação do poder, o que não parece compatível, segundo Hannah Arendt (1994, p. 31-36), com os pensamentos antagônicos ao de Marx, para quem o "Estado era um instrumento de opressão da classe dominante". Reflete ainda, que a forma extrema de poder seria o "todos" contra "um", ao passo que a forma extrema de violência seria o "um" contra "todos".

A autora faz a crítica da ciência política que tratou como sinônimos os termos poder (*power*), vigor (*strenght*), força (*force*), autoridade e violência, o que se trata, não só de uma imprecisão linguística, mas de uma cegueira quanto às realidades a que correspondem (ARENDT, 1994, p. 36-37).

De forma sintética, o poder jamais será individual, mas de um grupo, o vigor é singular, individual, uma propriedade inerente que pertence ao caráter de algo ou alguém; a força "deveria indicar a energia liberada por movimentos físicos ou sociais", Autoridade é algo que se reconhece, não demanda coerção ou persuasão, pode ser investida em pessoas ou cargos,

(4) A definição dicionarizada do termo *violência* seria de "Qualidade do que é violento"; "Emprego abusivo, ger. ilegítimo, da força ou da coação com o fim de se obter algo"; "O ato violento"; "Grande força ou poder próprio a uma ação, processo ou fenômeno natural"; "O temperamento tempestuoso de quem facilmente se torna agressivo"; "Ação de constranger física ou moralmente uma pessoa para submetê-la aos desejos de outra" ; "Opressão, tirania" (Disponível em: <http://www.aulete.com.br/viol%C3%AAncia>. Acesso em: 28 jan. 2021).

(5) Algo que é facilmente percebido quando se compara as formas de sanções disponíveis para pais e, mesmo educadores, corrigirem crianças algumas décadas atrás. Castigos físicos eram aceitáveis até para "corrigir" sinistros e formar destros.

como na relação entre a criança e seus pais, ou em postos hierárquicos na Igreja, respectivamente. Importa frisar que, decorrente desse respeito, um pai pode perder a autoridade tanto batendo, quanto discutindo com um filho, sendo um tirano ou tratando-o como igual.

Alcançando a violência, que tem caráter instrumental, esta se aproxima do vigor, posto que seu implemento, como toda ferramenta, é planejado com o fim de multiplicar o vigor até que possa substituí-lo em seu último estágio. Sua combinação com o poder é frequente, o que não significa dizer que sejam o mesmo. Na verdade, chegam a ser opostos, pois o domínio de um implica na ausência do outro (ARENDT, 1994, p. 37-44).

Outro importante autor que sopesa esta relação entre poder e violência é Michel Foucault, que de início demonstra não ser o poder uma lei que diz não, a força da proibição simplesmente, se assim fosse, não seria obedecido, o que o mantém e o faz ser aceito é o fato de não ser mera força que diz não, "mas que de fato ele permeia, produz coisas, induz ao prazer, forma saber, produz discurso". É uma rede produtiva a cruzar por todo o corpo social para além de mera instância negativa fulcrada na repressão (FOUCAULT, 2006(b), p. 8).

O poder não pertence a um indivíduo, ele está nas relações, forma uma maquinaria de que ninguém é titular, mas onde há lugares que são preponderantes permitindo a produção de efeitos de supremacia, assegurando a dominação de classe, e ao mesmo tempo se dissociando do poder do domínio individual. Frise-se que a liberdade é condição *sine qua non* para a existência do poder, pois sem a relação de liberdade se estaria diante da dominação, mais próxima de uma violência irrestrita (FOUCAULT, 2006(b), p. 104-107 e 121).

Para Foucault, a violência é elemento de demarcação da especificidade das relações de poder e do campo do governo. Tais relações não a eliminam, contudo, não podem ser reduzidas à pura violência, o que levaria a já referida dominação. Logo violência surge como um contraponto das relações de poder, mas, é preciso inferir, que permeia a governamentalidade, tendo sua acomodação na racionalidade, biopolítica e não no poder (COSTA, 2018, p. 154-162).

Haveria, assim, pouco espaço para uma raiva cega, ou uma revolta desesperada a violência estaria submetida à racionalização e ao cálculo, seria um meio como qualquer outro, nem recomendada, nem excluída, deste ponto de vista não seria pura ou escandalosa, nem santa nem desonrosa, "vale o que produz e o benefício que traz" (MICHAUD, 1989, p. 55, 56).

Com o início da modernidade e sua alteridade universal chamada de esfera pública, há um esforço para trazer ordem ao caos da alteridade, as emoções eram algo a ser domesticado e dominado, a civilidade deveria governar esse espaço, tendo a intimidade como seu lado sombrio e vergonhoso, cuja espontaneidade era destrutiva para ordem e, por isso, deveria ser expulsa da existência (BAUMAN, 2011, p. 51).

> O homem selvagem interior' precisava se manter numa coleira e de preferência nunca ser levado a passear em público; reciprocamente, 'o selvagem' no interior do homem era tudo aquilo que as regras da vida pública proibiram que fosse a passeio. As regras proibiram tudo que não governavam e não puderam governar.

Todavia a atividade de ordenação não gera uma ordem única e finita e o processo civilizador não extirpa, mas redistribui a violência, relegando o uso legítimo da força ao Estado. Violência seria o "resíduo produtivo da fábrica de ordem", impossível de ser tornado útil e que escapou do cálculo de custos do processo. A produção da ordem segue na direção da regularidade mediante a atuação coercitiva sobre as coisas, logo violência é a coerção irregular e, portanto, enfraquece a regularidade (enquanto ordem), tal coerção é a violência (BAUMAN, 2011, p. 113-114).

Embora muitos pensem que as outras formas de poder derivem do poder do Estado, este, no mínimo, nelas se fundamenta. São as outras formas que permitem, ao poder do estado, existir. O poder entre os dois sexos, adultos e crianças, na família, entre outros, não poderiam derivar do estado. O que fez com que se pensasse, séculos atrás, que a sociedade ocidental dependia da eficácia do poder em preencher sua função, importava, *v. g.*, na família como a autoridade do pai, ou dos pais, controlava os comportamentos dos filhos, caso esse mecanismo se quebrasse a sociedade desmoronava (FOUCAULT, 2006(a), p. 268).

Também o Pai da Psicanálise se debruçou sobre o tema, obviamente há uma evolução em suas obras completas, mas chama a atenção a troca de correspondências com Eistein[(6)], Freud (FREUD, 1994), para tratar da evitação da guerra diz que outro não poderia ser o ponto de partida do que o anteriormente citado pelo físico, a saber, a relação entre direito e poder, mas pede *venia* para usar palavra mais adequada no lugar de poder, que seria violência. Admite que direito e violência parecem antíteses, mas salienta que é fácil demonstrar que uma se desenvolveu da outra (FREUD, 1994, p. 197-198).

Naturalmente, o homem, como qualquer outro animal, se utiliza da violência na resolução de conflitos de interesses, porém os homens têm conflitos de opinião, o que demanda outra técnica de solução. No início, numa pequena horda humana, era a força física que resolvia quem tinha a posse das coisas e fazia prevalecer a vontade. A superioridade intelectual passa a ocupar espaço, com o uso de instrumentos, armas e a habilidade em manejá-las. Porém o objetivo final da luta era o mesmo, compelir a abandonar suas pretensões ou objeções. Com o tempo se compreendeu que a violência de um único indivíduo forte poderia ser suplantada pela união de diversos fracos, o que passou a ser a lei. A força de uma comunidade, ainda é violência, mas violência da comunidade (FREUD, 1994, p. 198).

Este processo ganha significado por uma condição psicológica, pois a união deveria ser estável e duradoura, caso contrário seria uma eterna repetição a cada surgimento de indivíduo que se considerasse forte o suficiente para suplantar as vontades dos outros individualmente. A fonte de força da comunidade são os laços emocionais entre seus membros, assim, indivíduos abrem mão de suas liberdades, do uso da força para fins violentos, todavia, mister se faz ressaltar que desde os primórdios, a comunidade é composta por membros de força desigual,

(6) Em 1931 o Instituto Internacional Para Cooperação Intelectual instruído pelo Comitê Permanente Para A Literatura E As Artes Da Liga Das Nações promoveu a troca de correspondências entre intelectuais — um dos primeiros foi Eistein que sugeriu FREUD — p. 191-208 Em sua carta, Albert Eistein formula uma questão central para se evitar a guerra: "É possível controlar a evolução da mente do homem, de modo a torná-lo à prova das psicoses do ódio e da destrutividade?"

como homens e mulheres, pais e filhos e, em consequência da guerra e da conquista, vencedores e vencidos, que se tornam senhores e escravos (FREUD, 1994, p. 199).

Detentores do poder tentam escapar do alcance da lei de todos, oprimidos fazem constante esforço para ter mais poder implicando em uma evolução natural do direito para uma nova distribuição do poder, ao que a classe dominante pode se opor e os oprimidos podem insistir, gerando a guerra civil, rebelião ou na melhor hipótese, a transformação cultural dos membros, sendo que, mesmo dentro da comunidade, a violência ainda é usada (FREUD, 1994, p. 200).

Freud destaca que os instintos humanos são de dois tipos: aqueles que tendem a preservar, unir, denominados eróticos e aqueles que tendem a destruir, instinto agressivo ou destrutivo, oposição entre amor e ódio, atração e repulsão, na física. Mas não se deve fazer juízo ético de bem e mal, ambos são essenciais, os fenômenos da vida surgem da ação confluente ou mutuamente contrária de ambos, instinto de autopreservação é de natureza erótica, mas deve ter agressividade a seu dispor para alcançar seu objetivo, também o instinto de amor dirigido a um objeto, precisa do instinto de domínio em algum grau para obter a posse do objeto (1994, p. 202, 203).

Quando humanos vão para guerra há uma gama de motivos, uns nobres, outros *vis*, alguns francamente declarados, outros nunca mencionados, certamente o desejo de agressão e destruição está aí, mas é facilitada por outros impulsos de natureza erótica e idealista (FREUD, 1994, p. 203-204).

Em teoria a forma de evitar a guerra que viria do instinto de morte, seria contrapor seu antagonista, *eros*, vínculos emocionais entre os homens devem atuar contra a guerra. Vínculos como com o objeto amado, mas sem fins sexuais (assim como a religião prega amar ao próximo como a ti mesmo, algo mais fácil de ser dito do que implementado) outra forma é a identificação, tudo o que leva os homens a compartilhar de interesses importantes leva a essa comunhão de sentimentos, essa identificação (em grande escala a estrutura da sociedade humana se baseia nelas) (FREUD, 1994, p. 204-203).

Para Freud as duas mais importantes características psicológicas da civilização seriam o fortalecimento do intelecto, que começa a governar a vida instintual, e a internalização dos impulsos agressivos com todas as suas consequentes vantagens e perigos. E termina atribuindo a si e a seu interlocutor a qualidade de pacifistas e pergunta, talvez impelido por uma antropologia vitoriana: "Quando o resto dos humanos será pacifista?" (1994, p. 207-208).

Uma resposta, parcial, possível para a pergunta pode estar, de fato, na evolução, talvez não dentro das expectativas de Freud, mas até por seleção natural. Num primeiro momento a agressividade pode ter sido fundamental para o homem, um animal não tão bem equipado, mas depois pensando na adaptação do meio a si, em recursos finitos e na formação de grupos, haveria uma tendência a afastar àqueles mais violentos ou agressivos de dentro do grupo, mantendo àqueles cujos cérebros morais estavam mais voltados para a cooperação proporcionando maior chance destes últimos gerarem mais descendentes, posto que tal característica se tornara vantagem competitiva, assim como a velocidade para um grande carnívoro (GREENE, 2013, p. 22-25; MICHAUD, 1989, p. 74).

Não obstante, para o ser humano essa propensão à cooperação dentro de um grupo não é seguida pela cooperação intergrupos e, por vezes, inclusive para com certos indivíduos, haja vista os princípios que governam a seleção natural serem inconsistentes com a cooperação universal, o que mantém acesa certa propensão a agressividade e violência a despeito da evolução do cérebro moral (GREENE, 2013, p. 23).

Como se pode observar até o momento, a violência faz parte do ser humano, ademais esta e o poder não devem ser tomados como sinônimos, todavia, inegável é a existência de relação, de liame entre ambos, e, se íntima ou mais longínqua, dependerá do prisma pelo qual se observa.

Destarte, necessário se faz compreender que o poder se erige e se revela, de forma simbólica, através de sistemas como a linguagem, a religião e a arte, e esse poder invisível "só pode ser exercido com a cumplicidade daqueles que não querem saber que lhe estão sujeitos ou mesmo que o exercem" (BOURDIEU 1989, p. 7-9).

O sistema simbólico da língua é uma estrutura estruturante, enquanto instrumento de conhecimento e construção do mundo dos objetos, tendo caráter socialmente determinado e arbitrário, mas também é uma estrutura estruturada, posto o caráter imanente de sistema estruturado. Os sistemas simbólicos são responsáveis por produções simbólicas, que agem como instrumentos de dominação entre classes, que é a violência simbólica (BOURDIEU, 1989, p. 8-11).

> É enquanto instrumentos estruturados e estruturantes de comunicação e de conhecimento que os sistemas simbólicos cumprem a sua função política de instrumentos de imposição ou de legitimação da dominação, que contribuem para assegurar a dominação de uma classe sobre a outra (violência simbólica) dando o reforço da sua própria força às relações de força que as fundamentam e contribuindo assim, segundo a expressão de Weber, para a domesticação dos dominados (BOURDIEU, 1989, p. 11).

Buscando o monopólio dos espaços, dos meios de produção simbólica e do próprio poder simbólico além do monopólio da violência simbólica legítima, por meio do qual se impõe instrumentos de conhecimento e de expressão arbitrários da realidade social, e, por conseguinte, a definição do mundo social consoante seus interesses, as diferentes classes sociais se mantém em constante luta simbólica, o que, portanto, não é exclusividade da classe privilegiada (BOURDIEU, 1989, p. 11-12).

Para Slavoj Žižek, essa violência simbólica, também denominada objetiva, é invisível e sustentaria a normalidade e o estado pacífico, o grau zero de violência, contra a qual se opõe a violência subjetiva, sendo apenas a última percebida, enquanto a outra permanece sistêmica e anônima (2014, p. 17 e 24).

Retornando a concepção de violência enquanto poder que se impõe, e é, necessariamente, imbuída de um juízo de valor, que se torna violência ao transpor a norma e perturbar a ordem, é mui oportuno repisar que a norma está longe de ser imutável, portanto, também o que se considera violência acompanha a mutabilidade da norma, podendo ser relativizada, como se verifica ao analisar a história e encontrar o infanticídio como meio de regulação populacional na China Antiga (MICHAUD, 1989, p. 16), ou como meio de expurgar a maldição trazida pelo nascimento de gêmeos entre os índios camaiurás ou de criança nascida com hipotireoidismo na cultura ianomâmi(7) (MARTON, 2021).

Não obstante, em que pese a variabilidade do que pode ser considerado violência no contexto tempo/espaço/cultura, é possível asseverar a existência de violências, sejam originadas nas pulsões, no controle, na ordem, na revolução, na desordem, ou na seleção natural, o certo é que apresentam constância em sua inter-relação com o poder, ou poderes, de forma a abranger, também, a versatilidade deste vocábulo. Poder que pode ser silencioso em sua esfera simbólica, que chega a alcançar a invisibilidade, que se perfaz na violência imperceptível, mas se mostra hábil a exaurir o grito abafado de suas vítimas.

Desbastada esta primeira adversidade, e tendo angariado ao estudo o binômio poder e violência, mediante o repisar das teorias dos insignes autores até aqui perquiridos, finalmente se pode dar seguimento aos pontos focais da pesquisa e tratar em específico da violência contra a criança enquanto aviltamento de seu direito ao desenvolvimento integral.

2. A violência contra a criança como expressão do abuso de poder

A violência, como demonstrado, está relacionada à força, à potência, à dominação que prevalece, ao poder de exercer a destruição ou submissão do outro à vontade de quem a realiza.

Fazendo uma análise a respeito da violência particularmente dirigida às crianças e aos adolescentes, sujeitos em peculiar estágio de desenvolvimento, Mônica Vul Galperin esclarece, inicialmente, que:

A violência, se encontra estruturalmente ligada ao laço social, é dizer, ao vínculo com os outros e é constitutiva da civilização e de seu mal-estar. Pode ser o exercício da força contra a natureza ou contra o outro, o semelhante, o estrangeiro, ou a si mesmo. Pode ir de encontro ao medo, que muitas vezes atuam juntos, se potencializam e essa violência se estrutura frente a segregação, ao outro, responsável por todos os meus males, como exemplo paradigmático,

---

(7) "Em 2008, a Folha de São Paulo contou a história do índio Mayutá, de 2 anos, que nasceu de uma gravidez de gêmeos. Como os índios camaiurás acreditam que gêmeos trazem maldição, Mayutá deveria ser envenenado.O irmão dele já havia sido assassinado quando o pai interveio. Com ajuda da ONG Atini, que tenta acabar com o infanticídio entre os índios brasileiros, o pai retirou a criança da tribo. A ONG foi formada pelos pais adotivos da ianomâmi Hakani, que viveu um caso parecido em 1995. Depois que Hakani nasceu com hipotireoidismo, seus pais receberam do conselho da tribo a ordem de envenená-la. Mas acabaram tomando o veneno eles mesmos. O irmão e o avô foram encarregados de levar a tarefa adiante e não conseguiram — o avô também se suicidou. Akani, abandonada, desnutrida e quase morta, acabou adotada por um casal de funcionários da Funai. Um antropologo do ministério público tentou barrar a adoção, dizendo que era uma agressão à cultura ianomâmi" (MARTON, 2021).

o racismo e tantas outras expressões de violência extrema contra o outro" (2009, p. 297). (tradução livre)

Não obstante a definição acima esboce uma definição de violência afeta, basicamente, ao uso de força, especialmente *de um contra o outro*, a definição de violência traduzida por Maria Amélia Azevedo e Viviane Nogueira de Azevedo Guerra não a despreza, mas avança para concebê-la como expressão de poder e seu abuso. Segundo as autoras:

> E, por violência entendemos "uma realização determinada das relações de força, tanto em termos de classes sociais quanto em termos interpessoais. Em lugar de tomarmos a violência como violação e transgressão de normas, regras e leis, preferimos considerá-la sob dois outros ângulos: em primeiro lugar, como conversão de uma diferença e de uma assimetria numa relação hierárquica de desigualdade, com fins de dominação, de exploração e de opressão. Isto é, a conversão dos diferentes, e desiguais e a desigualdade em relação entre superior e inferior. Em segundo lugar, como a ação que trata um ser humano não como sujeito, mas como coisa. Esta se caracteriza pela inércia, pela passividade e pelo silêncio de modo que, quando a atividade e a falta de outrem são impedidas ou anuladas, há violência. Portanto, tanto num caso quanto no outro, estamos diante de uma relação de poder, caracterizada num polo pela dominação e no outro pela coisificação (resultante e complementar) (GUERRA; AZEVEDO, 2018, p. 46).

Por sua vez, a violência não escolhe a idade, a raça, o gênero ou a condição social, em que pese seja advinda do poder exercido pelo adulto, branco, macho e rico quando tratar-se de *vis* dirigida contra as crianças ou adolescentes (SAFFIOTI, 2018, p. 16). A propósito, para Raquel Niskier Sanchez e Maria Cecília de Souza Minayo, não obstante a violência atinja todas as faixas etárias "[...] são as crianças e os adolescentes, por estarem em processo de crescimento e desenvolvimento, os que se apresentam em situação de maior vulnerabilidade e sofrem maiores repercussões sobre sua saúde" (2006, p. 29).

Portanto, a criança (inferior hierárquica), principalmente as que ocupam posições opostas às ocupadas pelos titulares do poder, são as mais frequentemente submetidas e expostas a situações de violência:

> Pequeno ou grande, o poder permeia todas as relações sociais, deteriorando-as. A rigor, relações de poder revelam a desigualdade social entre seus protagonistas. Crianças são consideradas socialmente inferiores a adultos, mulheres socialmente inferiores a homens, negros socialmente inferiores a brancos, pobres socialmente inferiores a ricos (SAFFIOTI, 2018, p. 18).

A posição hierarquicamente inferior da pessoa em desenvolvimento ou sua vulnerabilidade física e psicológica, também é destacada por Andréa Rodrigues Amin (2019, p. 121). Para a autora o que desencadeia atos de violência contra a criança (qualquer que seja a sua forma) é a sua "coisificação", seu tratamento como se fossem "projetos de gente" carecedores de respeito e consideração:

> [...] uma das manifestações mais evidentes de ofensa ao direito ao respeito consiste na prática da violência doméstica, que se manifesta na modalidade de agressão física, sexual, psicológica ou em razão da negligência [...] e ocorre de forma intensa como resultado do abuso do poder disciplinador dos adultos, sejam eles pais, padrastos, responsáveis, que transformam a criança e o adolescente em meros objetos, com consequente violação de seus direitos fundamentais, em especial o direito ao respeito como ser humano em desenvolvimento" (FERREIRA *apud* AMIN, 2019, p. 121).

Essa violência produz, na concepção de Maria Amélia Azevedo e Viviane Nogueira de Azevedo Guerra (2018, p. 25), "crianças-vítimas". As autoras trazem interessantes concepções em seu trabalho como de "crianças de alto risco" (crianças-vítimas da violência estrutural, inerente ao modo de produção das sociedades desiguais, com alta probabilidade de sofrer a violação de seus direitos fundamentais como a vida, entre outros valores essenciais) e crianças em estado de sítio (violência inerente as relações interpessoais adultos-crianças ou relações de poder do adulto sobre a criança e se constitui em abuso capaz de criar dano físico ou psicológico). Esta figura (de criança em estado de sítio) é assim considerada porque a criança é subjugada pelo poder do adulto e tem caçada sua capacidade de ação e reação, incluindo nesta, a revelação. São exemplos destas formas de abuso-vitimização a violência física, psicológica e sexual (2018, p. 26-36).

Ressai desse panorama que a violência destinada às pessoas em desenvolvimento pode ser realizada de diferentes maneiras. Em relação à violência que tem como destinatária a criança e, portanto, pessoa mais vulnerável, inferior hierárquica na sua relação com os adultos, não se justifica e compromete o direito ao seu desenvolvimento integral de forma saudável e harmoniosa, constituindo, ademais, flagrante violação dos direitos humanos.

3. A pessoa em desenvolvimento como destinatária da violência

Sem dúvida a violência é um fenômeno complexo e que pode se manifestar de diversas maneiras. E a violência contra pessoas em especial estágio de desenvolvimento é uma dessas manifestações ou formas mais *danosas* de violência, consoante se verá mais adiante.

No que concerne a isso, a violência contra as crianças pode ser constatada em diversos ambientes, em qualquer dia e horário, não obstante sejam nos finais de semana que esse tipo de violência é mais frequentemente constatada porque o agressor encontra-se mais tempo em casa (LÍDICE, 2018, p. 206).[8]

(8) Nesse viés, importante registrar que essa permanência no ambiente doméstico tem aumentado no atual período de pandemia, cuja orientação para contenção da disseminação do Corona Vírus diz respeito, entre outras condutas, ao distanciamento ou isolamento social. Nesse sentido as autoras Vanessa Borges Platt, Jucélia Maria Guedert e Elza Berger Salema Coelho chamam atenção à diminuição das notificações nesse período, identificando possíveis entraves à denúncia decorrentes da própria pandemia por parte das vítimas ou testemunhas, como a restrição de movimento, limitações financeiras, insegurança generalizada, entre outros (2020, p. 4).

Outrossim, o ambiente doméstico é o espaço preferencial para o ultraje contra os menores e, por sua vez, os algozes são as pessoas com as quais essas crianças têm mais contato, destacando-se os familiares, não excluindo parentes e amigos próximos da família, professores, instrutores, cuidadores entre outros.(9)

São várias as manifestações de violência contra a criança, como a violência física, psicológica, sexual e até mesmo a negligência, que se caracteriza pela ausência de cuidados fundamentais destinados às pessoas em desenvolvimento. Porém, infelizmente a violência sexual, inclusive realizada por familiares, apresenta números muito significativos, tornando essa realidade ainda mais assustadora.

Segundo os Dados do Ministério da Mulher, da Família e dos Direitos Humanos, em relação as denúncias relativas à vitimização infantil, a violência sexual acontece em 73% dos casos, na casa da própria vítima ou do suspeito, mas é cometida por pai ou padrasto em 40% das denúncias. O suspeito é do sexo masculino em 87% dos registros e igualmente de idade adulta, entre 25 e 40 anos para 62% dos casos (2020). Dados do site *Childhood Pela Proteção da Infância* corroboram com essa informação.(10)

Quanto a isso, é importante esclarecer que a violência sexual alcança:

> [...] todo ato ou jogo sexual, relação heterossexual ou homossexual, entre um ou mais adultos e uma criança menor de 18 anos, tendo por finalidade estimular sexualmente a criança ou utilizá-la para obter uma estimulação sexual sobre sua pessoa ou de outra pessoa (GUERRA; AZEVEDO, 2018, p. 42).

Essa concepção abrange, portanto, comportamentos sexuais com contato físico ainda que prescindindo de força ou violência (*v.g.* carícias, sem o coito propriamente dito) ou sem esse contato (*v.g.* exibicionismo, voyeurismo, etc.), praticados na forma de incesto (agressão sexual por aquele que tem um vínculo de consanguinidade, afinidade ou responsabilidade

---

(9) O espaço preferencial não exclui outros espaços em que a violência pode ocorrer ou ser preparada. Nesse sentido, a *internet* apresenta-se, em inúmeras oportunidades, como espaço muito exitoso para captação de vítimas, com aquilo que a literatura define como grooming, ou seja, aliciamento de menores por meio eletrônico com o fim de buscar benefícios sexuais.

(10) Dos casos reportados de violência entre 2011 e 2017 pelo SINAN, 10,5% foram com crianças e adolescentes. A cada ano, 527.000 pessoas são estupradas no Brasil, 70% das quais são crianças e adolescentes. 51% das crianças sexualmente abusadas têm de 1 a 5 anos e 45,5% são negras. Das crianças e adolescente vítimas de violência sexual 84,9% sao do sexo feminino e 15,1% do sexo masculino. A avaliação das características da violência sexual contra crianças e adolescentes mostrou que 37,26% dos eventos tiveram caráter de repetição, 62% ocorreram na residência. Em 87,9% dos casos contra crianças e adolescentes, o agressor era do sexo masculino e 64,8% tinham vínculo familiar ou eram conhecidos da vítima. Ja, de acordo com informações de órgãos de segurança pública foram notificados 25.984 casos de violência sexual contra crianças e adolescentes de 0 a 19 anos em 2019. Em média, mais de 70 crianças ou adolescentes sofreram abuso sexual no Brasil por dia. Em sua grande maioria a (70,5%) a violência sexual é contra vulnerável (idade inferior a 14 anos). A faixa etária das vítimas de estupro e estupro vulnerável indica que 57,9% delas tinham no máximo 13 anos, um crescimento de 8% em relação ao ano anterior (2018). Das crianças e adolescente vítimas de violência sexual 85,7% são do sexo feminino e 14,3% do sexo masculino. 84,1% das vítimas possuem algum tipo de vínculo com o agressor (CHILDHOOD, 2020).

com a vítima) e exploração sexual(11) (comércio sexual envolvendo menores de 18 anos, tratando-os como mercadorias) (GUERRA; AZEVEDO, 2018, p. 42; MARCO FRANCIA, 2018, p. 2-4).

Distingue-se, conforme destacado, entre a exploração e o abuso sexual. A exploração sexual possui uma conotação *comercial* (ou fim de lucro), desdobrando-se nas formas de prostituição, pornografia e tráfico para fins sexuais. Por outro lado, o abuso sexual (derivado de *abusus,* cujo prefixo *ab* denota tanto a privação quanto o excesso, sendo que, associado ao *usu,* caracteriza o aproveitamento de algo ou de alguém) enseja a concepção de violação de poder, que se dá particularmente no âmbito intrafamiliar ou interpessoal e sem o consentimento livre da vítima, justamente por estar associado, em muitas oportunidades, a outras formas de violência, como a física e a psicológica (LIBÓRIO, CASTRO, SAKOTANI, s/d, p. 181-183).

Assim como a violência física ou psicológica que vitimiza crianças ou adolescentes, a *vis* de natureza sexual não é um fenômeno característico da pobreza. Diferentemente desta, porém, é a que vitimiza mais meninas do que meninos e é realizada, em sua grande maioria, por homens – numa perspectiva androcêntrica e adultocêntrica consoante mencionado acima (SAFFIOTI, 2018, p. 50; GUERRA; AZEVEDO, 2018, p. 43; MARCO FRANCIA, 2018, p. 5-6).(12)

Nesse sentido, Hélia Maria Amorim Santos Barbosa explica que, assim como outras formas de violência, a *vis* sexual denota ainda mais essa perspectiva de poder e dominação, "porque invade e transgride as mais íntimas e reservadas partes do corpo e da consciência da pessoa violentada" (s/d, p. 71).

Essas relações desiguais de poder e a prática da dominação (de gênero, classe social e faixa etária) que "coisifica" a pessoa que sofre a violência, sobretudo a violência sexual contra crianças e adolescentes, também é destacada por outros autores. Nesse sentido, Renata Maria Coimbra Libório, Bernardo Monteiro de Castro e Vanessa Hanayo Sakotani esclarecem que:

> [...] a violência pode ser explicada por meio da transformação dos sujeitos desejantes e racionais em meros objetos, desconsiderando-se sua sensibilidade, liberdade e racionalidade, e explicitando a força das relações de poder assimétricas, dando sustentação às diversas manifestações de violência, nas quais se inserem o abuso sexual e a exploração sexual" (s/d, p. 179).

Apesar da existência de um número significativo de casos de violência envolvendo crianças e adolescentes, inclusive de natureza sexual, os dados informados pelos órgãos oficiais, não correspondem à realidade o que torna tal situação ainda mais preocupante.

(11) Exploração, aqui, tem o sentido de exploração do corpo (v.g. prostituição infantil) quanto da imagem da criança (v.g. comercialização de material fotográfico produzido com a participação da criança).

(12) Segundo Guerra e Azevedo, "esse processo tem sua raiz no padrão falocrático de relações sociais de gênero" (2018, p. 43). Identicamente, "Dominação de gênero, classe social e faixa etária, sob o ponto de vista social, histórico e cultural contribuem para a manifestação de abusadores e exploradores" (LIBÓRIO; CASTRO; SAKOTANI, s/d, p. 180).

De acordo com a literatura, é a proximidade entre o agressor e a vítima que a impede de revelar o abuso, por medo, vergonha e até falta de compreensão a respeito de tratar-se de abuso, aliado ao temor de não ser levada a sério, de sofrer retaliação e, inclusive, de que o ofensor não seja punido ou até que seja punido e a vítima tenha que sofrer, de alguma maneira, as consequências disso (MARCO FRANCIA, 2018, p. 3; CORRERA; MARTUCCI, COZZOLINO, 1995, p. 407, p. 411; VALDEZ MONTEJO, 2006, p. 62; LIDECE, 2018, p. 206). Esse cenário, ou seja, a realização no espaço doméstico e advinda particularmente por pessoas que são próximas das crianças, torna esse tipo de violência intrafamiliar difícil de ser desvendada, dando lugar àquilo que a criminologia denomina como *cifra negra*[13]. Cria-se, de acordo com Vanessa Borges Platt, Jucélia Maria Guedert e Elza Berger Salema Coelho um verdadeiro paradoxo já que essas pessoas deveriam proteger as crianças e adolescentes sob seus cuidados e esse espaço deveria ser o mais seguro para as mesmas, ocorrendo exatamente o contrário (2020, p. 2).

Desse modo, por essa forma de violência envolver pessoas do convívio da criança e ocorrer nesse ambiente privado "[...] fica oculta, sendo mantida na obscuridade por uma cortina de medo e constrangimento emocional" (SANTOS, 2001, p. 339). E enquanto realizada sob o manto do anonimato, causa inevitáveis consequências sobre o desenvolvimento físico e emocional das vítimas, conforme será melhor explicitado a seguir.

4. O esbulho do desenvolvimento integral como consequência da violência

Segundo a literatura, a violência contra a criança, em qualquer de suas formas, constitui-se "na mais perigosa doença da infância" (OLIVEIRA, 2018, p. 99).

No que concerne às consequências mais ou menos severas na vida da criança vítima de violência, dependendo de algumas variáveis como "da idade da vítima no momento de sofrer a agressão, da natureza e duração das agressões, assim como de quem foi seu agressor", das próprias características e experiências desta, além da resposta social à violência sofrida. Contudo, é certo que, em princípio, irão causar sequelas negativas nas pessoas vítimas de violência na infância (MARCO FRANCIA, 2018, p. 7; SANTOS, 2002, p. 289).

Adalberto Boletta de Oliveira alerta que a violência do adulto contra a criança constitui-se em privação, sobretudo privação do "estado de saúde" tanto física quanto mental. Desse complexo de privação resulta, entre outros sintomas um comportamento antissocial por parte da vítima, além de falta de autoconfiança ou confiança em outros. A depender da violência, como no caso de maus tratos, podem surgir sinais e sintomas que permitem identificar a violência[14], com reflexos no desenvolvimento físico, neurológico, intelectual e emocional da

---

(13) Por cifra negra compreende-se a diferença entre os dados efetivamente ocorridos e aqueles registrados pelos órgãos oficiais, significando que a criminalidade real é maior que a levada ao conhecimento pela autoridade pública. Essa cifra negra caracteriza todos os crimes, destacando-se alguns delitos em que essa cifra é maior que em outros. No caso da violência doméstica e dos crimes contra a dignidade sexual essa cifra é significativa. Sobre o tema consultar: OLIVEIRA, 2017.

(14) A literatura refere-se à identificação desse tipo de violência, inicialmente, por meio daquilo que se chamava de "síndrome da criança espancada", desenvolvendo-se uma alteração em termos de caracterização e relevância dos sintomas da criança maltratada.

criança, como a externalização de comportamento extremamente agressivo tanto com crianças como adultos. Decorrente da violência sexual pode-se notar a marginalização familiar e social, problemas educacionais e de ajustamento sexual, dificuldades de adaptação afetiva e de ordem interpessoal (OLIVEIRA, 2018, p. 99-103; CORRERA; MARTUCCI, COZZOLINO, 1995, p. 405; MIGUEL QUEREJETA, 1999, p. 54; BUENO, 2018, p. 106).

Fato é que a violência infanto-juvenil é perversa e degrada o desenvolvimento integral harmonioso da criança, deixando marcas profundas e interferindo em seu futuro. Agregue-se às já destacadas consequências, a percepção de Roberta Lídice a respeito do assunto:

> As marcas físicas, emocionais e psicológicas da violência podem ter sérias implicações no desenvolvimento das crianças e adolescentes, tanto na saúde quanto na capacidade de aprendizagem. Alguns estudos mostraram que o fato de ter sofrido atos de violência na infância está relacionado com comportamentos de risco no futuro, como o consumo de tabaco, o abuso de álcool e drogas, sedentarismo e obesidade (2018, p. 207).

Portanto, embora algumas consequências sejam comuns nas vítimas da violência infantil, a depender das suas formas, outros sintomas podem se apresentar de forma mais ou menos frequente. Nesse sentido, a dificuldade na aprendizagem e o abandono escolar como decorrência, desenvolvimento prematuro, promiscuidade exagerada, disfunções sexuais e ingresso na prostituição, comportamento impulsivo e destrutivo, assumindo a forma de automutilação e tendência suicida, transtornos alimentares, abuso de substâncias químicas, tendência à fuga, ansiedade, medo, depressão, desordem de caráter, desapego emocional, revitimização (particularmente no caso de mulheres), comportamento agressivo (mais particularmente no caso de homens), ingresso na delinquência e reprodução do ciclo da violência (espiral da violência) com abuso dirigido a outras crianças/adultos (AZEVEDO, 2018, p. 147-150; MIGUEL QUEREJETA, 1999, p. 62; VALDEZ MONTEJO, 2006, p. 61-62; MARCO FRANCIA, 2018, p. 7).(15)

Essa violência opera um desiquilíbrio no desenvolvimento saudável, tanto físico quanto emocional e, de conseguinte, no funcionamento do organismo, além de constituir grave violação dos direitos das crianças e adolescentes expressamente consignado na legislação brasileira, conforme se verá a seguir.

5. Direito humano fundamental de não ser privado do desenvolvimento integral por meio da violência

Os direitos humanos são aqueles que pertencem a todo e qualquer homem, que devem ser respeitados e garantidos, não podendo ninguém, nem mesmo o Estado, violá-los. São aqueles direitos relativos a todos os povos e a qualquer tempo, distinguindo-se dos direitos fundamentais apenas enquanto garantidos e limitados espaço-temporalmente (RIBEIRO, 2008, p. 238; ARAÚJO, 2010, p. 170; AMIN, 2019, p. 87).

---

(15) A literatura identifica os sintomas mais severos em crianças vítimas de abuso sexual, alinhando-os como ansiedade, depressão e transtornos de personalidade, de comportamento e de sexualidade (MIGUEL QUEREJETA, 1999, p. 62-64).

De qualquer forma, os direitos humanos ou fundamentais são direitos essenciais a todo e qualquer indivíduo para que tenha uma vida digna.

Nesse tocante, a Carta Constitucional de 1988, respaldada pela Declaração Universal de Direitos Humanos, incorporou em seu texto a dignidade humana como fundamento do próprio Estado Democrático de Direito (art. 1º), é dizer, um Estado em que todos estão sujeitos ao império do direito e no qual os poderes públicos são exercidos por representantes do povo, com o propósito de assegurar a todos condições fundamentais para a sua existência (PAULO; ALEXANDRINO, 2014).

Aludida dignidade humana pode ser definida como a "[...] qualidade intrínseca e distintiva de cada ser humano que o faz merecedor do mesmo respeito e consideração por parte do Estado e da comunidade" (SARLET, 2001, p. 60). Referido primado incorpora vários direitos da pessoa, de forma a lhe garantir as condições existenciais mínimas de vida (SARLET, 2001). A respeito das condições mínimas para uma vida digna, estão incluídas a satisfação das necessidades materiais, intelectuais e afetivas (*v.g.* alimentação, educação, saúde, integridade física e psíquica, entre outros valores fundamentais).

Outrossim, a dignidade humana também implica a dignidade sexual de toda e qualquer pessoa. Explica Roger Raupp Rios que os chamados direitos sexuais abarcam:

[...] as questões identitárias vinculadas à expressão da sexualidade (onde se inserem, principalmente, os temas das homossexualidades), as relações sexuais propriamente ditas e suas consequências (campo que alcança matérias diversas como consentimento, violência e aborto) e a busca da fundamentação dos direitos sexuais (historicamente atada à ideia de saúde sexual) (s/d, p. 22).

Esses direitos sexuais estão contemplados, na percepção de Hélia Maria Amorim Santos Barbosa, no direito constitucional da intimidade assegurado a qualquer indivíduo:

> A sexualidade de cada pessoa, no dia a dia, está contida na concepção de desenvolvimento sexual que pode ser saudável ou não, conforme esse processo é construído e desenvolvido. É possível entender que a sexualidade é saudável quando toda e qualquer pessoa tem a garantia de ser orientada sobre as diversas etapas que se desenvolvem em seu corpo com caracteres diversos, com respeito, com liberdade e com plena autonomia, como: de se autoconhecer, de se proteger e ser protegida, de se tocar, de ser tocada, de ser respeitada na sua composição genética, de ser preservada na sua inviolabilidade física, especialmente em sua genitália — portanto, em sua integridade e dignidade humanas. A sexualidade deve ser entendida como um direito à intimidade a ser preservado enquanto garantia constitucional ínsita no princípio dos direitos personalíssimos (s/d, p. 59).

De sua vez, os *direitos humanos das crianças e dos adolescentes* correspondem aos mesmos direitos de qualquer pessoa, como os mencionados acima. No entanto, distinguem-se daqueles afiançados à generalidade das pessoas, porque devem ser assegurados com prioridade absoluta.(16)

Desse modo, os direitos humanos das crianças relacionam-se à sua condição própria, possuindo direitos que "lhes outorgam aquilo que pode ser mínimo à sua existência" (BARBOSA, 2018, p. 68). As crianças, qualquer que seja a idade, o gênero ou a condição social, possuem direito ao respeito de todos, não apenas de adultos ou com quem mantenham algum vínculo. Tem, portanto, assegurado o direito à vida digna e a todos os atributos que essa existência digna corresponda.

Quanto aos direitos assegurados especificamente às crianças e aos adolescentes, a Carta Constitucional de 1988 foi prodigiosa nesse sentido, particularmente no Capítulo VII(17), estampando o legislador constituinte, a doutrina da proteção integral da pessoa em desenvolvimento.

Aludida doutrina amparada pela Carta Constitucional concebe, por um lado, sua condição peculiar de pessoa em processo de formação física, psicológica e moral, "um sujeito que não está pronto e que será construído a partir das oportunidades que lhe serão oferecidas" (ARAÚJO, 2010, p. 181. Nesse sentido, AMIN, 2019, p. 73). Por outro, denota que se trata de um sujeito pleno (não potencial) no tocante à titularidade de seus direitos e garantias, com prioridade absoluta.

Visando regulamentar e implementar a doutrina da proteção integral e um sistema de garantias a ela correspondente, foi promulgada a Lei n. 8.069/1990, dando corpo ao Estatuto da Criança e do Adolescente (ECA). De acordo com Andréa Rodrigues Amin:

> O termo "estatuto" foi de todo próprio, porque traduz o conjunto de direitos fundamentais indispensáveis à formação integral de crianças e adolescentes, mas longe está de ser apenas uma lei que se limita a enunciar regras de direito material. Trata-se de um verdadeiro microssistema que cuida de todo o arcabouço necessário para efetivar o ditame constitucional de ampla tutela do público infantojuvenil. É norma especial com extenso campo de abrangência, enumerando regras processuais, instituindo tipos penais, estabelecendo normas de direito administrativo, princípios de interpretação, política legislativa, em suma, todo o instrumental necessário e indispensável para efetivar a norma constitucional. [...] Para garantir efetividade à doutrina da proteção integral, a nova lei previu um conjunto de medidas governamentais aos três entes federativos, por meio de políticas sociais básicas, políticas e programas de assistência

---

(16) Marcus Vinícius Ribeiro explicita que "A garantia de prioridade compreende: primazia de receber proteção e socorro em quaisquer circunstâncias; precedência do atendimento nos serviços públicos ou de relevância pública; preferência na formulação e na execução das políticas sociais públicas e destinação privilegiada de recursos públicos nas áreas relacionadas com a proteção da infância e da juventude" (2008, p. 240).

(17) Nesse rumo, reza o art. 227 da Constituição Federal: "É dever da família, da sociedade e do Estado assegurar à criança, ao adolescente e ao jovem, com absoluta prioridade, o direito à vida, à saúde, à alimentação, à educação, ao lazer, à profissionalização, à cultura, à dignidade, ao respeito, à liberdade e à convivência familiar e comunitária, além de colocá-los a salvo de toda forma de negligência, discriminação, exploração, violência, crueldade e opressão".

> social, serviços especiais de prevenção e atendimento médico e psicossocial às vítimas de negligência, maus-tratos e abuso, e proteção jurídico-social por entidades da sociedade civil (2019, p. 58-59; p. 67).

O ECA, portanto, sistematizando a aludida doutrina da proteção integral, indicou como destinatários de direitos subjetivos próprios, as crianças (de 0 a 11 anos) e os adolescentes (de 12 a 17 anos) (art. 2º). Tais direitos fundamentais são indicados no Título II do ECA, com capítulos específicos a respeito do direito à vida e à saúde, à liberdade, ao respeito e à dignidade, o direito à convivência familiar e comunitária, à educação, à cultura e ao esporte e lazer, o direito à profissionalização e à proteção no trabalho, constituindo-se os primeiros em verdadeiros "direitos fins" e os demais, "direitos-meios", sendo a liberdade-respeito-dignidade, o cerne da doutrina da proteção integral, na exata expressão de José Afonso da Silva (1998, p. 199).

Outrossim, o ECA passou a considerar a violência contra as crianças e os adolescentes um problema de saúde pública, inclusive tornando obrigatória a sua comunicação, responsabilidade imposta não apenas aos integrantes da rede de proteção, mas a toda a sociedade.

Por fim, importa ainda fazer menção ao Princípio do Interesse Melhor ou Superior da criança e adolescente que deve orientar tanto o legislador quanto o intérprete/aplicador de normas jurídicas, a fim de dar efetividade aos direitos fundamentais titularizados pelos mesmos. Tal princípio revela que qualquer que seja a decisão a ser tomada em relação às pessoas em desenvolvimento, esta sempre deverá considerar seus direitos em maior grau possível (AMIN, 2019, p. 82).

Além do ECA, outros diplomas legais foram sendo implementados com vistas a assegurar referido sistema de garantias. Vale destacar, nesse contexto, o Marco Legal da Primeira Infância (Lei n. 13.257/2016). Mencionada lei destina-se especificamente às crianças de zero (compreendendo o período gestacional) a seis anos de idade e estabelece garantias de direitos e diretrizes para políticas públicas relacionadas a essa faixa etária.

Importante frisar que a primeira infância se refere a um período fundamental da formação humana:

> Os anos iniciais do desenvolvimento humano estabelecem a arquitetura básica e a função do cérebro. Esse período inicial de desenvolvimento — da concepção aos 6-8 anos de idade — afeta o estágio seguinte do desenvolvimento, assim como os estágios posteriores. Hoje, por meio da neurobiologia do desenvolvimento, compreendemos melhor como as experiências no início da vida interferem nessas diferentes fases (MUSTARD, 2010).

Dentro da Primeira Infância, encontra-se um período ainda mais sensível ao desenvolvimento humano que seriam os primeiros 1000 dias, ou Primeiríssima Infância e no qual o cérebro apresenta seu maior progresso e em que é mais exposto às influências do meio:

> Os primeiros anos de vida de uma criança são particularmente importantes. Evidências dessa importância continuam a se mostrarem cada vez mais com

> os avanços teóricos apoiados pelos dados empíricos de muitas disciplinas – por exemplo, Neurociências, Ciências Sociais, Psicologia, Economia, Educação. O prêmio Nobel James Heckman realizou um estudo de caso sobre a importância dos primeiros anos de vida das crianças, evidenciando serem um período crítico para a formação de habilidades e capacidades e serem determinantes para os resultados do ciclo de vida. Segundo sua argumentação, a acumulação de capital humano é um processo dinâmico no ciclo da vida, no qual habilidades geram habilidades (YOUNG, 2016, p. 21).

Em consequência, de acordo com estudiosos da área, esse importantíssimo período determina o capital humano do adulto:

> O capital humano significa a criança atingir a altura para a qual ela tem o potencial genético, atingir o nível de inteligência, avançar na escola, ser economicamente produtiva como adulto e ter filhos saudáveis também. Que seus filhos nasçam em boas condições. Esse é o conceito que nós chamamos de capital humano (VICTORIA, 2016, p.105).

A Lei n. 13.257/2016 evidencia o compromisso do Estado e da sociedade, como um todo, na priorização da primeira infância, na necessidade de reconhecimento de sua importância, na criação de uma cultura de cuidado à mesma e, de conseguinte, a garantia de um futuro mais adequado para os adultos, conforme destacado supra:

> Ao Estado, nas sociedades minimamente democráticas, cabe prover seus cidadãos menores de idade com educação adequada, proteção legal, serviços de saúde satisfatórios e demais itens, a fim de proporcionar as condições para uma infância feliz. Isto é fundamental na vida de um adulto. Ou seja, uma infância feliz garante possibilidades infinitamente maiores de os adultos se auto-estimarem e, por conseguinte, nutrirem respeito por outros seres humanos. Uma infância infeliz, com episódios de vitimização sexual, gera, via de regra, adultos sem nenhuma auto-estima. E, quando uma pessoa não gosta de si própria não pode amar a outrem. Logo, não reúne as condições mínimas para respeitar outros seres humanos (SAFFIOTI, 2018, p. 91).

Por fim, com fundamento na Constituição Cidadã e no ECA, afora os aspectos destacados, o Marco Legal da Primeira Infância ainda aborda, como áreas centrais a saúde, a alimentação e a nutrição, a educação infantil, a convivência familiar e comunitária, assistência social à família; a cultura, o lazer, o meio ambiente, a prevenção de acidentes e a exposição precoce aos meios de comunicação, a proteção contra a pressão consumista e a violência, em qualquer de suas formas.

Assim, é possível vislumbrar a construção de um sistema de direitos humanos fundamentais e de garantias fundamentais especialmente destinados às pessoas em processo de desenvolvimento. Nesse conjunto de direitos prioriza-se a dignidade desses indivíduos em peculiar situação de vulnerabilidade, enfatizando-se os cuidados que devem ser destinados prioritariamente em seus primeiros anos de vida, que irão nortear a sua vida adulta.

Outrossim, nesse ambiente se destaca o direito ao respeito consistente na "[...] inviolabilidade da integridade física, psíquica e moral da criança ou do adolescente" (SILVA, 1998, p. 199). Agregue-se nessa inviolabilidade, o direito ao desenvolvimento integral e o direito de não ser violado por meio de abuso, exploração ou violência sexual.

Quanto à dignidade sexual garantida a todos e o direito ao desenvolvimento integral e saudável da criança, particularmente o sexual, segundo Hélia Maria Amorim Santos Barbosa:

> É possível entender que a sexualidade é saudável quando toda e qualquer pessoa tem a garantia de ser orientada sobre as diversas etapas que se desenvolvem em seu corpo com caracteres diversos, com respeito, com liberdade e com plena autonomia, como: de se autoconhecer, de se proteger e ser protegida, de se tocar, de ser tocada, de ser respeitada na sua composição genética, de ser preservada na sua inviolabilidade física, especialmente em sua genitália — portanto, em sua integridade e dignidade humanas. A sexualidade deve ser entendida como um direito à intimidade a ser preservado enquanto garantia constitucional ínsita no princípio dos direitos personalíssimos. Em se tratando de criança e adolescente, a abordagem sobre a sexualidade saudável deve estar associada à condição peculiar de pessoas em desenvolvimento que exige, sobremaneira, proteção especial e integral. Significa a garantia de salvaguardá-los desde o momento da concepção até a sua completa formação, assegurando-lhes todos os direitos fundamentais, em condições de liberdade, respeito e dignidade. [...] Para que haja o reconhecimento dos direitos sexuais de crianças e adolescentes, é necessário assegurar-lhes o direito à proteção contra as violências sexuais e o direito à sua sexualidade. Essa afirmação decorre da convicção sobre os prejuízos causados física e psicologicamente às pessoas vitimizadas por essa violência, bem como sobre a potencialidade dos danos e das sequelas quase sempre irreversíveis (BARBOSA, s/d, p. 59-60).

Portanto, os conceitos de direito e de respeito no âmbito da sexualidade, convergem e destinam-se ao mencionado desenvolvimento integral e saudável do ponto de vista físico e emocional titularizados pelas pessoas em especial estágio de desenvolvimento.

Contudo, os dados indicados anteriormente demonstram que a violência destinada às crianças e adolescentes, especialmente a sexual é muito acentuada. O mais grave, entretanto, é que esses dados, embora significativos, não representem a realidade, já que a violência sexual é subnotificada também pelas razões destacadas acima.

Não obstante a existência dos mesmos direitos assegurados aos adultos, as crianças e os adolescentes são mais vulneráveis e mais expostos à violação. E a violência sexual contra as crianças, consoante se viu, esboça o abuso de poder exercido pelo adulto com o qual geralmente mantém vínculo afetivo. Além da maior vulnerabilidade que caracteriza os menores, encontram-se em desvantagem em relação aos adultos, justamente em razão dessa estrutura social-cultural que caracteriza as relações de poder.

Desse modo, a alteração desse cenário não depende apenas da implementação de um acervo legislativo que, consoante verificado, a partir da Constituição de 1988 e da legislação ordinária que se seguiu, amparou uma série de direitos fundamentais às pessoas em especial processo de desenvolvimento, além de um sistema de garantias à sua proteção integral. Requer-se, a conscientização a respeito desses direitos e da importância da infância conforme preconizado pela Lei n. 13.257/2016, para que essa violência não continue se reproduzindo e se retroalimentando, vitimando outras crianças e adolescentes. Esse processo de mudança e de desconstrução dessa cultura "adultocêntrica" poderá se dar por meio de investimento em políticas públicas, ou seja, ações governamentais e que podem ser articuladas com a comunidade, com vistas a trazer alternativas e soluções ainda que a longo prazo e que envolvam investimentos nas áreas educacional, social, econômica (geração de emprego e renda), de infraestrutura e gestão pública.

Entre as referidas ações, destacam-se aquelas destinadas a estudos e pesquisar sobre a violência infantil[(18)], ao esclarecimento do público vulnerável a respeito dos seus direitos e das famílias no seu papel como responsáveis na proteção das crianças, além da capacitação de profissionais de saúde, educação e assistência social.

Conclusão

Considerando a inquietação inicial, procedeu-se à investigação a respeito da violação do direito ao desenvolvimento integral de crianças e adolescentes perpetrada nas mais diversas formas de abusos.

Nesse caminhar, verificou-se que a criança é sim, mais vulnerável e, portanto, mais exposta a situações de perigo, especialmente criados por aqueles que, pelo menos do ponto de vista legal, deveriam guardá-las e protegê-las. Estes, por sua vez, valem-se de sua superioridade hierárquica e sua relação próxima com a vítima para conseguir alcançar os seus objetivos e ficar acobertados pela impunidade.

A violência infanto-juvenil, qualquer que seja a sua forma de manifestação, traz, inevitavelmente, vários prejuízos, podendo estes ser de ordem física ou psicológica. Dentre as diversas consequências, destaca-se que pode surgir um novo ciclo de violência a partir da violência sofrida, quando vítimas se transformam em vitimizadoras, retroalimentando esse infeliz cenário.

Da análise realizada no texto, pode-se observar que a legislação, desde a Constituição Federal, assegura vários direitos humanos fundamentais a todas as pessoas indistintamente, priorizando, entretanto, as crianças e os adolescentes. A partir da Carta Política, originou-se um verdadeiro sistema de garantias, visando resguardar o desenvolvimento integral e saudável desses sujeitos de direitos. Nessa mesma legislação há previsão de diferentes mecanismos de prevenção e intervenção, notadamente por parte do Estado, sem excluir, muito pelo contrário, a sociedade em geral.

---

(18) A disseminação do conhecimento é, na verdade, a primeira ferramenta a ser implementada no campo de proteção e de defesa dos direitos das pessoas em processo de desenvolvimento (LÍDICE, 2018; POIRIER, 2006).

Contudo, se a questão da violência está relacionada a fatores de ordem social e cultural, e mais propriamente ao abuso do poder do adulto em detrimento da criança, a previsão legislativa é insuficiente. É preciso internalizar na comunidade uma cultura de cuidado destinado às crianças, de reconhecimento da importância da infância-juventude inclusive no sentido de determinar um capital humano do adulto. Imprescindível, ademais, é a mudança de mentalidade e de postura perante a criança e o adolescente como pessoas em especial processo desenvolvimento e sujeitos de direitos por parte de todos, ou seja, operadores do direto, gestores das políticas públicas, sociedade civil organizada e os que militam na área da infância-juventude.

Referências

AMIN, Andréa Rodrigues. Evolução histórica do direito da criança e do adolescente In: MACIEL, Kátia Regina Ferreira Lobo Andrade Maciel (Coord.). *Curso de direito da criança e do adolescente:* aspectos teóricos e práticos. 12. ed. São Paulo: Saraiva Educação, 2019.

ARAÚJO, Maria Luiza de Marilac Alvarenga. Estatuto da criança e do adolescente – Lei n. 8.069, de 1990: na trilha dos direitos humanos. *Amagis Jurídica*, Belo Horizonte, n. 3, p. 167-195, jan./jun. 2010.

ARENDT, Hannah. Sobre a violência. Trad. Andre Duarte. Rio de Janeiro: 1994.

AZEVEDO, Maria Amélia. Consequências psicológicas da vitimização de crianças e adolescentes. In: AZEVEDO, Maria Amélia, GUERRA, Viviane Nogueira de Azevedo (Orgs.) *Crianças vitimizadas:* a síndrome do pequeno poder. Violência física e sexual contra crianças e adolescentes. Ed. ampliada. Versão Digital. São Paulo: Iglu, 2018.

______; GUERRA, Viviane Nogueira de Azevedo. Vitimação e vitimização: questões conceituais. In: AZEVEDO, Maria Amélia; GUERRA, Viviane Nogueira de Azevedo (Orgs.) *Crianças vitimizadas:* a síndrome do pequeno poder. Violência física e sexual contra crianças e adolescentes. Ed. ampliada. Versão Digital. São Paulo: Iglu, 2018.

BARBOSA, Douglas Vasconcelos. Dos filhos deste solo és mãe gentil, pátria amada, Brasil!: crianças, adolescentes e denúncias de violação dos direitos humanos. *Revista CEJ*, Brasília, v. 22, n. 76, p. 67-77, set./dez. 2018.

BARBOSA, Hélia Maria Amorim Santos. O reconhecimento dos direitos sexuais de crianças e adolescentes e novos valores: liberdade e dignidade sexual. In: *Violência sexual contra crianças e adolescentes:* novos olhares sobre diferentes formas de violações. São Paulo: Childhood/ABMP, s/d.

BAUMAN, Zygmunt. *Vida em fragmentos:* sobre a ética pós-moderna. Trad. Alexandre Werneck. Rio de Janeiro: Zahar, 2011.

BOURDIEU, Pierre. *O poder simbolico.* Trad. Fernando Tomaz. Bertrand Brasil: Rio de Janeiro, 1989.

BRASIL. *Marco Legal da Primeira Infância*, de 8 de março de 2016. Disponível em: <http://www.planalto.gov.br/ccivil_03/_Ato20152018/2016/Lei/L13257.htm#:~:text=1%C2%BA%20Esta%20Lei%20estabelece%20princ%C3%ADpios,e%20diretrizes%20da%20Lei%20n%C2%BA>. Acesso em: 12 jan. 2021.

BRASIL lidera *ranking* de violência contra criança. Jornal da USP. 2018. Disponível em: <Brasil lidera *ranking* de violência contra crianças – Jornal da USP>. Acesso em: 28 Fev. 2021.

BRASIL registra diariamente 233 agressões a crianças e adolescentes. *Revista Veja*. 2019. Disponível em: <https://veja.abril.com.br/brasil/brasil-registra-diariamente-233-agressoes-a-criancas-e-adolescentes/>. Acesso em: 28 fev. 2021.

BUENO, Álvaro Rodrigues. Vitimização física: identificando o fenômeno. In: AZEVEDO, Maria Amélia; GUERRA, Viviane Nogueira de Azevedo (Orgs.) *Crianças vitimizadas:* a síndrome do pequeno poder. Violência física e sexual contra crianças e adolescentes. Ed. ampliada. Versão Digital. São Paulo: Iglu, 2018.

CHILDHOOD pela Proteção da Infância. *Dados da violência sexual contra crianças e adolescentes 2020.* Disponível em: <https://childhood.org.br/childhood/publicacao/DadosViolenciaSexualcontraCriancaseAdolescentes2020_FINAL.pdf>. Acesso em: 04 jan. 2021.

CORRERA, Michele; MARTUCCI, Pierpaolo; COZZOLINO, Andrea. L'abuso ai minori nel territorio di Trieste: caratteristiche del fenomeno e rilevanza del numero oscuro. *Rassegna Italiana di Criminologia*, Milano, v. 6, p. 405-430, 1995.

HERRERA MORENO, Myriam. El niño ante la agresión doméstica: malos tratos y abuso sexual. *Cuadernos de política criminal*, Madrid, n. 54, p. 1.113-1.141, 1994.

COSTA, Helrison Silva. Poder e violência no pensamento de Michel Foucault. *Sapere aude*. Belo Horizonte, v. 9, n. 17, p. 153-170, Jan./Jun. 2018.

FOUCAULT, Michel. A Sociedade disciplinar em crise. *In: Estratégia, Poder-Saber.* Organização Manoel Barros Motta. Tradução de Vera Lucia Avellar Ribeiro. Rio de Janeiro: Forense Universitária. 2006(a).

______. *A microfísica do poder.* Organização e tradução Roberto Machado. 22. ed. Rio de Janeiro: Graal, 2006(b).

FREUD, Sigmund. *Por que a guerra?* Novas Conferências Introdutórias sobre Psicanálise e outros Trabalhos (1932-1936). 2. ed. Rio de Janeiro: Imago, 1994. Vol. XXII.

GREENE, Joshua. *Moral Tribes:* Emotion, reason and the gap between us and them. The Penguin Press. New York. 2013.

LIBÓRIO, Renata Maria Coimbra; CASTRO, Bernardo Monteiro de; SAKOTANI, Vanessa Hanayo. Abuso, exploração sexual, pedofilia e pornografia infantil na *internet*: as intrincadas relações entre os conceitos e o enfrentamento da violência sexual contra crianças e adolescentes. In: *Violência sexual contra crianças e adolescentes:* novos olhares sobre diferentes formas de violações. São Paulo: Childhood/ABMP, s/d.

LÍDICE, Roberta. Violência contra crianças e adolescentes: implicações jurídicas e psicológicas do crime. *Revista Síntese de direito penal e processual penal*, Porto Alegre, v. 18, n. 108, p. 206-211, fev./mar. 2018.

LÍDICE, Roberta. Políticas públicas como instrumento fundamental no combate à violência doméstica e familiar: implicações no cenário atual brasileiro. *Revista jurídica: Sage/Síntese*, São Paulo, v. 67, n. 494, p. 101-114, dez. 2018.

MARCO FRANCIA, María Pilar. El abuso sexual infantil. *La Ley Penal: Revista de Derecho Penal*, Procesal y Penitenciario, Madrid, v. 15, n. 131, p. 13 p., mar./abr. 2018.

MARTON, Fábio. *Dilemas morais:* o que você faria? Disponível em: <https://super.abril.com.br/cultura/dilemas-morais-o-que-voce-faria/>. Acesso em: 28 jan. 2021.

MICHAUD, Yves. *A violência*. São Paulo: Ática, 1989.

MIGUEL QUEREJETA, Luis. Estructura de la personalidad del menor víctima de maltrato: daños psicológicos y lesiones físicas. *Eguzkilore:* Cuaderno del Instituto Vasco de Criminología, n. 13, p. 53-65, set. 1999.

MINISTÉRIO da Mulher, da Família e dos Direitos Humanos. *Ministério divulga dados de violência sexual contra crianças e adolescentes*. 18 maio 2020. Disponível em: <https://www.gov.br/mdh/pt-br/assuntos/noticias/2020-2/maio/ministerio-divulga-dados-de-violencia-sexual-contra-criancas-e-adolescentes>. Acesso em: 04 jan. 2021.

MINISTÉRIO da Saúde registra recorde de abusos sexuais infantis no Brasil. 2020. Disponível em: <Ministério da Saúde registra recorde de abusos sexuais infantis no Brasil – 02 mar. 2020 – UOL Universa>. Acesso em: 28 Fev. 2021.

MUSTARD, J. F. Desenvolvimento cerebral inicial e desenvolvimento humano. In: TREMBLAY, R. E; BOIVIN, M.; PETERS, R. V. (Eds.). *Enciclopédia sobre o Desenvolvimento na Primeira Infância. 2010.* Disponível em: <http://www.enciclopedia-crianca.com/importancia-do-desenvolvimento-infantil/segundo-especialistas/desenvolvimento-cerebral-inicial-e>. Acesso em: 12 jan. 2021.

OLIVEIRA, Rafael Niebuhr Maia de; MOURA JUNIOR, Luis Antonio Ribeiro. Cifra negra em relação aos crimes de violência doméstica: estudo de caso do município de São João Batista/SC. *Revista Síntese de direito penal e processual penal,* Porto Alegre, v. 18, n. 107, p. 41-64, dez./jan. 2017.

OLIVEIRA, Adalberto Boletta de. Saúde e vitimização. In: AZEVEDO, Maria Amélia; GUERRA, Viviane Nogueira de Azevedo (Orgs.) *Crianças vitimizadas:* a síndrome do pequeno poder. Violência física e sexual contra crianças e adolescentes. Ed. ampliada. Versão Digital. São Paulo: Iglu, 2018.

PLATT, Vanessa Borges; GUEDERT, Jucélia Maria; COELHO, Elza Berger Salema. Violência contra crianças e adolescentes: notificações e alerta em tempos de pandemia. *Revista Paulista de Pediatria*, v. 39, São Paulo, p. 1-7, out. 2020.

PAULO, Vicente; ALEXANDRINO, Marcelo. *Direito Constitucional descomplicado.* 13. ed. São Paulo: Gen, 2014.

POIRIER, Marie-Pierre. Prevenção à violência contra crianças e adolescentes: um compromisso de todos nós. *In:* LIMA, Cláudia Araújo de (Coord.) *et al. Violência faz mal à saúde.* Brasília: Ministério da Saúde, 2006. (Série B. Textos Básicos de Saúde)

RIBEIRO, Marcus Vinicius. Direitos Humanos da criança e do adolescente. *Revista da Defensoria Pública*, São Paulo, Ed. Especial, n. 3, p. 238-246, 2008.

RIOS, Roger Raup. O desenvolvimento do direito democrático da sexualidade e os direitos de crianças e de adolescentes. *In: Violência sexual contra crianças e adolescentes:* novos olhares sobre diferentes formas de violações. São Paulo: Childhood/ABMP, s/d.

SAFFIOTI, Heleieth I.B. Exploração sexual de crianças. In: AZEVEDO, Maria Amélia; GUERRA, Viviane Nogueira de Azevedo (Orgs.). *Crianças vitimizadas:* a síndrome do pequeno poder. Violência física e sexual contra crianças e adolescentes. Ed. ampliada. Versão Digital. São Paulo: Iglu, 2018.

SANCHEZ, Raquel Niskier; MINAYO, Maria Cecília de Souza. Violência contra Crianças e Adolescentes: Questão Histórica, Social e de Saúde. In: LIMA, Cláudia Araújo de *et al.* (Coords.). *Violência faz mal à saúde.* Brasília: Ministério da Saúde, 2006. (Série B. Textos Básicos de Saúde)

SANTOS, Maria Celeste Cordeiro Leite dos. Raízes da violência na criança e futuros danos psíquicos. *Revista da Faculdade de Direito da Universidade de São Paulo*, São Paulo, v. 96, p. 331-346, 2001.

SANTOS, Maria Celeste Cordeiro Leite dos. Raízes da violência na criança e danos psíquicos. In: WESTPHAL, Marcia Faria (Org.). *Violência e criança.* São Paulo: Edusp, p. 189-204, 2002.

SILVA, José Afonso da. Direitos humanos da criança. *Revista da Faculdade de Direito de São Bernardo do Campo*, São Bernardo do Campo, v. 4, p. 197-208, 1998.

VALDEZ MONTEJO, Marta. Efectos de la violencia domestica en los niños. *Espacio Abierto: Revista del Ciej-Afiu*, Montevideo, n. 5, p. 60-63, nov. 2006.

VICTORA, C. Evidências Científicas sobre a Importância da Primeira Infância: A Estratégia dos 1000 dias. In: BRASIL. *Avanços do Marco Legal da Primeira Infância.* CÂMARA DOS DEPUTADOS: Centro de Estudos e Debates Estratégicos, p. 103-117, 2016. Disponível em: <https://www2.camara.leg.br/a-camara/estruturaadm/altosestudos/pdf/obra-avancos-do-marcolegal-da-primeira-infancia>. Acesso em: 12 jan. 2021.

VUL GALPERIN, Mônica. Jóvenes en riesgo: una expresión del malestar social. *Revista digital de la Maestría en Ciencias Penales de la Universidad de Costa Rica*, Turrialba, n. 1, p. 291-306, anual. 2009.

YOUNG, M. Por que investir na Primeira Infância. In: BRASIL. *Avanços do Marco Legal da Primeira Infância.* CÂMARA DOS DEPUTADOS: Centro de Estudos e Debates Estratégicos, p. 21-23, 2016. Disponível em: <https://www2.camara.leg.br/a-camara/estruturaadm/altosestudos/pdf/obra-avancos-do-marcolegal-da-primeira-infancia>. Acesso em: 12 jan. 2021.

ŽIŽEK, Slavoj. *Violência:* seis reflexões laterais. Tradução de Miguel Serras Pereira. São Paulo: Boitempo, 2014.

O Conceito de Dignidade Humana Segundo o Supremo Tribunal Federal: Análise Qualitativa das Decisões do Tribunal Pleno

Gabriela Marcassa Thomaz de Aquino[1]

Introdução

A presente pesquisa tem como base teórica a pesquisa realizada pelos pesquisadores Doron Shultziner e Itai Rabinovici denominada: *"Human dignity, self-worth and humiliation: a comparative legal-psychological approach"*. Nessa pesquisa, os autores identificam que, após a Segunda Guerra Mundial, o conceito de dignidade humana passou a ter uma centralidade dentro dos ordenamentos jurídicos sem, no entanto, existir uma definição clara desse conceito.

Essa falta de definição clara, segundo os autores, tem trazido problemas, como a aplicação do conceito de modo fluído e contraditório. Diante desse panorama, o termo "dignidade humana" pode se tornar sem uso, sendo um termo muito amplo que diz tudo e, ao mesmo tempo, não diz nada.

Diante desse problema os autores sugerem a definição do termo 'dignidade humana' associado a questões psicológicas, considerando que o termo dignidade é definido no dicionário como estado de honra e estima. Assim, quando se fala em dignidade, se fala do modo como somos valorizados pela nossa família, amigos e comunidade. Essa relação entre dignidade e autoestima é útil para entender a importância do termo 'dignidade' e como esse termo pode ser usado de uma forma mais definida pelo sistema legal.

Tendo como base essa definição psicológica do termo 'dignidade humana', os autores analisaram decisões da Suprema Corte Americana, da Corte Europeia de Direitos Humanos e da Suprema Corte de Israel buscando identificar quais os conceitos atribuídos por esses

(1) Doutoranda e Mestra em Direito do Trabalho e da Seguridade Social pela Faculdade de Direito da Universidade de São Paulo (USP). Graduada em Direito pela Faculdade de Ciências Humanas e Sociais da Universidade Estadual Paulista (UNESP). Pesquisadora junto ao Núcleo de Estudos "O Trabalho além do Direito do Trabalho", vinculado à Faculdade de Direito da Universidade de São Paulo e junto ao Núcleo de Pesquisa e Observatório Jurídico: (Re)pensando o Direito do Trabalho Contemporâneo, vinculado à Faculdade de Ciências Humanas e Sociais da Universidade Estadual Paulista. Membra das Comissões Especiais de Direitos Infantojuvenis e do Direito do Trabalho da OAB-SP. Pesquisadora Bolsista no CEPI/FGV-SP.

tribunais ao termo 'dignidade humana' e buscando identificar se esse aspecto psicológico era compreendido como dignidade. Os autores concluíram que, em muitos casos, o aspecto de autoestima era levado em conta pelos tribunais, o que estabelecia precedentes importantes com base na proteção da autoestima das pessoas contra humilhação, embaraço social e estigma, além da diminuição da autoestima de forma geral.

Tendo como base os achados dessa pesquisa, o presente estudo buscou identificar, por meio da análise de decisões do Supremo Tribunal Federal (STF), quais os conceitos de 'dignidade humana' aplicados pelos ministros brasileiros e se, os aspectos psicológicos desse termo, são considerados nessas decisões. Com esse objetivo, o artigo é organizado da seguinte forma: na primeira parte discute-se a conceituação de dignidade humana sob a perspectiva psicológica, definição proposta pelos pesquisadores Doron Shultziner e Itai Rabinovici; na segunda parte apresenta-se os procedimentos de pesquisa das decisões junto à base de busca jurisprudencial do Supremo Tribunal Federal; na terceira parte apresenta-se os dados coletados e sistematizados com a discussão das definições de 'dignidade humana' adotadas pelo STF. Ao final, conclui-se que o Supremo Tribunal Federal considera, em muitas das decisões analisadas, o aspecto psicológico que envolve o termo 'dignidade humana'.

1. Dignidade humana e a autoestima: conceituação proposta por Doron Shultziner e Itai Rabinovici

Segundo Doron Shultziner e Itai Rabinovici, desde a segunda metade do século XX, os pesquisadores da psicologia social dividem suas pesquisas em duas áreas de atuação: uma tenta conceituar autoavaliação e a outra estudar as necessidades humanas, entendendo o desenvolvimento do bem-estar em condições de satisfação e a degradação do ser humano na falta de condições (SHULTZINER; RABINOVICI, 2012, p. 8).

Os estudos concluíram que a autoestima positiva é uma necessidade humana universal, que impacta na felicidade, saúde, melhor performance das pessoas. Assim, a autoestima é uma característica universal humana, que é alcançada de formas diferentes em diferentes culturas. A identificação da autoestima na centralidade humana tem um impacto no direito e nas políticas públicas e, portanto, deve ser levada em conta pelos juízes no momento de tomar as suas decisões (SHULTZINER; RABINOVICI, 2012, p. 9-10).

A centralidade da autoestima, segundo os autores, permite que entendamos as violações da dignidade humana como os atos que ataquem a autoestima de uma pessoa ou de um grupo, que a humilhe ou a diminua fisicamente, psicologicamente, simbolicamente, publicamente, individualmente ou coletivamente (SHULTZINER; RABINOVICI, 2012, p. 11).

Embora as situações que impactem a autoestima possam variar de cultura para cultura, o termo "humilhação" é global, no sentido de definir uma orientação espacial descendente. Humilhação significa, portanto, colocar uma pessoa ou um grupo abaixo de outro, seja por ações, seja por palavras. A humilhação pode ser dar por um ato, mas também por uma não ação. (ativo ou passivo) (SHULTZINER; RABINOVICI, 2012, p. 11-12).

A segunda característica das violações de dignidade humana está relacionada à cognição e percepção. A questão é como uma pessoa (ou um grupo de pessoas) se sente, depende de como ela interpreta as ações, as políticas públicas e a lei que a afetam. Essas percepções devem ser consideradas por indivíduos de uma mesma sociedade. O fenômeno é complexo, mas não significa que é um fenômeno subjetivo. Embora possa se dar de várias formas, os fatores psicológicos são universais: violações a autoestima- com vergonha e humilhação. Essa ideia de autoestima descreve as implicações que algumas condutas podem ter na vida das pessoas e são substratos para os direitos humanos normatizarem e julgarem (SHULTZINER; RABINOVICI, 2012, p. 14-15).

2. Casos do Supremo Tribunal Federal: procedimento para a coleta e análise dos dados

Considerando a definição acima do termo 'dignidade humana', sob o aspecto psicológico, e considerando que a pesquisa analisada concluiu que o nexo entre dignidade e autoestima existe e é aplicado nos ordenamentos jurídicos dos Estados Unidos, Europa e Israel, a presente precisa buscou analisar as decisões proferidas pelo Supremo Tribunal Federal (STF), a fim de identificar se também é possível afirmar que o aspecto psicológico do termo 'dignidade humana' é considerado nas decisões proferidas pela suprema corte brasileira.

As decisões analisadas foram coletadas junto ao site do Supremo Tribunal Federal na aba destinada à pesquisa de jurisprudência. Foi utilizado como termo de busca "dignidade humana". Tal busca retornou 69 acórdãos, sendo que 40 foram proferidos pelo Tribunal Pleno, ou seja, pelos 11 ministros em conjunto. A busca resultou também em 1.096 decisões monocráticas em que se encontrava o termo exato 'dignidade humana'. Esses dados foram coletados e sistematizados até o dia 31 de outubro de 2020.

Importante mencionar que se optou pela busca do termo utilizando aspas para garantir que todos os acórdãos possuiriam o termo na ordem e com a exata grafia mencionada, já que a pesquisa sem esta restrição apresentava como resultados 494 acórdãos, sendo 209 do Tribunal Pleno, o que impossibilitaria uma leitura aprofundada de todas as decisões.

Para a análise dos argumentos dos julgados escolheu-se por focar na totalidade das decisões proferidas pelo Tribunal Pleno do STF, ou seja, os 40 acórdãos do resultado da pesquisa jurisprudencial. A integralidade dos acórdãos foi consultada pelo sistema próprio sistema do STF.

É preciso esclarecer que um dos acórdãos da pesquisa jurisprudencial se encontrava em duplicidade, de modo que, na realidade, havia 39 acórdãos proferidos pelo Tribunal Pleno que possuíam em seu teor o exato termo "dignidade humana". Desses 39 acórdãos, 3 não puderam ser consultados por estarem sob segredo de justiça, 1 deles ainda aguardava julgamento, de modo que ainda não havia decisão para ser analisada, 2 eram processos físicos, 1 deles era antigo e não constava da base online e outro não possuía o termo "dignidade humana" embora tenha sido retornado pela base.

Dessa forma, a análise das decisões se pautou nos 31 acórdãos que estavam disponíveis para a consulta. Todos os acórdãos foram lidos pela pesquisadora e buscou-se, em cada um, identificar qual o conceito de dignidade humana aplicado pelo tribunal, considerando o voto vencedor em cada um dos casos.

Os acórdãos foram analisados considerando a forma como o termo "dignidade humana" aparecia dentro da argumentação dos Ministros, a abrangência que o termo recebia dentro do contexto analisado e em quais aspectos e em quais argumentações era possível identificar a definição de 'dignidade humana' em seu aspecto psicológico.

3. As decisões do Supremo Tribunal Federal sobre dignidade humana

Os 31 acórdãos analisados dividiam-se da seguinte forma: 11 Recursos Extraordinários (RE), 8 Ações Diretas de Inconstitucionalidade (ADI), 3 Arguições de Descumprimento de Preceito Fundamental (ADPF), 2 Habeas Corpus (HC), 2 Agravos em Recurso Extraordinário (ARE), 1 Ação Declaratória de Constitucionalidade (ADC), 1 Reclamação Constitucional (Rcl), 1 Inquérito (Inq), 1 Extradição (Ext) e 1 Agravo Regimental no Mandado de Injunção (MI).

As temáticas envolvendo as decisões foram as mais variadas, sendo que nos Recursos Extraordinários discutiu-se: extensão da licença maternidade à mãe não gestante (RE n. 1.21.1446); direito à remarcação do teste de aptidão física de candidata gestante (RE n. 1.058.333); inconstitucionalidade da distinção do regime sucessório entre cônjuges e companheiros (RE n. 878.694); união estável homoafetiva e a aplicação das mesmas regras da união estável hétero (RE n. 646.721); assistência Social de estrangeiros residentes no Brasil (RE n. 587.970); competência da Justiça Federal para julgar crimes de condição análoga a de escravo (RE n. 459.510 e RE n. 398.041); critério para concessão de Benefício de Prestação Continuada para idosos e deficientes (RE n. 567.985); violação de direitos fundamentais causadora de danos pessoais a detentos (RE n. 580.252); crime de fuga do local do acidente de trânsito (RE n. 971.959) e repropositura de ação de reconhecimento de paternidade (RE n. 363.889).

Já as Ações Diretas de Inconstitucionalidade versavam sobre os seguintes temas: inconstitucionalidade de lei estadual por fragilização dos princípios da igualdade e dignidade humana das pessoas com deficiência (ADI n. 4.388-GO); ampliação do quadro em extinção da administração federal formado por servidores de ex-territórios (ADI n. 5.935-DF); proibição de doação de sangue por homens homossexuais (ADI n. 5.543-DF); ação penal relativa a lesão corporal resultante de violência doméstica contra a mulher é pública incondicionada (ADI n. 4.424-DF); nomeação de servidor público aprovado dentro do número de vagas do concurso (ADI n. 2.931-RJ); possibilidade de alteração de registro civil sem mudança de sexo (ADI n. 4.275-DF); sigilo em operações financeiras (ADI n. 2.859-DF) e ensino inclusivo de pessoas com deficiência (ADI n. 5.357-DF).

O restante das decisões versava sobre os seguintes pontos: condução coercitiva para interrogatórios (ADPF n. 444); incentivos às candidaturas de pessoas negras (ADPF n. 738); interrupção de gravidez de feto anencéfalo (ADPF n. 54); prescrição da pretensão punitiva, na modalidade retroativa, fundada na pena aplicada na sentença (HC n. 122.694 SP); condução do réu em ação de investigação de paternidade (HC n. 71.373 RS); redução dos valores de indenização do DPVAT pela MP n. 340/2006 (ARE n. 704.520); Fornecimento de Equipamento de Proteção Individual — EPI como fator de descaracterização do tempo de serviço especial (ARE n. 664.335); constitucionalidade do tratamento diferenciado entre homens e mulheres em relação à violência doméstica (ADC n. 19-DF); análise de embargos à execução opostos pela União contra decisões trabalhistas (Rcl n. 5.758); queixa-crime de injúria racial e racismo (Inq n. 1.458); extradição (Ext n, 986) e direito à morte digna (MI n. 6.825 AgR).

Percebe-se, portanto, que os 31 acórdãos versavam sobre as mais variadas temáticas. Tendo isso em mente, o que se buscou na análise foi compreender a extensão de significado do termo 'dignidade humana' utilizada pelos Ministros nos votos de cada uma dessas ações.

Da leitura dos acórdãos percebeu-se que o termo 'dignidade humana' possuía três dimensões diferentes de aplicação nos votos: (i) em alguns casos a discussão da dignidade humana encontrava uma dimensão de **centralidade** dentro dos votos, com a discussão dessa violação ou ainda com a definição do termo na análise do caso concreto; (ii) em outros casos a questão da dignidade humana era utilizada como **reforço de argumento**, isto é, tinha-se um direito violado e, como consequência dessa violação, tinha-se também a violação da dignidade humana; (iii) por fim, em algumas situações encontrava-se apenas uma **mera citação** do termo 'dignidade humana', sem, no entanto, especificar como se daria a violação.

As ações analisadas encontravam-se distribuídas, em cada uma dessas dimensões, conforme demonstra o gráfico abaixo:

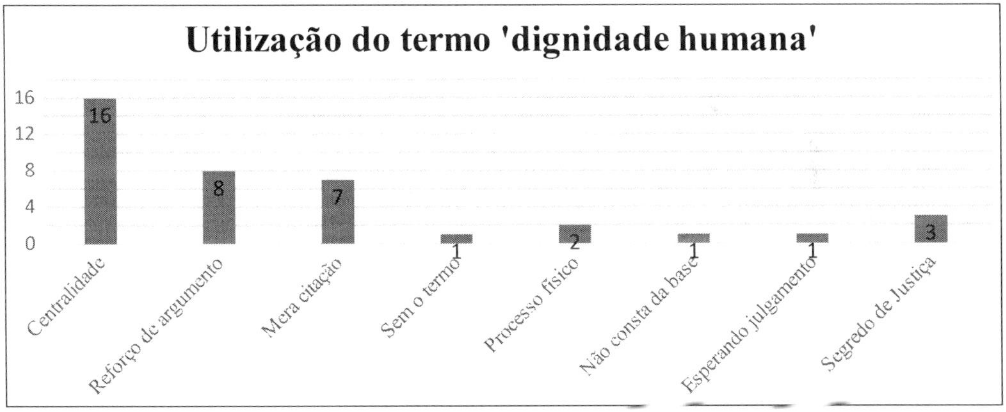

Fonte: Gráfico elaborado pela autora a partir da consulta dos acórdãos realizada no site do STF.

Cabe destacar que foram incluídos no gráfico acima a totalidade de acórdãos tidos como resultado da busca, sendo que apenas os 31 documentos que puderam ser analisados foram contabilizados dentro das três dimensões de aplicação de 'dignidade humana'.

Considerando que a maioria dos acórdaos pesquisados à partir da ferramenta jurisprudencial do Supremo Tribunal Federal de fato debruçavam-se de forma central na discussão das definições do termo 'dignidade humana', o segundo passo da pesquisa foi verificar como o termo era definido pelo STF (abrangência) e, se em algum caso, encontrava-se, de alguma forma, uma similitude com o conceito de dignidade humana e autoestima proposto por Doron Shultziner e Itai Rabinovici.

Antes de apresentar os resultados quanto essa conceituação, é importante destacar um outro achado interessante na pesquisa. No RE 363.889/DF, o Ministro Dias Toffoli reconheceu a importância de se definir o termo 'dignidade humana' para que esta questão não seja levantada em qualquer situação:

> Creio ser indispensável enaltecer a circunstância da desnecessidade da invocação da dignidade humana como fundamento decisório da causa. Tenho refletido bastante sobre essa questão, e considero haver certo abuso retórico em sua invocação nas decisões pretorianas, o que influencia certa doutrina, especialmente de Direito Privado, transformando a conspícua dignidade humana, esse conceito tão tributário das Encíclicas papais e do Concílio Vaticano II, em verdadeira panaceia de todos os males. Dito de outro modo, **se para tudo se há de fazer emprego desse princípio, em última análise, ele para nada servirá**." (STF. Recurso Extraordinário. RE 363.889/DF. Relator: Min. Dias Toffoli. DJ: 02/06/2011) (grifos nossos)

Esse posicionamento, que já foi citado, inclusive, por outros Ministros do Supremo Tribunal Federal, é muito importante no sentido de demonstrar que o esvaziamento do termo 'dignidade humana' é uma preocupação do STF, estando de acordo com a visão dos pesquisadores Doron Shultziner e Itai Rabinovici.

Quanto a abrangência do termo 'dignidade humana', verificou-se, nos 31 acórdãos analisados, as seguintes definições: autonomia, valor intrínseco, autorrealização, intangibilidade corporal, fraternidade, intimidade, princípio amplo, igualdade, prestação jurisdicional célere, não especifica a extensão do significado de dignidade humana e desnecessidade de invocação da dignidade humana. Essas definições estavam distribuídas da seguinte forma:

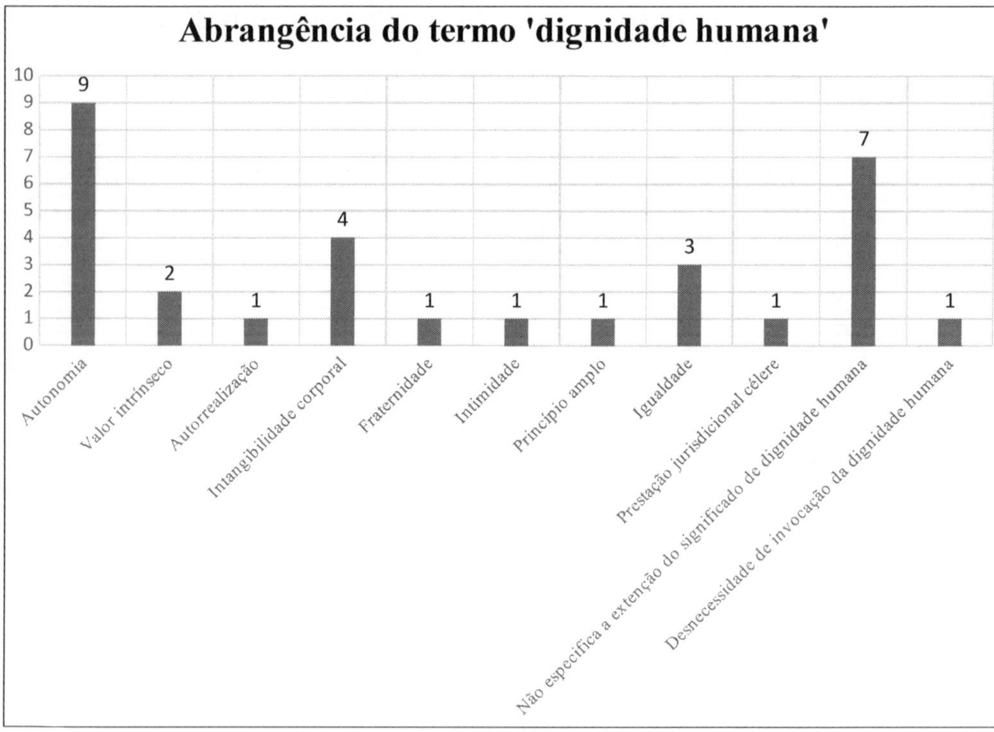

Fonte: Gráfico elaborado pela autora a partir da consulta dos acórdãos realizada no site do STF.

Importante destacar que os acórdãos em que não houve especificação da extensão do significado de 'dignidade humana' são os mesmos acórdãos em que o termo foi utilizado como mera citação. Em relação ao dado de desnecessidade de invocação da dignidade humana como fundamento da causa, trata-se do argumento já analisado anteriormente no voto do Ministro Dias Toffoli.

Em relação aos demais significados encontrados nos votos, importante destacar os que identificaram 'dignidade humana' como autonomia, na medida em que, nesses acórdãos, é possível identificar uma similitude com o conceito de dignidade humana relacionado a autoestima. Esta é uma definição que vem sendo bastante utilizada pelo Supremo Tribunal Federal e encontra-se embasada em teoria desenvolvida pelo Ministro Luís Roberto Barroso, conforme demonstrado no voto abaixo acerca da inconstitucionalidade da distinção do regime sucessório entre cônjuges e companheiros:

> **A dignidade como valor intrínseco postula que todos os indivíduos têm igual valor e por isso merecem o mesmo respeito e consideração.** Isso implica a proibição de discriminações ilegítimas devido à raça, cor, etnia, nacionalidade, sexo ou idade, e também devido à forma de constituição de família adotada. Se o Direito Sucessório brasileiro tem como fundamento a proteção da família, por meio da transferência de recursos para que os familiares mais próximos do falecido possam levar suas vidas adiante de forma digna, é incompatível com a ordem de valores consagrada pela Constituição de 1988 definir que cônjuges e companheiros podem receber maior ou menor proteção do Estado simplesmente porque adotaram um ou outro tipo familiar. **Já a dignidade como autonomia garante a todos os indivíduos a possibilidade de buscarem, da sua própria maneira, o ideal de viver bem e de ter uma vida boa.** A autonomia privada consiste na capacidade de o indivíduo fazer escolhas pessoais ao longo da vida sem influências externas indevidas. Quanto maior a conexão dessas escolhas com o desenvolvimento da personalidade e a autorrealização individual, maior deve ser a proteção conferida à autonomia. (STF. Recurso Extraordinário. RE n. 878.694/MG. Relator: Min. Roberto Barroso. DJ: 26.10.2018) (grifos nossos)

Percebe-se pela argumentação acima que o valor intrínseco e autonomia são definições próximas, de modo que o que foi considerado para a categorização dos acórdãos no gráfico quanto a abrangência do termo 'dignidade humana' foi a faceta que predominou na decisão analisada.

Embora a teoria seja proposta pelo Ministro Barroso, e por ele aplicada em seus votos, importante mencionar que ela também vem sendo citada no Supremo Tribunal Federal por outros Ministros, como por exemplo, no seguinte voto do Ministro Marco Aurélio ao tratar da questão da assistência social de estrangeiros residentes no Brasil:

> Em estudo, o ministro Luís Roberto Barroso (Aqui, lá e em todo lugar: a dignidade humana no direito contemporâneo e no discurso transnacional) destaca que o substrato do conceito de dignidade humana pode ser decomposto em três elementos, a saber: (i) valor intrínseco, (ii) autonomia e (iii) valor comunitário. Para que determinada pessoa seja **capaz de mobilizar a própria razão em busca da construção de um ideal de vida boa** — que, no final das contas, nos motiva a existir —, é fundamental que lhe sejam fornecidas condições materiais mínimas. Nesse aspecto, a previsão do art. 203, inciso V, da Carta Federal também opera em suporte dessa concepção de vida digna. Mas caberia ao Estado brasileiro dar essa sustentação ao não nacional?

> Deve-se estender essa proteção ao estrangeiro residente no País? Não consigo alcançar, nesse particular, argumentos para conclusão negativa. (STF. Recurso Extraordinário. RE n. 587.970/SP. Relator: Min. Marco Aurélio Mello. DJ: 22.09.2017) (grifos nossos)

Essa teoria concebida por Luís Roberto Barroso busca conceituar a dignidade humana de forma transnacional, de modo a levar em conta toda a variedade de circunstâncias religiosas, históricas, políticas que estão presentes nos diferentes países, entendendo a dignidade humana como uma noção aberta, plástica e plural. Assim, entende a dignidade humana como (i) o valor intrínseco de todos os seres humanos, assim como (ii) a autonomia de cada indivíduo, (iii) limitada por algumas restrições legítimas impostas a ela em nome de valores sociais ou interesses estatais (valor comunitário) (BARROSO, 2012, p. 160).

O (i) valor intrínseco está ligado à natureza do ser, desse valor intrínseco decorrem dois postulados: um antiutilitarista e um antiautoritário. O primeiro dispõe que o homem é um fim em si mesmo, e não um meio para a realização de metas coletivas (categórico kantiano); o segundo estabelece que o Estado existe para cada indivíduo, e não o contrário. Assim, o valor intrínseco é um valor objetivo, isto é, não depende de qualquer evento ou experiência, não pode ser concedido ou perdido, mesmo diante de comportamentos reprováveis. No plano jurídico, o valor intrínseco está na origem de direitos fundamentais como: direito à vida, igualdade perante a lei e na lei (em muitas situações é possível que se realizem diferenciações entre as pessoas) e direito à integridade física e psíquica (BARROSO, 2012, p. 162-164).

A (ii) autonomia é conceituada pelo autor como o elemento ético da dignidade humana, como fundamento do livre arbítrio, que permite que todos busquem o ideal de viver bem e de ter uma vida boa. Para ele, a ideia central é a de autodeterminação, significa o livre exercício da vontade por cada pessoa, segundo os seus valores, interesses e desejos. A autonomia pressupõe o preenchimento de três condições: razão (capacidade de tomar decisões informadas); independência (ausência de coerção, de manipulação e de privações essenciais); e escolha (existência real de alternativas). No aspecto jurídico, a autonomia está relacionada a direitos fundamentais associados as liberdades básicas (autonomia privada) e ao direito à participação política (autonomia pública) (BARROSO, 2012, p. 167-168).

Interessante notar que é nessa conceituação de autonomia como busca pelo ideal de viver bem e de ter uma boa vida que podemos encontrar uma similitude com a conceituação de dignidade humana proposta por Doron Shultziner e Itai Rabinovici, na medida que viver bem está diretamente relacionado com a autoestima do indivíduo. Desse modo, podemos afirmar que as decisões do Supremo Tribunal Federal que relacionam dignidade humana com autonomia, levam em conta o aspecto psicológico desse termo, algo semelhante aos achados na pesquisa *"Human dignity, self-worth and humiliation: a comparative legal-psychological approach"*.

Por fim, (iii) o valor comunitário, segundo o autor, são os contornos da dignidade humana moldados pelas relações com outros indivíduos e com o mundo ao redor. O valor comunitário, assim, representa duas forças exógenas que agem sobre o indivíduo: (1) os compromissos, valores, "crenças compartilhadas" de um grupo social; (2) as normas impostas pelo Estado. A dignidade sob o aspecto do valor comunitário enfatiza o papel do Estado e da comunidade no estabelecimento de metas coletivas e de restrições sobre direitos e liberdades individuais, a questão que se coloca é saber em quais circunstâncias e em que grau essas limitações são consideradas legítimas. Para o autor, as restrições têm que realizar três objetivos para serem consideradas legítimas: a) proteção dos direitos e da dignidade de terceiros; b) proteção dos direitos e da dignidade do próprio indivíduo; c) proteção dos valores sociais compartilhados (BARROSO, 2012, p. 173-175).

Interessante mencionar ainda que essa correlação entre dignidade e autonomia também é estabelecida, nos acórdãos analisados, em outros votos, não se referindo especificamente a teoria do Ministro Luís Roberto Barroso. É o caso dos votos do Ministro Edson Fachin no caso de proibição de doação de sangue por homossexuais e no caso da inexigibilidade de cirurgia para a mudança de nome do transgênero. No primeiro voto, o Ministro considerou que:

> O princípio da dignidade da pessoa humana busca proteger de forma integral o sujeito na qualidade de pessoa vivente em sua existência concreta. A restrição à doação de sangue por homossexuais afronta a sua **autonomia privada, pois se impede que elas exerçam plenamente suas escolhas de vida**, com quem se relacionar, com que frequência, ainda que de maneira sexualmente segura e saudável; e a sua **autonomia pública, pois se veda a possibilidade de auxiliarem àqueles que necessitam, por qualquer razão, de transfusão de sangue**. Não se pode coadunar, portanto, com um modo de agir que evidencie um amiudar desse princípio maior, tolhendo parcela da população de sua intrínseca humanidade ao negar-lhe, injustificadamente, a possibilidade de exercício de empatia e da alteridade como elementos constitutivos da própria personalidade e de pertencimento ao gênero humano. **A dignidade da pessoa humana não pode ser invocada de forma retórica, como grande guarda-chuva acolhedor de qualquer argumento em razão de sua amplitude ou comprimento**. É preciso ser exato: a dignidade da pessoa humana não é vagueza abarcadora de argumentos e posições de todo lado. Ao contrário, e por refutação a isso, é preciso dar sentido e concretude a esse princípio inerente aos sujeitos e fundante de nosso Estado.
>
> O princípio constitucional da dignidade da pessoa humana é aqui conclamado porque, mais do que fonte e fundamento de outros direitos fundamentais (como, por exemplo, o direito fundamental à igualdade), tem seu conteúdo nitidamente violado e, portanto, torna-se passível de aplicação direta ao caso em análise.
>
> Frise-se que a dignidade da pessoa humana é elemento ínsito, constitutivo do sujeito; vale dizer, é o reconhecimento do seu próprio valor moral, idêntico ao valor moral das demais pessoas. Nesse quadrante comum compreendo e adoto como conteúdo do princípio da dignidade da pessoa humana o valor intrínseco da pessoa, ou seja, a pessoa como fim em si mesmo, e nunca como instrumento ou objeto, a autonomia pública (coletiva) e privada (individual) dos sujeitos; o mínimo existencial para a garantia das condições materiais existenciais para a vida digna; e o reconhecimento individual e coletivo das pessoas nas instituições, práticas sociais e relações intersubjetivas (SARMENTO, Daniel. Dignidade da Pessoa Humana: conteúdo, trajetórias e metodologia. Belo Horizonte: Fórum, 2016, p. 92).
>
> **Há, assim, uma restrição à autonomia privada dessas pessoas, pois se impede que elas exerçam plenamente suas escolhas de vida**, com quem se relacionar, com que frequência, ainda que de maneira sexualmente segura e saudável. **Da mesma forma, há também, em certa medida, um refreamento de sua autonomia pública, pois esse grupo de pessoas tem sua**

> **possibilidade de participação extremamente diminuída na execução de uma política pública de saúde relevante de sua comunidade** – o auxílio àqueles que necessitam, por qualquer razão, de transfusão de sangue. As normas impugnadas nesta Ação Direta também ofendem o princípio da dignidade da pessoa humana (art. 1º, III, CRFB) porque **afrontam outro elemento que lhe constitui: o reconhecimento desse grupo de pessoas como sujeitos que devem ser respeitados e valorizados da maneira como são, e não pelo gênero ou orientação sexual das pessoas com as quais se relacionam**. (STF. Ação Direta de Inconstitucionalidade. ADI n. 5.543/DF. Relator: Min. Edson Fachin. DJ: 11.05. 2020) (grifos nossos)

Para Daniel Sarmento, autor utilizado como referência no voto do Ministro Fachin, essa necessidade de definição do conceito de dignidade humana é muito importante, na medida em que como se pode aplicar um princípio sem saber o que ele prescreve? Assim, o autor considera como componentes do princípio da dignidade humana: o valor intrínseco da pessoa, que veda a sua instrumentalização; a igualdade, que implica na rejeição de hierarquias sociais e culturais; a autonomia, tanto na dimensão pública quanto privada; o mínimo existencial, que garante as condições materiais indispensáveis para uma vida digna; e o reconhecimento, que se conecta com o respeito à identidade individual e coletiva das pessoas (SARMENTO, 2016, p.92).

Percebe-se no voto do Ministro Fachin que, a teoria de Daniel Sarmento, também aplica ao caso concreto a ideia de dignidade humana como valor intrínseco e como autonomia, que também pode ser relacionada à conceituação de dignidade humana como autoestima, na medida em que se está falando em escolhas de vida. Outro ponto importante de ser destacado nesse voto é que o Ministro também entende que o conceito de dignidade humana não deve ser invocado de forma retórica, reafirmando a posição do STF no sentido de entender a importância de se limitar o conceito sob pena de ficar esvaziado.

Em seu outro voto, representando a posição que predominou no plenário do STF no caso de inexigibilidade de cirurgia para a mudança de nome do transgênero, o Ministro Fachin reforça novamente essa concepção de dignidade humana e autoestima:

> A dignidade da pessoa humana, princípio desprezado em tempos tão estranhos, deve prevalecer para assentar-se o **direito do ser humano de buscar a integridade e apresentar-se à sociedade como de fato se enxerga. Solução diversa apenas reforça o estigma que conduz muitos cidadãos transgêneros à depressão, à prostituição e ao suicídio.** A alteração no assentamento decorre da dignidade da pessoa humana, presente incompatibilidade da morfologia sexual com a identidade de gênero. Legitima-se a modificação para permitir que a pessoa possa viver plenamente em sociedade, tal como se percebe. (STF. Ação Direta de Inconstitucionalidade. ADI 4.275/DF. Relator: Min. Marco Aurélio Mello. Redator do acórdão: Min. Edson Fachin. DJ: 1º.03.2018) (grifos nossos)

Neste caso, o Ministro Fachin destaca que o não reconhecimento ao direito de buscar uma vida boa (autonomia) impacta na autoestima dos indivíduos, ocasionando, por exemplo, casos de depressão e suicídio. Em outro acórdão em que é citado o posicionamento tanto de Daniel Sarmento quanto do Ministro Luís Roberto Barroso, o Ministro Luiz Fux expressamente reconhece a questão da autoestima, ao tratar do direito à remarcação de teste de aptidão física de candidata gestante:

> Enquanto alguns doutrinadores densificam a proteção à dignidade de grupos minoritários no princípio da igualdade (SARLET, Wolfgang Ingo. Dignidade da pessoa humana e direitos fundamentais na Constituição da República de 1988. Porto Alegre: Livraria do Advogado, 2002), **outros a fundamentam na busca da felicidade, sobretudo na vertente da autonomia privada** (BARROSO, Luís Roberto. A dignidade da pessoa humana no direito constitucional contemporâneo: a construção de um conceito jurídico à luz da jurisprudência mundial. Editora Fórum, 2012).
>
> **A dignidade humana, como respeito à autonomia privada, impõe o reconhecimento de que cada pessoa tem o poder de tomar as decisões fundamentais sobre sua própria trajetória e de adotar as medidas necessárias à implementação de seus planos de vida.** Isso inclui as realizações profissionais e familiares.
>
> Cada um deve ter, em princípio, liberdade para guiar-se de acordo com sua vontade, o que impede que o Estado ou terceiros direcionem as escolhas de vida individuais. Ao contrário, cabe ao poder público promover e tutelar a autonomia privada, criando os meios para que as capacidades individuais se otimizem ou removendo os obstáculos para que assim ocorra.
>
> Como o desenho dessas vontades individuais decorre das suas próprias compreensões sobre o que seja uma "vida boa", a **dignidade se assenta na premissa de cada pessoa humana é um agente moral dotado de razão, capaz de decidir o que é bom ou ruim para si, de traçar planos de vida e de fazer escolhas existenciais** (SARMENTO, Daniel. *Dignidade da Pessoa Humana:* Conteúdo, Trajetórias, Metodologia. Belo Horizonte: Fórum, p. 15, 2016, p. 135-143).
>
> Ao abrir mão da oportunidade profissional, são extirpadas as possibilidades de ascensão social, realização pessoal e independência financeira que então se descortinariam — perpetuando a desigualdade, com sua inegável faceta econômica. As múltiplas formas de discriminação contra as mulheres se interconectam e se retroalimentam.
>
> **O não reconhecimento compromete a autoestima social e estigmatiza.** O efeito catalisador dessa exclusão é facilmente vislumbrável em uma sociedade marcada pela competitividade: as mulheres têm dificuldade em se inserir no mercado de trabalho e a galgar postos profissionais de maior prestígio e remuneração. Por consequência, acirra-se a desigualdade econômica, que por si só é motivo de exclusão social. (STF. Recurso Extraordinário. RE n. 1.058.333/PR. Relator: Min. Luiz Fux. DJ: 21.11.2018) (grifos nossos)

O Ministro, pautando-se tanto na doutrina de Barroso quanto na de Sarmento, compreende que o desrespeito a dignidade humana impacta não só a pessoa, mas também a autoestima social, gerando competitividade e exclusao social.

Em outro acórdão analisado, em que se identificou a dignidade humana como sinônimo de autorrealização dos indivíduos, esse aspecto psicológico foi novamente identificado no voto do Ministro Luiz Fux. O caso tratava da extensão da licença maternidade à mãe não gestante:

> É nesse sentido que, no caso sub examine, o reconhecimento da condição de mãe à mulher nao gestante, em união homoafetiva, no âmbito da concessão da licença-maternidade, tem o condão de fortalecer o direito à igualdade material e, simbolicamente, de exteriorizar o **respeito estatal às diversas escolhas de vida e configuração familiares existentes**. Na esteira do afirmado por Axel Honneth, o reconhecimento social consubstancia um relevante **elemento**

da formação da identidade e autorrealização do indivíduo, que deve compreender a si mesmo como detentor de iguais direitos e obrigações. "(...) o não reconhecimento ou o falso reconhecimento (...) pode ser uma forma de opressão, aprisionando o sujeito em um modo de ser falso, distorcido e reduzido. **Além da simples falta de respeito, isso pode infligir uma grave ferida, submetendo as pessoas aos danos resultantes do ódio por si próprias. O devido reconhecimento não é meramente uma cortesia, mas uma necessidade humana vital**" (TAYLOR, Charles. 1994. "The politics of recognition". In: TAYLOR, Charles. *Multiculturalism:* examining the politics of recognition. Ed. Amy Gutmann. Princeton, New Jersey: Princeton University Press, p. 25). (STF. Recurso Extraordinário. RE n. 1.211.446/SP. Relator: Min. Luiz Fux. DJ: 07.11.2019) (grifos nossos)

Aplicando o pensamento de Taylor, o Ministro Fux reafirma a relação direta entre dignidade humana e autoestima ao identificar a relação direta entre escolhas de vida e aceitação de si próprio. Assim, tanto nos acórdãos que definem dignidade humana como autoestima quanto neste acórdão que definiu dignidade humana como autorrealização, é possível identificar o conceito psicológico de dignidade humana referendado pelo Supremo Tribunal Federal.

Nos acórdãos que tratavam a dignidade humana exclusivamente como valor intrínseco reconhecia-se a importância de entender que o ser humano deveria ser reconhecido como um fim em si mesmo, tendo como base a teoria desenvolvida por Luís Roberto Barroso (voto do Min. Marco Aurélio Mello – tema: critérios do Benefício de Prestação Continuada em caso de idoso e de deficiente) e por João Costa Neto (voto do Min. Gilmar Mendes – tema: condução coercitiva para interrogatórios):

Em recente estudo, Luís Roberto Barroso (Aqui, lá e em todo lugar: a dignidade humana no direito contemporâneo e no discurso transnacional, texto inédito em língua portuguesa) destaca que o substrato do conceito de dignidade humana pode ser decomposto em três elementos, a saber: (i) valor intrínseco, (ii) autonomia e (iii) valor comunitário.

Como "valor intrínseco", a dignidade requer o reconhecimento de que cada indivíduo é um fim em si mesmo, nos termos do amplamente divulgado imperativo categórico kantiano: "age de modo a utilizar a humanidade, seja em relação à tua própria pessoa ou qualquer outra, sempre e todo o tempo como um fim, e nunca meramente como um meio". Impede-se, de um lado, a funcionalização do indivíduo e, de outro, afirma-se o valor de cada ser humano independentemente de suas escolhas, situação pessoal ou origem. [...]

[...] **Soa inequívoco que deixar desamparado um ser humano desprovido inclusive dos meios físicos para garantir o próprio sustento, considerada a situação de idade avançada ou deficiência, representa expressa desconsideração do mencionado valor.** Não consigo alcançar, nesse particular, argumentos para uma conclusão divergente. Observem que a insuficiência de meios de que trata a Carta não é o único critério, porquanto a concessão do benefício pressupõe, igualmente, a incapacidade de o sustento ser provido por meio próprio ou pela família, o que reforça a necessidade de proteção social. (STF. Recurso Extraordinário. RE n. 567.985/MT. Relator: Min. Marco Aurélio Mello. DJ: 18.04.2013) (grifos nossos)

No segundo acórdão percebe-se uma argumentação semelhante:

A dignidade da pessoa humana (art. 1º, III), ao ser prevista entre os princípios fundamentais do estado democrático de direito, orienta seus efeitos a todo o sistema normativo, constituindo, inclusive, princípio de aplicação subsidiária às garantias constitucionais atinentes aos processos judiciais.

> João Costa Neto, ao comentar o tema com base na jurisprudência do *Bundesverfassungsgericht*, afirma que "**o indivíduo deve ser reconhecido como um membro da sociedade dotado de valor intrínseco, em condições de igualdade e com direitos iguais** (*als gleichberechtigtes Glied mit Eigenwert anerkannt werden muss*). **Tornar o ser humano mero objeto no Estado, consequentemente, contraria a dignidade humana** (*Es widerspricht daher der menschlichen Würde, den Menschen zum blossen Objekt im Staate zu machen*)" (*Dignidade humana*, São Paulo, Saraiva, 2014. p. 84).
>
> [...] No caso das conduções coercitivas, resta evidente que o investigado, ou réu, é conduzido eminentemente para demonstrar sua submissão à força. Não há uma finalidade instrutória clara, na medida em que o arguido não é obrigado a declarar, ou mesmo a se fazer presente ao interrogatório.
>
> Desse modo, a condução coercitiva desrespeita a dignidade da pessoa humana. (STF. Arguição de Descumprimento de Preceito Fundamental. ADPF n. 444/DF. Relator: Min. Gilmar Mendes. DJ: 14.06.2018) (grifos nossos)

Interessante ainda notar que João Costa Neto também destaca a autonomia como uma das vertentes da dignidade humana, ao entender que o indivíduo que não possui as condições materiais mínimas indispensáveis a uma vida digna não detém autonomia fática-efetiva, de modo a ocorrer a redução das suas possibilidades de escolha e a inaptidão de autodetermina-se. (NETO, 2013, p. 226) Assim, a teoria deste autor também encontra similitudes com as teorias de Luís Roberto Barroso e Daniel Sarmento, aplicadas às questões envolvendo dignidade humana como autonomia.

Os demais acórdãos contextualizaram a dignidade humana como valores distantes da concepção psicológica do termo proposta por Doron Shultziner e Itai Rabinovici. Esse termo também foi conceituado como: (a) garantidor da intangibilidade corporal dos indivíduos (achado que também foi encontrado na pesquisa de Doron Shultziner e Itai Rabinovici); (b) como princípio mais amplo do qual derivariam outros princípios expressos na Constituição Federal; (c) como sinônimo dos princípios da fraternidade, igualdade, intimidade e prestação jurisdicional célere.

Conclusão

Percebe-se, portanto, que assim como a pesquisa de Doron Shultziner e Itai Rabinovici, os acórdãos do Supremo Tribunal Federal analisados também consideram a relação existente entre dignidade humana e autoestima, embora nem sempre seja citada essa terminologia exata.

Interessante ressaltar ainda que há uma percepção por parte do STF na necessidade de se delimitar o termo 'dignidade humana', sob pena de esvaziá-lo por completo, conforme destacado nos votos do Min. Dias Toffoli, no RE n. 363.889/DF, e do Min. Edson Fachin, na ADI n. 5.543/DF.

No que concerne à aplicação do termo 'dignidade humana' com o viés psicológico, percebe-se a incidência de três teorias concebidas por: Luís Roberto Barroso, Daniel Sarmento e João Costa Neto. Nesse sentido, a construção do conceito psicológico de dignidade humana, conforme sugerido no texto "Human dignity, self-worth and humiliation: a comparative legal-psychological approach", parece caminhar, no Brasil, pelo menos na visão do Supremo Tribunal Federal, no sentido de conceituar dignidade humana como autonomia, isto é, a busca por viver bem e ter uma boa vida.

Referências

BARROSO, Luís Roberto. "Aqui, lá, em todo lugar": a dignidade humana no direito contemporâneo e no discurso transnacional. *Revista dos Tribunais*, ano 101, v. 919, p. (127-196), maio de 2012. Disponível em: <http://www.luisrobertobarroso.com.br/wp-content/uploads/2017/09/aqui_em_todo_lugar_dignidade_humana_direito_contemporaneo_discurso_transnacional.pdf>. Acesso em: nov. 2020.

NETO, João Costa. Dignidade Humana (Menschenwürde), Assistência Social e Mínimo Existencial (*Existenzminimum*): a recente decisão do Tribunal Constitucional Federal Alemão *(Bundesverfassungsgericht)* que declarou a inconstitucionalidade do valor do benefício pago aos estrangeiros aspirantes a asilo (*Asylbewerber*). *Observatório da Jurisdição Constitucional*, ano 6, v. 1, p. (223- 250), maio 2013. Disponível em: <https://www.portaldeperiodicos.idp.edu.br/observatorio/article/view/762/598>. Acesso em: dez. 2020.

SARMENTO, Daniel. *Dignidade da Pessoa Humana:* conteúdo, trajetórias e metodologia. Belo Horizonte: Fórum, 2016.

SHULTZINER, Doron; RABINOVICI, Itai. Human Dignity, Self-Worth and Humiliation: A Comparative Legal-Psychological Approach (2011). *Psychology, Public Policy, and Law*, vol. 18, n. 1, 2012. Disponível em: <https://ssrn.com/abstract=1964371 ou http://dx.doi.org/10.2139/ssrn.1964371>. Acesso em: nov. 2020.

STF. Ação Direta de Inconstitucionalidade. *ADI n. 4.275/DF*. Relator: Min. Marco Aurélio Mello. Redator do acórdão: Min. Edson Fachin. DJ: 1º.03.2018.

______. Ação Direta de Inconstitucionalidade. *ADI n. 5.543/DF*. Relator: Min. Edson Fachin. DJ: 11.05.2020.

______. Arguição de Descumprimento de Preceito Fundamental. *ADPF n. 444/DF*. Relator: Min. Gilmar Mendes. DJ: 14.06.2018.

______. Recurso Extraordinário. *RE n. 1.058.333/PR*. Relator: Min. Luiz Fux. DJ: 21.11.2018.

______. Recurso Extraordinário. *RE n. 1.211.446/SP*. Relator: Min. Luiz Fux. DJ: 07.11.2019.

______. Recurso Extraordinário. *RE n. 363.889/DF*. Relator: Min. Dias Toffoli. DJ: 02.06.2011.

______. Recurso Extraordinário. *RE n. 567.985/MT*. Relator: Min. Marco Aurélio Mello. DJ: 18.04.2013.

______. Recurso Extraordinário. *RE n. 587.970/SP*. Relator: Min. Marco Aurélio Mello. DJ: 22.09.2017.

______. Recurso Extraordinário. *RE n. 878.694/MG*. Relator: Min. Roberto Barroso. DJ: 26.10.2018.

Posfácio

Para encerrar este estudo, com o intuito de realçar o trabalho dignificante do Padre Lancellotti, segue o texto ao ilustre homenageado:

"Talvez não seja o fim"

Antes que eu me esqueça(1)

Mesmo vislumbrando um mundo em decomposição,
Marcado pela marginalização do homem e pela injustiça social,
Ele reivindica o que está fazendo e este fazer permanece em sua obra,
No que diz respeito às mazelas ligadas ao nosso país e às fragilidades e contradições da existência humana.

Como servo ele teve que passar pelo caminho de Cristo.

Seu trabalho é um enfrentamento entre as forças nebulosas da contemporaneidade — individualismo e consumismo — e o sentido da vida em comunidade — felicidade,
Principalmente nos dias de hoje, em que transformações sociais, culturais e tecnológicas levaram e levam os indivíduos à tentativa de não apenas revelar os recônditos do eu, mas também a natureza oculta da sociedade.

Almeja a restituição da paz e do equilíbrio social, baseados na fraternidade, como possibilidade de um agir coletivo no porvir do futuro.

Capaz de mergulhar nos subsolos do mundo e nas profundezas do ser humano.

Sua obra contempla o ser humano em suas múltiplas dimensões e ampara a existência dos últimos desta Terra, restaurando a alma.

Uma constante necessidade de ajudar ao *próximo*(2),
Pois tem compaixão deles, porque são como ovelhas que não têm pastor.

Sua ação é um estímulo de luz em meio à escuridão.

Ele nos traz luz!

Porque a esperança é o acorde principal dessa sonata que é a vida.

---

(1) "São tantas memórias que gostaria de escrever sobre elas, as quais intitularia "Antes que eu me esqueça", mas não tenho paciência para isso" (Padre Lancellotti). Disponível em: <https://www.unifesp.br/reitoria/dci/apresentacao/item/2577-estou-do-lado-que-jesus-queria-que-eu-estivesse>. Acesso em: 27 out. 2020.

(2) "Próximo" no sentido do texto bíblico do Evangelho segundo Mateus 22:39: "E o segundo mandamento, semelhante a este, é: Amarás o teu próximo como a ti mesmo" (*Bíblia Sagrada*. Tradução de João Ferreira de Almeida. 2. ed. Barueri, SP: Sociedade Bíblica do Brasil, 2009, p. 984).

Ah, a esperança, sempre um novo começo para a humanidade.

A convicção de que o homem é a chave mestra para converter, novamente,
o mundo num espaço de humanidade.

E talvez, por isso, não seja o fim.

Renata Falson Cavalca

O que nos une é também
o amor pelo livro.

Confira todos os nossos lançamentos em:

LACIER

www.livrarialacier.com.br